检察

指导性案例教程 总则

JIANCHA

ZHIDAOXING ANLI JIAOCHENG ZONGZE

苗生明◆主　编
郭立新　石　磊◆副主编

中国检察出版社

图书在版编目（CIP）数据

检察指导性案例教程．总则 / 苗生明主编；郭立新，石磊副主编．-- 北京：中国检察出版社，2025.
ISBN 978-7-5102-3281-7

Ⅰ．D926.305

中国国家版本馆 CIP 数据核字第 2025VA4123 号

检察指导性案例教程·总则

苗生明 主编 郭立新 石 磊 副主编

责任编辑： 傅哲明
技术编辑： 王英英
封面设计： 徐嘉武

出版发行： 中国检察出版社
社 址： 北京市石景山区香山南路 109 号（100144）
网 址： 中国检察出版社（www.zgjccbs.com）
编辑电话：（010）86423798
发行电话：（010）86423726 86423727 86423728
（010）86423730 86423732
经 销： 新华书店
印 刷： 望都天宇星书刊印刷有限公司
开 本： 710 mm × 960 mm 16 开
印 张： 21.25
字 数： 279 千字
版 次： 2025 年 6 月第一版 2025 年 6 月第一次印刷
书 号： ISBN 978 – 7 – 5102 – 3281 – 7
定 价： 69.00 元

目　录

绪　言 / 1

一、新时代检察案例指导工作进入新阶段 / 1

二、新时代检察案例指导工作对案例培训和案例研究提出新要求 / 3

第一章　检察案例指导制度概述 / 5

第一节　检察指导性案例的概念、特征与分类 / 5

一、检察指导性案例的概念 / 5

二、检察指导性案例的特征 / 9

三、检察指导性案例的分类 / 25

四、检察指导性案例与法院指导性案例的区别 / 28

第二节　检察指导性案例的价值、功能与效力 / 31

一、检察指导性案例的价值 / 31

二、检察指导性案例的功能 / 35

三、检察指导性案例价值与功能之间的关系 / 41

四、检察指导性案例的效力 / 42

第三节　检察案例指导制度的沿革、意义与必要性 / 49

一、检察案例指导制度的形成与发展 / 49

二、构建检察案例指导制度的意义 / 52

三、构建检察案例指导制度的必要性 / 56

第二章　检察指导性案例的选编 / 61

第一节　指导性案例的培育 / 61

一、指导性案例培育意识 / 61

二、指导性案例培育路径 / 62

三、指导性案例培育方法 / 63

第二节　指导性案例的发掘 / 64

一、指导性案例发掘范围 / 64

二、指导性案例发掘途径 / 66

三、指导性案例的发掘标准 / 67

第三节　指导性案例的编撰 / 70

一、标题 / 71

二、印发批次和检例号 / 74

三、关键词 / 74

四、要旨 / 75

五、基本案情 / 80

六、检察机关履职过程 / 83

七、指导意义 / 86

八、相关规定 / 88

九、案例署名规则 / 90

十、其他技术规范 / 90

第四节　指导性案例的选评与发布 / 92

一、确定主题，制定计划 / 92

二、征集案例，选择素材 / 92

三、开展评选，初选“苗子” / 93

四、研究论证，斟酌修改 / 93
五、提交案例指导工作委员会讨论 / 93
六、提交检察委员会审议 / 94
七、审签发布 / 95

第三章 检察指导性案例的适用方法 / 96

第一节 检察指导性案例适用概述 / 96
一、检察指导性案例适用的概念、特征及现状 / 96
二、检察指导性案例适用的价值功能 / 99
三、检察指导性案例适用的基本原则 / 101

第二节 案例库建设 / 104
一、整合建立案例数据库 / 104
二、研发司法案例智能检索系统 / 105
三、利用大数据抓取案例指导核心 / 106
四、案例库建设的基本保障 / 107

第三节 检察指导性案例检索方法与技巧 / 109
一、检察指导性案例检索适用的逻辑方法 / 109
二、检察指导性案例检索适用的具体方法与步骤 / 113

第四节 检察指导性案例的适用范围及相关问题 / 118
一、检察指导性案例的适用范围与方法 / 118
二、检察指导性案例适用的效果校验 / 122
三、检察指导性案例适用的保障 / 124

第五节 强制检索制度 / 128
一、类案强制检索机制的基本原则 / 129

二、类案强制检索机制的适用条件与范围 / 129
三、类案强制检索机制适用的检索工具 / 130
四、类案检索报告的撰写要求 / 130

第六节 背离报告制度 / 132
一、背离报告机制正当性基础论证 / 132
二、背离报告机制具体运行程序设计 / 133
三、背离报告机制运用的效果评估 / 133

第四章 刑事检察指导性案例 / 135

第一节 刑事检察指导性案例概述 / 135
一、刑事检察指导性案例的类型 / 136
二、刑事检察指导性案例的主要特征 / 139

第二节 刑事检察指导性案例的阐发规则 / 143
一、体现检察办案价值导向类 / 143
二、指导法律准确适用类 / 146
三、指导准确认定犯罪类 / 149
四、指导开展法律监督类 / 151
五、示范引领新类型案件处理类 / 154
六、总结检察办案方法与技巧类 / 159

第三节 刑事检察指导性案例的发展完善 / 166
一、从数量上丰富刑事检察指导性案例 / 166
二、提升刑事检察指导性案例指引示范效力 / 169
三、提速刑事检察指导性案例数字化建设 / 173

第五章 民事检察指导性案例 / 176

第一节 民事检察指导性案例概述 / 176

一、民事检察指导性案例概况 / 176

二、民事检察指导性案例的特征 / 178

三、民事检察指导性案例的种类 / 181

第二节 民事检察指导性案例的阐发规则 / 185

一、民事虚假诉讼指导性案例的阐发规则 / 185

二、民事生效裁判监督指导性案例的阐发规则 / 194

三、民事执行监督指导性案例的阐发规则 / 204

四、民事支持起诉指导性案例的阐发规则 / 212

第三节 民事检察指导性案例的发展和完善 / 216

一、进一步覆盖民事检察工作的全过程 / 216

二、进一步适应新时代民事检察工作的需要 / 218

三、进一步强化对民事检察工作实践中复杂疑难问题的回应 / 219

四、进一步加强对民事检察指导性案例的参照适用 / 220

第六章 行政检察指导性案例 / 222

第一节 行政检察指导性案例概述 / 222

一、行政检察指导性案例的品格特征 / 222

二、行政检察指导性案例的类型体系 / 227

三、行政检察指导性案例的功能价值 / 229

第二节 行政检察指导性案例的阐发规则 / 235

一、法律适用型 / 235

二、检察理念型 / 239
三、工作方法型 / 242
第三节 行政检察指导性案例的发展完善 / 248
一、行政检察指导性案例的实践需求 / 248
二、行政检察指导性案例发展完善建议 / 250

第七章 检察公益诉讼指导性案例 / 259

第一节 检察公益诉讼指导性案例概述 / 259
一、检察公益诉讼指导性案例的发布情况 / 259
二、检察公益诉讼指导性案例的重要作用 / 260
三、检察公益诉讼指导性案例的种类 / 262
第二节 检察公益诉讼指导性案例的阐发规则 / 265
一、按照规则功能划分 / 268
二、按照程序规则与实体规则划分 / 269
三、按照规则涉及领域划分 / 275
四、其他规则 / 284
第三节 检察公益诉讼指导性案例的发展完善 / 286
一、发挥检察公益诉讼指导性案例规则阐发功能 / 287
二、加强检察公益诉讼指导性案例的援引运用 / 288
三、发挥检察公益诉讼指导性案例的法治引领作用 / 289

第八章 未成年人检察指导性案例 / 292

第一节 未成年人检察指导性案例概述 / 292
一、未成年人检察指导性案例的特点 / 293

二、未成年人检察指导性案例的价值分析 / 295

第二节　未成年人检察指导性案例的阐发规则 / 298

一、未成年人检察指导性案例蕴含的理念 / 300

二、未成年人检察指导性案例对程序规则与实体规则的解读 / 302

三、未成年人检察指导性案例的检察业务类型 / 312

第三节　未成年人检察指导性案例的发展完善 / 319

一、深化融合履职，进一步提升未成年人检察业务工作规范化水平 / 319

二、依法创新履职，以司法保护助推“六大保护”融通发力 / 320

三、积极综合履职，推进未成年人保护社会治理 / 322

四、数字赋能履职，一体推进未成年人检察工作 / 322

后　记 / 325

绪 言

从2010年12月31日最高人民检察院发布第一批3件（检例第1号至检例第3号）指导性案例至今，我国的检察案例指导制度已走过15年的历程。

在这15年间，检察案例指导工作有两个标志性的事件，可以称为检察案例指导制度发展的“里程碑”。一是《最高人民检察院关于案例指导工作的规定》于2010年7月颁布，这标志着检察案例指导制度的正式建立；最高人民检察院于2010年12月31日发布第一批3件指导性案例，标志着这一制度启动运行。二是2018年10月，修订后的《人民检察院组织法》以立法的形式确立了检察案例指导制度，巩固了多年来最高人民检察院开展案例指导工作的实践成果，检察案例指导工作进入发展快车道。自此之后，检察指导性案例在发布数量、发布频次、编写质量、应用频次、机制创新、社会影响力等各方面均取得了引人注目的发展。

一、新时代检察案例指导工作进入新阶段

当前，检察机关案例工作进入了一个新的阶段，检察案例指导制度基本成形，检察案例指导工作初具规模，进入良性发展阶段。这个新阶段的具体表现是：

第一，一系列规范为检察案例指导制度和检察案例指导工作提供了较为全面、详细的工作遵循和制度安排。2018年修订的《人民检察院组织法》第23条第2款规定“最高人民检察院可以发布指导性案例”，在法律上首次明确了检察指导性案例的法律地位。2019年修订的《最高人民检察院关于案例指导工作的规定》进一步就案例指导制度和案例指导工作的基本原

则、主要内容作了详细的规定。2022 年又制发了《最高人民检察院指导性案例编写体例规范指引》等规范性文件。关于案例指导工作的基本规则体系已经形成。

第二，经过十余年的案例培育、编选和发布，检察指导性案例已经具有一定规模的数量和较大的覆盖面。截至 2025 年 5 月，最高人民检察院已经发布了 58 批 237 件指导性案例。从案件类型看，检察指导性案例已经完全覆盖了“四大检察”领域，且近年来各业务类型覆盖的比例更加均衡合理；从功能类型看，覆盖“事实认定”“证据运用”“法律适用”“政策把握”“办案方法”等方面，充分体现了检察指导性案例服务于法律监督工作的属性；从地域分布看，检察指导性案例已经覆盖了全国大多数省、市、自治区，只有个别省、自治区尚无案例入选；从级别分布看，检察指导性案例已经完全覆盖了最高人民检察院到基层人民检察院的四级检察院办理的案件。这些情况表明，检察指导性案例的数量、种类和覆盖面已经初具规模，检察指导性案例的培育和发布工作进入“由有向好”的稳定、均衡、精细化发展阶段。

第三，检察机关从上到下的“案例意识”逐步增强，检察案例指导工作正在从“注重编发”转变到“发布与应用并重”。随着检察指导性案例数量、类型的逐步增多和检察案例库建设的推进，检察指导性案例的应用问题越来越受到各级检察机关和检察人员的关注和重视。近年来，“检察案例指导工作，选是基础，编是关键，用是核心”“指导性案例的根本价值在于应用”等“案例意识”逐步增强。各地方检察机关纷纷制定并实施适合本地区的检察指导性案例应用规范，落实类案检索制度，建立案件背离报告机制，等等。上述情况表明，检察指导性案例的应用将是今后案例工作的重中之重。

2023 年 2 月，最高人民检察院党组在学习贯彻全国两会精神电视电话会议上提出了“高质效办好每一个案件”的明确要求。应勇检察长指出，要坚持以习近平法治思想为指引，坚持“高质效办好每一个案件”，努力实现办案质量、效率与公平正义的有机统一，既要通过履职办案实现公平正义，也要让公平正义更好更快实现，还要让人民群众真正、切实感受到公平正义。检察工作必须以“高质效办好每一个案件”为标准，更新司法理念，优化制度机制，抓好改革创新，努力为人民群众提供更多更优质检察产品，实现更高水平的公平正义。

检察工作“高质效办好每一个案件”的基本价值追求，要求必须进一步加强检察案例指导工作，用好用足检察指导性案例和典型案例，规范监督办案行为，引领社会法治进步。检察工作中要进一步强化“案例意识”，注意培育、总结、提炼案例。要加强案例中司法规则的提炼，在政策把握、法律适用等方面充分阐释政策精神、立法本意，统一司法标准，明确办案规则。可以说，检察工作“高质效办好每一个案件”的基本价值追求，对案例工作和案例培训、案例研究都提出了新的更高的要求。在新时代新征程中，检察案例指导工作也是检察工作高质量发展的重要抓手。

二、新时代检察案例指导工作对案例培训和案例研究提出新要求

应当清醒地看到，面对世界百年未有之大变局，面对党和人民群众的新要求新期待和监督办案能力提升的迫切需求，检察案例指导工作还有很大的改进空间，尤其是在案例的制发、学习、应用、研究方面还有很大差距。各级检察机关应当深刻认识检察指导性案例在服务党和国家工作大局、检察工作发展全局中的重要功能、地位、作用，更加重视培育、选送、学习、应用、研究检察案例，共同把检察指导性案例工作做好、做优，促进新发展阶段检察工作高质量发展。

检察指导性案例制发后，首要的是重视案例学习，这是检察指导性案例应用的前提和基础。案例学习不能“一念而过”，要把检察指导性案例当作一面“镜子”，对照分析本地本单位办案工作中存在的问题和不足，总

结规律、提炼规则、明确规范，更切实有效地加强对业务工作的督促指导。每一名检察官都要把学习指导性案例、典型案例作为“必修课”，结合个人办案学，带着问题学，不仅要学习如何适用法律，还要重点学习办案理念、经验、技巧、方法，对照反思、总结、积累、提升，养成参照指导性案例解决实践难题的意识，真正通过学习案例达到增强综合分析、准确判断和释法说理能力的目的。

回顾近些年来的检察指导性案例研究及成果，可以发现，对案例工作进行“宏大叙事”泛泛而谈的成果多，以问题为导向提出解决问题有效策略和方法的成果少；从理论到理论、从概念到概念的研究多，脚踏实地深入实践“发现真问题、真解决问题”的研究少；重复前人研究的文章多，真正有理论创新的成果少。目前检察指导性案例研究总体上仍处于起步阶段，其研究的广度和深度均有待加强；从研究的热度和影响力看，也还有较大发展空间。根据“中国知网”的统计，目前检察指导性案例研究发文量最多的作者还是来自检察机关，占比达到近 90%。这表明，检察指导性案例研究还未能引起检察系统外，特别是学术界的关注，影响力有限。

本教程力图对检察案例指导制度的基本内容进行全面的阐述，既包括检察案例指导制度的基本理论，也包括对已经发布的刑事检察、民事检察、行政检察、检察公益诉讼、未成年人检察指导性案例（发布日期截至 2023 年 12 月 31 日）进行类型化论述，以供广大检察人员和法律界人士在学习、研究、应用检察指导性案例时参考。

在全面依法治国的新征程上，检察指导性案例是司法智慧的结晶，更是推动法治中国建设的实践引擎。本教程不仅是对检察指导性案例的梳理与阐释，更承载着以案例赋能检察工作、以研究助推法律监督和司法公正的使命。愿本教程成为检察官及法律人研习案例的阶梯、精进业务的益友，更期待它能激发起检察系统及学界以案例为镜、以实践为尺的行动自觉，共同书写新时代检察工作高质量发展的新篇章。

第一章　检察案例指导制度概述

第一节　检察指导性案例的概念、特征与分类

一、检察指导性案例的概念

检察案例指导制度是最高人民检察院立足检察职能，通过选编检察机关办理的在事实认定、证据采信、法律适用、政策掌握等方面具有普遍指导意义的案例，为全国检察机关处理同类案件提供指导和参考，规范司法办案，促进严格公正执法，以保障法律统一正确实施的一项检察制度。[①]

检察案例指导制度的前提与核心在于检察指导性案例。检察指导性案例是为了促进检察机关严格公正司法，保障法律统一正确实施，由最高检察机关依法面向社会发布的，对各级检察机关的办案活动起示范指导作用的案例。检察指导性案例需要满足案件处理结果已经发生法律效力，办案程序符合法律规定，在事实认定、证据运用、法律适用、政策把握、办案方法等方面对办理类似案件具有指导意义，可以体现检察机关职能作用，取得良好政治效果、法律效果和社会效果的有机统一要件。[②]

准确理解检察指导性案例的概念，还需要对与之相关的概念作出进一步界定区分。检察机关制发的案例不仅有指导性案例，还有典型案例和精品案例。指导性案例是指在事实认定、证据运用、法律适用、政策把握、

① 参见韩耀元、卢宇蓉:《最高人民检察院案例指导工作概述》，载《人民检察》2013 年第 16 期。

② 参见《最高人民检察院关于案例指导工作的规定》(2019 年修订) 第 2 条。

办案方法等方面对检察机关办理类似案件具有指导意义的案例；典型案例、精品案例则是最高人民检察院各业务厅（室）、各级检察院公开或内部发布的具有典型性或参照意义的案例，范围相对宽泛。三种案例都是检察机关办案形成的司法产品，是总结检察工作经验、诠释法律精神的重要载体，具有宣传法治、教育群众和指导办案的重要作用，三者之间相辅相成，确保案件公平公正，同案同判。但三者在权威性地位、发挥的作用等方面存在显著差异。

典型案例通常包含以下几类：（1）本地区多发、常见、具有代表性的案例；（2）能够体现检察工作重点、检察工作新兴领域和检察工作发展方向的案例；（3）社会各界高度关注，需要及时回应社会关切的案例；（4）能够宣传检察工作，提升检察工作社会影响力，推动构建良性检察公共关系的案例；（5）在本地区具有重大社会影响，或重大、疑难、复杂的案例；（6）检察职能作用发挥较为充分或在检察工作方式方法上具有特色，值得总结的案例等。典型案例既可以是正面的，也可以是负面的；既可以是面向社会公开发布的，也可以是作为警示参照的案例。

精品案例的评选通常包括以下标准：（1）案件实体合法；（2）办案程序规范；（3）文书制作规范；（4）办案质量高；（5）办案效果好，体现双赢多赢共赢理念；（6）案件办理过程中无违法违纪问题。

与典型案例和精品案例不同，指导性案例的选取，不是因为某类案例的社会影响多么巨大，而是某个案例反映的法律适用疑难问题需要迫切解决，而这种迫切性就体现在现有的法律和司法解释没有明确规定，且实践中的争议又非常大。因此，指导性案例的选取不能只关注新型案件，也要关注常发、多发型案件；指导性案例也不能一味地“求新”“求奇”，如果某个案件特别到此前从未发生，此后也几乎不会发生，那么即使此案的法律适用存在疑难，也不是指导性案例选用的优先考虑对象。由此可以看出，发布指导性案例本质上是为了实现“同案同判”，解决法律适用统一性问题。这一点为《最高人民检察院关于案例指导工作的规定》所确认，其第 1 条明确指出，检察机关案例指导工作的目的是“发挥指导性案例对检察办案工作的示范引领作用，促进检察机关严格公正司法，保障法律统一正确实施”。

在此基础上，还应当进一步认识到，检察指导性案例相较于典型案例和精品案例，更为突出地体现了检察机关的法律监督职能。具言之，对于检察机关来说，办案与监督是一体的，办案体现监督，监督寓于办案之中，二者一体两面。① 作为经过层层筛选出来的、检察机关办理过的最具代表性的案件——指导性案例，自是最能代表检察机关的法律监督职能及其效果。

第一，检察指导性案例是具有司法和法律监督属性的案例。案例各行各业都有，但发布指导性案例是法律明确规定赋予最高司法机关的专有职权。《人民检察院组织法》第 23 条规定“最高人民检察院可以发布指导性案例”，并将这一职权与“最高人民检察院可以对属于检察工作中具体应用法律的问题进行解释”相并列。这说明立法上已经明确，最高人民检察院发布指导性案例，是作为最高司法机关行使司法权的体现，本质上是办案工作的延续。指导性案例不同于经济管理、社会生活其他方面泛泛意义上的案例。指导性案例是对行使检察权的办案工作进行指导，是对检察办案工作的分析、提炼、总结，具有司法性和专业性。正因如此，检察指导性案例必须经过最高人民检察院检察委员会这一最高业务决策机构审议通过，并在《最高人民检察院公报》和网站正式发布。经济社会生活中总结的各种案例，包括检察工作中对司法行政等事务总结编发的案例，虽然也是运用案例普及知识、推广经验、推动工作或警醒世人，但与法律规定具有司

① 参见庄永廉等:《“在办案中监督、在监督中办案”辩证关系及理念落实》，载《人民检察》2020 年第 23 期。相同观点的文献还可见邓思清:《检察办案的哲学思考》，载《湖湘法学评论》2023 年第 3 期；谢鹏程、赵常伟:《论新时代检察履职机制》，载《国家检察官学院学报》2025 年第 3 期。

法权行使性质的检察指导性案例、法院指导性案例有本质区别。

第二，检察指导性案例是经过严格的程序筛选后发布的案例。即由各级人民检察院逐级报送，最高人民检察院业务部门认真筛选、深入研究、广泛征求意见，并经最高人民检察院案例指导工作委员会讨论和检察委员会审议通过后确定的案例。也就是说，指导性案例作为一种具有司法属性和法律意义的案例，其遴选、研究、编制和发布，有明确的职权配置、责任分工和程序规范。典型案例的发布程序则相对灵活，发布程序更为简便、及时，形式更加多样，作用更加多元，地方各级检察院可以经检察委员会讨论后发布，也可由检察长或业务部门负责人直接签发。司法实践中，正是因为各级检察院不定期地、及时地发布典型案例，办案人员才能更好地、更及时地用足用活用好案例，推动工作高质高效完成。精品案例发布也相对灵活，市级以上检察院均可以在其所辖范围内组织评选精品案例，经过推荐、评比，最后由组织评选单位予以公布表彰。

第三，检察指导性案例是对案例“指导性”意义的归纳和强调，是对法律适用的进一步细化、明晰和阐发，对类案的法律适用和工作开展具有参照执行作用。指导性案例注重“指导性”，强调其功能在于明确法律或者司法解释的精神，并在实践中参照适用。换句话说，指导性案例具有填补法律和司法解释“空白”、澄清法律适用疑难的特殊功能；而典型案例注重“典型性”，强调的是其普法宣传功能，引导公众如何了解法律、遵守法律、信仰法律，可以用于释法说理或宣传、引导检察工作，可以作为法学研究或实务研讨的样本或范例，但在司法实践中，适用法律时原则上不以典型案例作为参考适用；精品案例注重的是“精品性”，强调在办案过程中充分发挥检察职能，立足岗位职责，在打击犯罪、保障人权、诉讼监督、预防犯罪、帮扶教育、矛盾化解、机制创新、社会治理等方面作出突出成绩，有效推动检察工作的开展。

二、检察指导性案例的特征

检察指导性案例属于法律文书，其主要特征体现为三个方面：法律性、指导性与重构性。法律性，是检察指导性案例本质属性即法律属性的外化，是理解检察指导性案例指导性与重构性特征的前提和依据。指导性，是检察指导性案例的显著特征，这一特征与制度设计密切相关，是其区别于其他案例如典型案例、精品案例的权威性地位的直接体现。在文书内容上，指导性既是案例“要旨”“指导意义”要素需要反映的特征，也是其他要素如“基本案情”“检察机关履职过程”需要反映的特征。重构性，是检察指导性案例的写作特征，重构最高人民检察院指导性案例的理由，是一个既依赖于案件处理过程和指导性案例遴选程序又相对独立的另一过程。离开这一过程，检察指导性案例的内容与结果就无法存在。

下面以陈某正当防卫案等 4 个指导性案例（检例第 45—48 号）[①] 为样本，具体分析介绍检察指导性案例的三个特征。

（一）检察指导性案例的法律性特征

检察指导性案例的法律性特征，是检察指导性案例法律属性（实体法律属性和程序法律属性）的具体反映。在反映方式上，既可以直接反映，也可以间接反映。直接反映，是直接引用法律规定或进行法律分析论证；间接反映，虽不会直接引用法律规定或进行法律分析论证，但叙述或分析事实、证据仍需尊重和体现检察指导性案例的法律属性，只不过是用一种间接的方式体现出来。下面是“陈某正当防卫案”（检例第 45 号）“基本案情”的案件事实部分：

陈某，未成年人，某中学学生。

2016 年 1 月初，因陈某在甲的女朋友的网络空间留言示好，甲纠集乙

① 最高人民检察院第十二批指导性案例，2018 年 12 月 18 日发布。

等人，对陈某实施了殴打。

1月10日中午，甲、乙、丙等6人（均为未成年人）在陈某就读的中学门口，见陈某从大门走出，有人提议陈某向老师告发他们打架，要去问个说法。甲等人尾随一段路后拦住陈某质问，陈某解释没有告状，甲等人不肯罢休，抓住并围殴陈某。乙的3位朋友（均为未成年人）正在附近，见状加入围殴陈某。其中，有人用膝盖顶击陈某的胸口、有人持石块击打陈某的手臂、有人持钢管击打陈某的背部，其他人对陈某或勒脖子或拳打脚踢。陈某掏出随身携带的折叠式水果刀（刀身长8.5厘米，不属于管制刀具），乱挥乱刺后逃脱。部分围殴人员继续追打并从后投掷石块，击中陈某的背部和腿部。陈某逃进学校，追打人员被学校保安拦住。陈某在反击过程中刺中了甲、乙和丙，经鉴定，该3人的损伤程度均构成重伤二级。陈某经人身检查，见身体多处软组织损伤。

上面关于案件事实的叙述，没有也不会直接引用正当防卫的法律规定，因为那样做不符合叙述的规律。但是，这些内容又必须反映本案的法律性特征，否则就无法与正当防卫的法律规定联系起来进行三段论推理，进而作出不批准逮捕的具体处理决定。从这个意义上说，检察指导性案例中案件事实的叙述并非孤立的存在，而是说理的基础。案件事实的叙述应遵循说理法律属性的指引，使该案符合正当防卫具体构成的条件蕴含在叙事的字里行间，这样潜在的法律属性通过外在的叙事过程，就能够间接反映检察指导性案例的法律性特征。[①]

《最高人民检察院关于案例指导工作的规定》第3条将指导性案例的体例分为七部分，依次为“标题”“关键词”“要旨”“基本案情”“检察机关履职过程”“指导意义”“相关规定”，简称为案例七要素。若将检察指导性案

① 参见赵朝琴:《往返于事实和法律之间》，载《河南师范大学学报》2009年第1期。

例放在议论文体例的视域，将案例七要素放进司法三段论逻辑公式中分析，可以发现，检察指导性案例说理的“大前提”是法律规定，法律规定集中体现在七要素之“相关规定”上，其他要素如“要旨”“指导意义”中也有涉及。[①] 检察指导性案例说理的“小前提”应是“案例事实”。为了便于分析，我们尝试将检察指导性案例说理的小前提用“案例事实”表述。“案例事实”包括检察指导性案例七要素的“基本案情”“检察机关履职过程”等要素，其中，“基本案情”属于检察指导性案例语境中的“基本案情”，需要概括介绍诉讼案件处理的经过和结果，具体包含对案件事实、理由、处理结果和案件处理过程等的归纳概括，既有案件实体方面的基本案情，也有案件程序方面的基本案情，不能机械理解。“检察机关履职过程”需要具体介绍检察机关履职过程，其中含有检察机关意见及其理由等。说理的“推论”应是说理的中心论点，即案例七要素之“要旨”。

需特别注意的是，“指导意义”对应的是检察指导性案例综合说理的部分，“指导意义”的阐释同样是对检察指导性案例法律属性的反映，也是集中体现检察指导性案例特色的要素，是连接检察指导性案例说理大前提与小前提的桥梁和纽带。由此可见，在司法三段论的逻辑结构中，离开了大前提即“相关规定”，检察指导性案例的“案例事实”就失去了法律精神的指引，“指导意义”就成了无源之水，“要旨”就无法推出，检察指导性案例说理遵循司法规律就成了一句空话，说理的法律属性就无从体现。

“相关规定”作为检察指导性案例的法律依据，是集中、明确反映检察

---

① 比较来看，《〈最高人民法院关于案例指导工作的规定〉实施细则》第3条规定：“指导性案例由标题、关键词、裁判要点、相关法条、基本案情、裁判结果、裁判理由以及包括生效裁判审判人员姓名的附注等组成。指导性案例体例的具体要求另行规定。”其中，“相关法条”与最高人民检察院指导性案例七要素之“相关规定”对应，皆为指导性案例说理的大前提。

指导性案例法律属性、服务检察指导性案例主题即“要旨”需要的要素。已公布的检察指导性案例中，虽然“要旨”“指导意义”中也可能提及、列举法律条文或者有分析、论述法律适用的内容，但“相关规定”作为一个单独设立的要素，更能集中反映检察指导性案例说理的法律性特征。“相关规定”要素在正当防卫4个检察指导性案例中都有清晰体现，案例文本中清晰可见列入《刑法》《刑事诉讼法》等相关规定的内容，其法律性特征十分明显。表1是正当防卫4个指导性案例的“标题”“关键词”“要旨”“相关规定”“指导意义”要素内容。

表1　说理法律性特征若干要素比较

要素 标题	陈某正当防卫案（检例第45号）	朱凤山故意伤害（防卫过当）案（检例第46号）	于海明正当防卫案（检例第47号）	侯雨秋正当防卫案（检例第48号）
关键词	未成年人； 故意伤害； 正当防卫； 不批准逮捕	民间矛盾； 故意伤害； 防卫过当二审检察	行凶； 正当防卫； 撤销案件	聚众斗殴； 故意伤害； 正当防卫不起诉
要旨	在被人殴打、人身权利受到不法侵害的情况下，防卫行为虽然造成了重大损害的客观后果，但是防卫措施并未明显超过必要限度的，不属于防卫过当，依法不负刑事责任	在民间矛盾激化过程中，对正在进行的非法侵入住宅、轻微人身侵害行为，可以进行正当防卫，但防卫行为的强度不具有必要性并致不法侵害人重伤、死亡的，属于明显超过必要限度造成重大损害，应当负刑事责任，但是应当减轻或者免除处罚	对于犯罪故意的具体内容虽不确定，但足以严重危及人身安全的暴力侵害行为，应当认定为《刑法》第20条第3款规定的“行凶”。行凶已经造成严重危及人身安全的紧迫危险，即使没有发生严重的实害后果，也不影响正当防卫的成立	单方聚众斗殴的，属于不法侵害，没有斗殴故意的一方可以进行正当防卫。单方持械聚众斗殴，对他人的人身安全造成严重危险的，应当认定为《刑法》第20条第3款规定的“其他严重危及人身安全的暴力犯罪”
相关 规定	《刑法》第20条；《刑事诉讼法》第90条、第92条	《刑法》第20条、第234条；《刑事诉讼法》第235条	《刑法》第20条第3款	《刑法》第20条第3款

续表

要素标题	陈某正当防卫案（检例第 45 号）	朱凤山故意伤害（防卫过当）案（检例第 46 号）	于海明正当防卫案（检例第 47 号）	侯雨秋正当防卫案（检例第 48 号）
指导意义涉及法条	《刑法》第 20 条；《未成年人保护法》第 6 条第 2 款；《最高人民检察院关于实行检察官以案释法制度的规定》	《刑法》第 20 条第 2 款	《刑法》第 20 条	《刑法》第 20 条；《刑事诉讼法》第 177 条

分析表 1，可以发现：（1）关于“要旨”中出现的法律条文，上述 4 个正当防卫指导性案例中，检例第 47、48 号均提到《刑法》第 20 条第 3 款，直接目的是作为认定行为性质的定语，而非列举、解释、引证法条，但其法律性特征显而易见。（2）4 个案例均在“相关规定”“指导意义”要素中列举法律规定条文。比较来看，“相关规定”部分列举法条，意在明确检察指导性案例说理的具体法律依据。“指导意义”部分列举法条，意在依据这些法条展开具体的解释或者论述。（3）4 个案例同属正当防卫案例，自然会有共同的实体法律依据即《刑法》第 20 条；与此同时，根据 4 个案例的不同情况，在具体适用法律上会有差异，如有的案例适用《刑法》第 20 条第 3 款，有的案例适用《刑法》第 20 条第 2 款，有的案例还有适用其他法律的情况。当然，从体例角度看，“要旨”“相关规定”“指导意义”中提及、列举或者分析、论述法律规定，在内容上具有一致性。

特征是属性的外化。检察指导性案例的法律性特征，是检察指导性案例本质属性即法律属性的外化。案例七要素中，“要旨”是法律依据与案件事实相结合推演的结果，“相关规定”是法律依据的集中体现，“指导意义”是对案件适用法律方面示范引领功能的系统论述。其他要素如“基本案情”“检察机关履职过程”等，也须围绕法律性展开写作，反映法律属性的具体方式有直接的也有间接的，但都是在反映检察指导性案例的法律性特征。

（二）检察指导性案例的指导性特征

检察指导性案例的核心功能在于其指导性，“发挥指导性案例对检察办案工作的示范引领作用”，是检察案例指导制度设立的初衷。[①]《最高人民检察院关于案例指导工作的规定》第2条指出，检察指导性案例要“在事实认定、证据运用、法律适用、政策把握、办案方法等方面对办理类似案件具有指导意义”，第3条则把“指导意义”列为案例七要素之一。上述规定从“指导意义”之体例要素设计、“指导意义”的五个具体方面赋予了检察指导性案例的鲜明特征——指导性特征。

“指导性案例的定位不应当仅仅局限于顺应司法实践，还应当引领司法实践。”[②] 具体来说，检察指导性案例重在提炼检察机关履职行为的指导意义；法院指导性案例重在提炼审判机关履职行为的指导意义。指导意义主要集中在适用法律方面，既包括实体方面，也包括程序方面。实体方面的指导意义，如于海明正当防卫案（检例第47号），就是依据《刑法》第20条第3款，认定于海明在刘某的行为具有危险性而属于“行凶”的前提下，采取防卫行为致其死亡，依法不属于防卫过当，不负刑事责任。程序方面的指导意义，如陈某正当防卫案（检例第45号），要求检察机关办理正当防卫案件遇到争议时，应当适时、主动进行释法说理工作。

“指导性”功能在实践中展现为两个方面：一是在法律规定存在模糊

① 参见《最高人民检察院关于案例指导工作的规定》（2019年修订）第1条：“为了加强和规范检察机关案例指导工作，发挥指导性案例对检察办案工作的示范引领作用，促进检察机关严格公正司法，保障法律统一正确实施，根据《中华人民共和国人民检察院组织法》等法律规定，结合检察工作实际，制定本规定。”

② 孙光宁：《司法实践需要何种指导性案例——以指导性案例24号为分析对象》，载《法律科学（西北政法大学学报）》2018年第4期。

之处时，紧密结合实际案例解释、明晰其内涵；二是在法律规定存在漏洞时，紧密结合实际案例通过体系解释等方法在内容上进行补足，以彰显该规定的法律精神。一言以蔽之，指导性案例的功能是在法律规定存在模糊或不足之时，通过借助指导性案例的形式和权威来弥补形式规范之不足，消除裁判者心中的“疑虑”。由此可以看出，指导性案例不同于司法解释。有学者提出，指导性案例具有创制规则的功能，认为“从指导性案例中提炼出来的案例指导规则本身就是一种比法律和司法解释更为具体的规则”。[①] 本书不赞成这种观点。因为所谓创制规则，在法律上一般是指创制一种法律渊源。在成文法国家，法律渊源只有一种，那就是国家制定的成文法；在判例法国家，可以有两种，即成文法和判例。而我国是典型的成文法国家，不是判例法国家，因此指导性案例并不是正式的法律渊源。即使指导性案例中的指导性意见（“要旨”或“指导意义”）在形式上表现为一种“成文法式”的规则，相较于法律和司法解释也更具体，但它也不是法律渊源意义上的规则。而且，尽管为了体现“指导性”而赋予指导性案例实际上的拘束力，但其实行的原则毕竟是“参照适用”，而非“遵循先例”。此外，创制规则在一定程度上也可以理解为对规则的创新，但从指导性案例梳理、提炼出的所谓“规则”，在内容上并不具有创新性，实际上只是对案例“指导性”意义的归纳和强调，是对法律适用的进一步细化、明晰和阐发。综合以上理由，可以认为，指导性案例并不具有创制或创新规则的功能。

具体案例中，“相关规定”“基本案情”不同，“指导意义”也会不同，检察指导性案例的指导性也会有差异，这些差异经由叙事、说理等过程再现，最终通过“要旨”（即中心论点）集中表达出来。各级人民检

① 宋菲:《指导性案例运用的理据与要求——以指导性案例的功能为分析视角》，载《中南大学学报（社会科学版）》2018 年第 3 期。

察院应当参照指导性案例办理类似案件，可以引述相关指导性案例进行释法说理。[①] 检察指导性案例作为类似案件参照、引述的书面文本，不仅在“要旨”中要体现检察指导性案例的指导性特征，在叙事、说理的具体过程中也应体现检察指导性案例的指导性特征，为类似案件提供明确、翔实的参照依据。表 2 对最高人民检察院 4 个正当防卫案例指导性特征的相关要素进行了比较。

表 2　说理指导性特征若干要素比较

要素标题	陈某正当防卫案（检例第 45 号）	朱凤山故意伤害（防卫过当）案（检例第 46 号）	于海明正当防卫案（检例第 47 号）	侯雨秋正当防卫案（检例第 48 号）
案例要旨	在被人殴打、人身权利受到不法侵害的情况下，防卫行为虽然造成了重大损害的客观后果，但是防卫措施并未明显超过必要限度的，不属于防卫过当，依法不负刑事责任	在民间矛盾激化过程中，对正在进行的非法侵入住宅、轻微人身侵害行为，可以进行正当防卫，但防卫行为的强度不具有必要性并致不法侵害人重伤、死亡的，属于明显超过必要限度造成重大损害，应当负刑事责任，但是应当减轻或者免除处罚	对于犯罪故意的具体内容虽不确定，但足以严重危及人身安全的暴力侵害行为，应当认定为《刑法》第 20 条第 3 款规定的“行凶”。行凶已经造成严重危及人身安全的紧迫危险，即使没有发生严重的实害后果，也不影响正当防卫的成立	单方聚众斗殴的，属于不法侵害，没有斗殴故意的一方可以进行正当防卫。单方持械聚众斗殴，对他人的人身安全造成严重危险的，应当认定为《刑法》第 20 条第 3 款规定的“其他严重危及人身安全的暴力犯罪”
案件处理决定	不批准逮捕	朱凤山犯故意伤害罪，应判有期徒刑七年。二审检察意见得到法院支持	撤销案件。检察机关同意公安机关的撤销案件决定	不起诉

① 参见《最高人民检察院关于案例指导工作的规定》第 15 条相关内容。

续表

要素标题	陈某正当防卫案（检例第45号）	朱凤山故意伤害（防卫过当）案（检例第46号）	于海明正当防卫案（检例第47号）	侯雨秋正当防卫案（检例第48号）
案例中概述的有关法律文书理由要点	（1）陈某面临正在进行的不法侵害，反击行为具有防卫性质； （2）陈某随身携带刀具，不影响正当防卫的认定； （3）陈某的防卫措施没有明显超过必要限度，不属于防卫过当	（1）齐某的行为属于正在进行的不法侵害； （2）朱凤山的行为具有防卫的正当性； （3）朱凤山的防卫行为明显超过必要限度造成重大损害，属于防卫过当	（1）刘某的行为应当认定为“行凶”； （2）在于海明抢得砍刀顺势反击时，刘某既未放弃攻击行为也未实质性脱离现场，不能认为侵害行为已经停止； （3）公安机关认定于海明的行为系正当防卫，决定依法撤销案件的意见，完全正确	（1）沈某、雷某等人的行为属于“其他严重危及人身安全的暴力犯罪”； （2）侯雨秋的行为具有防卫性质； （3）侯雨秋的行为不属于防卫过当，不负刑事责任
指导意义要点归纳	（1）防卫结果虽客观上造成重大损害但防卫措施并未明显超过必要限度，属于正当防卫； （2）冲突双方均为未成年人的，成年人介入时，应当注意方式选择和手段、行为强度的适度； （3）办理正当防卫案件遇到争议时，应当适时、主动进行释法说理工作；	（1）应当根据不法侵害的性质、手段、强度和危害程度，以及防卫行为的性质、手段、强度、时机和所处环境等因素，对防卫行为是否“明显超过必要限度”进行综合判断，依法、审慎解决“民间矛盾引发的”极其复杂的涉及防卫性质的争议： ①依法进行整体判断”和“认定”； ②近亲属之间发生的不法侵害，对防卫强度必须结合具体案情作出更为严格的限制；	（1）引用《刑法》关于特殊防卫的规定，解释其立法目的在于进一步体现“法不能向不法让步”的秩序理念。 （2）提出适用《刑法》特殊防卫规定，认定“行凶”应当把握的两个方面： ①必须是暴力犯罪； ②必须严重危及人身安全，“不能要求不法侵害行为已经加诸被害人身上，只要不法侵害的现实危险已经迫在眼前，或者已达既遂状态但侵害行为没有实施终了的，就应当认定为正在进行”。	（1）引用《刑法》关于特殊防卫“其他严重危及人身安全的暴力犯罪”规定，指出认定时应注意把握： ①不法行为侵害的对象是人身安全，即危害人的生命权、健康权、自由权和性权利； ②不法侵害行为具有暴力性，且应达到犯罪的程度； ③不法侵害行为应当达到一定的严重程度，即有可能造成他人重伤或死亡的后果。

续表

要素标题	陈某正当防卫案（检例第45号）	朱凤山故意伤害（防卫过当）案（检例第46号）	于海明正当防卫案（检例第47号）	侯雨秋正当防卫案（检例第48号）
指导意义要点归纳	（4）检察机关审查逮捕时，应当严把事实关、证据关和法律适用关，保障无罪的人不受刑事追究	③对于被害人有无过错、不法侵害是否正在进行，应当通过细节的审查、补查，作出准确的区分和认定。 （2）犯罪嫌疑人、被告人及其辩护人所提正当防卫或防卫过当的意见成立的，应当及时予以采纳或支持	（3）认定特殊防卫强调注意：特殊防卫不存在防卫过当的问题，因此不能作宽泛的认定；对于因民间矛盾引发、不法与合法对立不明显以及夹杂泄愤报复成分的案件，在认定特殊防卫时应当十分慎重	（2）在共同不法侵害案件中，“行凶”与“其他严重危及人身安全的暴力犯罪”，在认定上如有交叉，具体可结合全案行为特征和各侵害人的具体行为特征作综合判定。 （3）寻衅滋事行为，不宜直接认定为“其他严重危及人身安全的暴力犯罪”。 （4）检察机关审查起诉时，应当严把事实关、证据关和法律适用关。保障无罪的人不受刑事追究

分析表2，可以发现：（1）“要旨”是检察指导性案例“指导性”的集中体现。同为正当防卫指导性案例，4个案例的要旨各不相同。（2）“指导意义”是为了体现“指导性”特征而进行的系统说理。一方面，相较于案例“有关法律文书”（如不起诉决定书）围绕“案件处理决定”（如不起诉决定）进行的说理，二者在说理方法上具有同质性。毕竟没有在先的案件生效处理决定，就不可能有后来检察指导性案例中对“指导意义”的论证。另一方面，“指导意义”虽然与案件处理结论具有内在关联，但是内容、功能不同于案件处理结论，关键在于说理围绕的论点不同。（3）检察指导性案例说理，包括对“案件处理决定”的说明和对“有关法律文书”理由进行概括归纳的内容。从案例七要素角度看这些内容，有的属于“基本案

情”，有的属于“检察机关履职过程”。毫无疑问，这些内容是检察指导性案例指导性特征赖以存在的基础，是检察指导性案例说理的有机组成部分。

2019 年修订后的《最高人民检察院关于案例指导工作的规定》将“要旨”的位置调整到“基本案情”之前，将“诉讼过程”要素名称修改为“检察机关履职过程”，将“法理分析”要素名称修改为“指导意义”[①]，使指导性案例的指导性特征更加凸显（详见表 3）。

表 3　最高人民检察院指导性案例体例要素变化

2015 年《最高人民检察院关于案例指导工作的规定》案例七要素	标题	关键词	基本案情	诉讼过程	要旨	法理分析	相关法律规定
2019 年《最高人民检察院关于案例指导工作的规定》案例七要素	标题	关键词	要旨	基本案情	检察机关履职过程	指导意义	相关规定

对于检察指导性案例说理而言，一方面，说理须围绕“要旨”进行，通过论述案例“指导意义”彰显其指导性特征；另一方面，说理应遵循写作的一般规律，即围绕中心论点进行说理，通过恰当的说理方法服务于指导性特征的展示。

比较而言，人们更加熟悉“有关法律文书”（如不起诉决定书、裁判文

① “检察机关履职过程”，是新时期指导性案例着力体现检察特色的重要内容，也是研究编制指导性案例中需要重点归纳总结的部分。对此，笔者认为，“检察机关履职过程”部分，刑事指导性案例应当反映指控与证明犯罪过程或者检察机关对诉讼和执行的监督作用，检察机关自侦案件还应当反映案件的查办过程；民事、行政、公益诉讼指导性案例，应当反映检察机关在诉讼过程、对诉讼和执行活动监督或者审前程序中的职能作用。参见李文峰、张杰：《〈最高人民检察院关于案例指导工作的规定〉理解与适用》，载《人民检察》2019 年第 8 期。

书）的说理，当说理立场需转向检察指导性案例时，则可能滑向“有关法律文书”的说理语境，或者把“有关法律文书”说理与检察指导性案例说理进行简单代入或者替换，这种情况要特别注意和警惕。具体来说，“有关法律文书”说理与检察指导性案例说理同属于法律写作，同样需要遵循法律文书写作（包括说理）的规律。但“有关法律文书”说理与检察指导性案例说理围绕的主题不同，“有关法律文书”说理围绕的主题，是诉讼具体阶段上的案件处理结果（如不起诉决定、有罪或无罪判决）；检察指导性案例围绕的主题，是案例“要旨”（是从案例中提炼出来的示范引领规则）。具体注意以下两点：其一，“要旨”是检察指导性案例说理的主题（即中心论点），而不是案件“有关法律文书”说理的主题（如不起诉结论或者裁判结果）。其二，围绕“要旨”的说理，包含对案件“有关法律文书”说理内容与案件处理结果的归纳概括，而归纳概括案件“有关法律文书”说理内容与案件处理结果时，须以“要旨”为核心进行选材和写作。

（三）检察指导性案例的重构性特征

检察指导性案例说理是以“要旨”为中心进行重构的过程。具体来说，检察指导性案例正式公布之前，“要旨”已经确定，“指导意义”已经明确，时间在后的指导性案例说理必须对此予以尊重和反映，而不能任性说理。说理过程应围绕“要旨”，即说理的中心论点，从案例事实、法律适用、指导意义等方面，重构指导性案例“要旨”何以得出的具体理由与过程。在这一过程中，“要旨”产生之前的案例事实、法律适用、指导意义等材料不是简单复制粘贴到检察指导性案例文本中，而是以“要旨”为中心进行选材，运用三段论的逻辑公式进行论证，不断往返于大前提、小前提之间，彰显检察指导性案例的公正性、说服力与指导意义。

由于检察指导性案例正式文本确定之前，“要旨”已经产生，在案例文本中围绕“要旨”说理的过程就是一种事后——“要旨”产生之后——对理由的重构。从逻辑上看，这一重构的高点是无限接近“要旨”所要达到的目标，而不可能超越这一目标。原因是人的认识能力、说理能力的局限性使针对要旨的说理过程天然具有局限性，不同主体说理能力的差异也会对理由重构质量形成直接的影响。

符合法律适用原理、彰显司法裁判特点的指导性案例撰写方法，是案例指导制度功能发挥的内在支撑。指导性案例的撰写需要依靠法律方法要素的合理支撑，应当以能够展现司法裁判的推理构造为依托，以有利于构建同案同判的法律适用机制为追求。[①] 比较检察院、法院案例指导制度中的体例设计和已发布的指导性案例，可以发现要素类型大体上一致，由此呈现出来的理由重构性特征也高度相似。至于具体案例的写作主体、案件处理经过、理由（包括但不限于“指导意义”）等方面的不同，则属于相同体裁之下的差异，并不影响两者均具有重构性的特征。

重构性作为检察指导性案例的显著特征，其重构的前提和依据必然是法律，既包括实体法，也包括程序法。

从检察指导性案例的实体法依据分析，案件性质不同，说理的实体法依据不同；同一性质案件如正当防卫案件，具体案情不同，说理的实体法依据虽然一样，但是案例要旨会有不同，即“指导意义”体现出鲜明的个性化特征，如表 1 所示。从指导性案例产生的程序分析，检察指导性案例理由重构本身就是一种程序理性的展示。无论在制度设计还是案例撰写方面，程序理性都体现为检察指导性案例说理的共性。具体可分为两个不同层次的程序理性，一为行政程序理性，二为诉讼程序理性。

第一层次为行政程序理性。其直接依据是指导性案例遴选的制度规定，依据现有的制度规范，行政程序理性体现在检察指导性案例的遴选程序中。

① 参见杨知文：《指导性案例的编撰方法及其制度完善》，载《法律方法》2017 年第 2 期。

与法院指导性案例遴选的程序类似[①]，检察指导性案例遴选应当遵照《最高人民检察院关于案例指导工作的规定》要求的程序进行，案例撰写的重构性要受上述规定程序的限制和约束，体现为一种行政程序理性。

第二层次为诉讼程序理性。其直接依据是指导性案例关涉案件的诉讼程序，程序内容要根据案件性质、处理决定的具体情况来具体分析。如检例第45号（陈某正当防卫案），检察机关以行为人的行为系正当防卫为由作出不批准逮捕的决定，此决定作出以后，该案诉讼程序即告终结。案例中的程序性表述涉及公安机关立案侦查、采取刑事拘留措施、提请批捕、检察机关决定不批准逮捕、公安机关要求复议、检察机关维持原决定等。[②]又如检例第46号（朱凤山故意伤害案），案例中的程序性表述主要涉及一审阶段情况、二审阶段情况，一审、二审阶段情况介绍等，依次概括介绍了一审朱凤山及其辩护人意见、一审检察机关意见、一审或二审法院意见，多方意见都出现在指导性案例中。[③] 诉讼程序是行政程序的基础和前提，如同法院指导性案例一样，检察指导性案例说理同样应当遵守司法规律，案例的“生成过程必须回归司法的基本规律”[④]；同样不能违背诉讼程序、生效法律文书对案件认定的内容，说理的指导意义肯定要受诉讼程序的限制和约束，不能与案件诉讼程序确认的内容相冲突，体现为一种诉讼

---

① “中国当下的指导性案例则借助于强大的司法外的行政权力，特别是最高人民法院居于一种地位上的优势而形成的纵向管理权。”参见郑智航:《中国指导性案例生成的行政化逻辑——以最高人民法院发布的指导性案例为分析对象》，载《当代法学》2015年第4期。

② 参见检例第45号的表述。

③ 参见检例第46号的表述。

④ 郑智航:《中国指导性案例生成的行政化逻辑——以最高人民法院发布的指导性案例为分析对象》，载《当代法学》2015年第4期。

程序理性。①

从时间先后次序看，先有诉讼程序，再有指导性案例遴选程序。检察指导性案例编写的过程，离不开程序内容的写作。既有对诉讼程序和诉讼结果的介绍，也有围绕案例要旨的概括归纳。前者体现为诉讼程序理性，后者体现为行政程序理性。在检察指导性案例编写的视域内，诉讼程序理性是检察指导性案例编写的基础和前提，行政程序理性是检察案例指导制度赋予检察指导性案例的制度基调与特色。最高人民检察院第十二批指导性案例中，4 个案例文本显示的具体程序及诉讼过程如表 4 所示。

表 4　说理重构性特征若干要素比较

要素标题	陈某正当防卫案（检例第 45 号）	朱凤山故意伤害（防卫过当）案（检例第 46 号）	于海明正当防卫案（检例第 47 号）	侯雨秋正当防卫案（检例第 48 号）
相关规定	《刑法》第 20 条； 《刑事诉讼法》第 90 条、第 92 条	《刑法》第 20 条、第 234 条； 《刑事诉讼法》第 235 条	《刑法》第 20 条第 3 款	《刑法》第 20 条第 3 款
案件处理决定和检方观点概述	正当防卫； 不批准逮捕； 检察机关意见：陈某的防卫行为没有明显超过必要限度，不属于防卫过当，不构成犯罪	防卫过当； 二审检察意见：朱凤山的行为具有防卫的正当性，朱凤山及其辩护人所提防卫过当的意见成立，一审公诉和判决对此未作认定不当，属于适用法律错误，二审应当作出纠正，并据此发表了出庭意见	正当防卫； 撤销案件； 检察机关意见：与公安机关处理意见一致，即于海明的行为系正当防卫，决定依法撤销案件	正当防卫； 不起诉； 检察机关意见：侯雨秋的防卫行为造成不法侵害人之一雷某死亡，依法不属于防卫过当，不负刑事责任

① 《最高人民法院关于编写报送指导性案例体例的意见》（2012 年）第 7 条规定，关于“裁判理由”……可以依照裁判文书的论述次序，在裁判文书的理由基础上进行适当充实，但不能与裁判文书论述矛盾，也不能在理由中出现前面未表述的事实。《最高人民法院关于编写报送指导性案例体例的意见》，2012 年 1 月 10 日印发。

续表

要素标题	陈某正当防卫案（检例第45号）	朱凤山故意伤害（防卫过当）案（检例第46号）	于海明正当防卫案（检例第47号）	侯雨秋正当防卫案（检例第48号）
案例中概述的有关法律文书理由要点	（1）陈某面临正在进行的不法侵害，反击行为具有防卫性质； （2）陈某随身携带刀具，不影响正当防卫的认定； （3）陈某的防卫措施没有明显超过必要限度，不属于防卫过当	（1）齐某的行为属于正在进行的不法侵害； （2）朱凤山的行为具有防卫的正当性； （3）朱凤山的防卫行为明显超过必要限度造成重大损害，属于防卫过当	（1）刘某的行为应当认定为“行凶”； （2）在于海明抢得砍刀顺势反击时，刘某既未放弃攻击行为也未实质性脱离现场，不能认为侵害行为已经停止； （3）公安机关认定于海明的行为系正当防卫，决定依法撤销案件的意见，完全正确	（1）沈某、雷某等人的行为属于“其他严重危及人身安全的暴力犯罪”； （2）侯雨秋的行为具有防卫性质； （3）侯雨秋的行为不属于防卫过当，不负刑事责任
案例要旨	在被人殴打、人身权利受到不法侵害的情况下，防卫行为虽然造成了重大损害的客观后果，但是防卫措施并未明显超过必要限度的，不属于防卫过当，依法不负刑事责任	在民间矛盾激化过程中，对正在进行的非法侵入住宅、轻微人身侵害行为，可以进行正当防卫，但防卫行为的强度不具有必要性并致不法侵害人重伤、死亡的，属于明显超过必要限度造成重大损害，应当负刑事责任，但是应当减轻或者免除处罚	对于犯罪故意的具体内容虽不确定，但足以严重危及人身安全的暴力侵害行为，应当认定为《刑法》第20条第3款规定的“行凶”。行凶已经造成严重危及人身安全的紧迫危险，即使没有发生严重的实害后果，也不影响正当防卫的成立	单方聚众斗殴的，属于不法侵害，没有斗殴故意的一方可以进行正当防卫。单方持械聚众斗殴，对他人的人身安全造成严重危险的，应当认定为《刑法》第20条第3款规定的“其他严重危及人身安全的暴力犯罪”

分析表4，可以发现：检察指导性案例说理的重构性以反映法律属性为根本。“要旨”为重构的中心论点，“基本案情”“检察机关履职过程”“指导意义”是集中展现重构理由的要素。其中，“基本案情”“检察机关履职过程”是说理的基础，“指导意义”是针对“指导性案例”之“指导性”进行的综合性、特色说理；“相关规定”则为说理的大前提（即法律依据）。

比较检察指导性案例说理与“有关法律文书”说理的重构过程，既有相同点，也有不同点。相同点体现在：第一，同为法律写作的说理；第二，同样有明确的法律依据；第三，同样采用三段论的说理方法。不同点体现在：第一，说理的主题即中心论点不同；第二，说理的小前提也有区别。

三、检察指导性案例的分类

（一）检察指导性案例分类的概念和意义

学术意义上的分类，是指在理论研究上将研究对象按照不同的标准，划分为不同的种类。分类的意义在于：一是在理论上可以提升对研究对象的研究高度。二是在实践上，通过对研究对象进行理论分类，总结出不同分类的规则，并加以运用，有利于指导、推动实务工作的高效、深入开展。

检察指导性案例的分类，是指按照适用领域和范围的不同，将检察指导性案例根据其所属性质进行形式和实质综合考量后划分的不同类别。对检察指导性案例进行理论上的分类，有助于通过对检察指导性案例进行探讨、分析、归类，理解和把握不同的指导性案例的特点并加以运用，更好地服务于检察工作的实践需要。具体而言，探讨检察指导性案例的分类具有以下意义：

第一，便于检察指导性案例的遴选和生成。对检察指导性案例的种类进行划分以后，各级检察机关在参与检察指导性案例的遴选时就有了参照，进而为检察指导性案例的生成提供坚实的基础和便利。

第二，助力检察指导性案例的理论研究。自 2016 年 8 月发布第一批指导性案例以来，截至 2023 年 12 月，最高人民检察院已发布了 49 批 199 件检察指导性案例。如此多的案例，如果仅以时间为序展开研究，难以充分挖掘其深刻内涵和意义，这就需要我们多角度、多层次地进行研究，而在理论上明确检察指导性案例的分类，以确定检察指导性案例研究的逻辑起点。

第三，有利于司法适用。明晰检察指导性案例的种类，有利于各级检察院及检察官在办理具体案件时高效开展案例检索找到类案的指导性案例，并在其引导下高效适用。

（二）检察指导性案例的具体分类

1. 实务分类。如前所述，《最高人民检察院关于案例指导工作的规定》自 2010 年颁布以来，分别于 2015 年和 2019 年进行了两次修订。其中，2010 年《最高人民检察院关于案例指导工作的规定》对检察指导性案例的种类曾作出明确规定，但修订后却不再进行具体规定。具体而言，2010 年《最高人民检察院关于案例指导工作的规定》第 3 条明确规定，指导性案例是检察机关在履行法律监督职责过程中办理的具有普遍指导意义的案例，主要包括：（1）职务犯罪立案与不立案案件；（2）批准（决定）逮捕与不批准（决定）逮捕、起诉与不起诉案件；（3）刑事、民事、行政抗诉案件；（4）国家赔偿案件；（5）涉检申诉案件；（6）其他新型、疑难和具有典型意义的案件。2015 年《最高人民检察院关于案例指导工作的规定》修订后原有第 3 条的规定被废止，2019 年《最高人民检察院关于案例指导工作的规定》修订继续延续了这种废止状态。由此可见，对于检察指导性案例的种类，最高人民检察院没有作出明确规定。

本书认为，在没有明文规定的情况下，应当将法律规定的检察工作范围和内容作为划分检察指导性案例种类的依据，并据此界定出检察指导性案例的种类。根据《刑事诉讼法》《民事诉讼法》《行政诉讼法》《人民检察院组织法》等法律规定，当前检察机关的主要工作内容分为刑事检察（又可细分为普通刑事犯罪、重大刑事犯罪、职务犯罪、经济犯罪、刑事执行等五类刑事检察）、民事检察、行政检察、检察公益诉讼等“四大检察”以及未成年人检察业务。据此，检察指导性案例从法律规定和业务分工的角度上讲，可以划分为五个种类，即刑事检察指导性案例、民事检察指导性案例、行政检察指导性案例、检察公益诉讼指导性案例和未成年人检察指导性案例。[①]

2. 学理分类。在学理上，有观点认为，可以根据检察指导性案例功能定位和发挥作用方式的不同，将检察指导性案例区分为重申规则型案例、解释法律型案例、工作指导型案例三种类型。[②]

（1）重申规则型案例。重申规则型案例，是指直接引用法律条文、司法解释、司法规范性文件的检察指导性案例，一般是针对社会关注的热点类型案件，通过发布检察指导性案例的形式，向社会宣示相关法律精神和刑事政策，实现宣传法律、宣传检察工作的目的。如第四批指导性案例（检例第 12—16 号）中的食品安全犯罪，涉及“地沟油”“瘦肉精”等社会热点案件。这类检察指导性案例，主要起一种提示宣传作用。最高人民检察院通过检察指导案例，明晰一段时期的工作重点和要求，下级人民检察院应当按照检察指导性案例体现的刑事政策和重申的办案规则，着力依法推进相关司法办案工作。

（2）解释法律型案例。解释法律型案例，是指对法条、司法解释的规定作进一步解释、具体化或者是在法条的文义范围内进行适当解释的指导性案例。典型的如第七批指导性案例（检例第 24—27 号）中的“马乐利用未公开信息交易案”（检例第 24 号），该案例以文义解释为起点，综合运用体系解释、目的解释等多种解释方法，对《刑法》第 180 条第 4 款利用未公开信息交易罪中法定刑援引提出了明确指导意见。此外，第九批指导性案例（检例第 33—38 号）也是这类指导性案例的典型代表。这类检察指导性案例是实践应用的重点，也是最有可能在检察法律文书中予以援引的。其主要内容是分析指导性案例要旨规则及指导意义，分析其中澄清的法律精神，形成对当前案件的论证理由，并在检察法律文书说理中援引

① 最高人民检察院还发布过数件刑事申诉公开听证案例，这类案例在业务属性上属于控告申诉检察业务，由于占比较少，本书不将其单独作为一种分类类型。

② 参见万春:《检察指导案例效力研究》，载《中国法学》2018 年第 2 期。

指导性案例。

（3）工作指导型案例。工作指导型案例主要是立足检察机关法律监督的新方式和新领域，从理念、方法层面指导检察机关如何开展某项新的工作。典型的如第八批指导性案例（检例第28—32号），为各级检察机关规范开展公益诉讼这项新型检察工作提供指导。要结合修改后的《民事诉讼法》《行政诉讼法》及最高人民检察院开展公益诉讼试点的相关规定，对指导性案例中明确的工作程序、工作方式、工作重点等加以具有针对性的参照适用。对这一类检察指导性案例，要结合检察机关相关规范性文件，着重对检察指导性案例阐明的一些关键问题予以应用。

以上这种分类，既能从检察工作实际出发，又在理论上进行了合乎情理的深刻阐释，做到了理论与实践的紧密结合，对检察工作具有较强的理论指导意义。

四、检察指导性案例与法院指导性案例的区别

检察指导性案例和法院指导性案例共同构成了具有中国特色的案例指导制度，两者既有相似之处，又有所区别。检察指导性案例和法院指导性案例在目的上具有一致性，均在于发挥指导性案例对办案工作的指导作用，从而统一法律适用和维护司法公正。检察指导性案例主要反映检察办案的实践，紧紧围绕其法律监督的职能定位，为满足检察办案环节法律适用和法律监督工作需求而制发；法院指导性案例则主要反映法院的审判工作实践，围绕其审判职能对审判工作中的法律适用问题制发。因此，检察指导性案例和法院指导性案例又各具特色。具体而言，二者的区别主要表现在以下几个方面。

（一）指导性案例的功能定位不同

检察指导性案例与法院指导性案例虽然同属指导性案例，适用主体都是司法机关，但由于检察院和法院的法律定位不同，两者在功能定位上有

较大的不同。根据宪法的规定，检察机关是国家的法律监督机关，检察机关的所有工作都可以被视为法律监督工作。因此，检察指导性案例的功能定位具有双重性，除了具有诉讼办案指导功能之外，还具有指导检察机关法律监督工作的功能，即通过指导办案，强化法律监督，统一法律适用标准。而法院作为审判机关，其指导性案例的基本功能在于覆盖审判、执行全过程，细化裁判规则，统一裁判标准。相比于检察指导性案例，法院指导性案例的功能更为单纯。

（二）指导性案例的内容、结构和侧重点不同

比较检察指导性案例和法院指导性案例的内容和结构，明显的区别在于，检察指导性案例有“检察机关履职过程”部分，案件处理结果则包含在“基本案情”中，而在法院指导性案例中，“裁判结果”是一个独立的部分。也就是说，检察指导性案例的内容和结构，更重视案件的“过程性”；而法院指导性案例的内容和结构，更重视案件的“结果性”。

内容和结构的不同反映了检察指导性案例和法院指导性案例的功能侧重不同：检察指导性案例重心在详细展示检察环节履职情况，其作用是更加直观地指导规范办案程序、改进工作方法，更直观表明检察指导性案例的核心目标在于强化法律监督职能，规范检察权行使。法院指导性案例的写作重心在裁判结果及其裁判理由，充分反映了法院的审判职能，其指导性案例核心目标在于统一裁判尺度，解决“同案不同判”问题。

（三）指导性案例的选编、发布方式不同

检察指导性案例与法院指导性案例选编和发布方式的明显区别在于，检察指导性案例从发布伊始，就一直采用“批次主题”的发布方式，即确定某批次发布的主题后，围绕着该主题选编若干案例（一般是3—5个）进行集中发布。批次主题的确定一般基于检察办案的薄弱环节或者社会关注的热点问题，而法院指导性案例虽然也是批次性发布，但批次一般只限于刑事审判、民事审判等案件类型，批次的主题并不明显和突出。检察指导

性案例与法院指导性案例的这一区别，反映出两机关在社会生活中的地位和作用有所不同，检察机关行使诉权和法律监督权，因而对社会生活的介入更积极更主动更加“入世”，而法院行使审判权，其社会地位更加中立超脱；检察指导性案例更具时效性和社会宣传功能，而法院指导性案例更注重统一裁判尺度这一系统内功能的发挥。

（四）指导性案例的应用规范不同

指导性案例的出发点和落脚点都在于应用，因此最高人民检察院和最高人民法院都高度重视指导性案例的应用。功能和目的上的一致性决定了检察指导性案例和法院指导性案例的应用在本质上具有共通性，但在具体规定上又存在较大差异。

检察指导性案例的应用主要规定在《最高人民检察院关于案例指导工作的规定》中，其第 15 条规定：“各级人民检察院应当参照指导性案例办理类似案件，可以引述相关指导性案例进行释法说理，但不得代替法律或者司法解释作为案件处理决定的直接依据。各级人民检察院检察委员会审议案件时，承办检察官应当报告有无类似指导性案例，并说明参照适用情况。”“应当参照”具有强制性，意味着各级人民检察院在办理类似案件中必须参照有关指导性案例。同时“可以引述”相关指导性案例进行释法说理，但是不得排除法律或者司法解释而仅以指导性案例作为案件处理决定的直接法律依据。“应当”“参照”和“可以引述”三个关键词勾勒出检察指导性案例在应用效力上，检察机关对检察指导性案例积极又审慎的态度：检察官在办案中，检索指导性案例具有强制性（“应当”）；在案件处理结果上，检察官又有一定的自由裁量权（“参照”）。“参照”意味着参考、仿照，系以指导性案例为“参照物”并在案件处理时借助和参考。“可以引述”表明检察官对指导性案例的援引方式具有自主选择权。“不得作为……直接法律依据”表明指导性案例只能作为案件处理决定的辅助性依据与价值判断标准，与“参照”的基本内涵和定位相契合。

法院指导性案例的应用规范主要规定在《〈最高人民法院关于案例指导工作的规定〉实施细则》中，其第 9 条规定："各级人民法院正在审理的案件，在基本案情和法律适用方面，与最高人民法院发布的指导性案例相类似的，应当参照相关指导性案例的裁判要点作出裁判"；第 10 条规定："各级人民法院审理类似案件参照指导性案例的，应当将指导性案例作为裁判理由引述，但不作为裁判依据引用"。此外，2021 年颁布的《最高人民法院统一法律适用工作实施办法》对类案检索和类案适用做了较为详细的规定。相比于检察指导性案例，法院指导性案例的应用规范更具体、全面。

第二节　检察指导性案例的价值、功能与效力

一、检察指导性案例的价值

（一）检察指导性案例价值的内涵

"价值"这一哲学概念与经济学上的"价值"概念关系密切。就像商品具有使用价值一样，哲学上价值的一般含义就是"有用"，是一种"善"或者是"好东西"。关于价值的认识，视角不同则有不同的理解。具体而言，一般从三个角度解释"价值"：一是以客体自身的功能或属性来规定价值，即突出和强调价值的"客观性"；二是以主体和主体的需要来规定价值，即突出和强调价值的"主观性"；三是以主体与客体的关系来规定价值，即突出和强调价值的"关系性"。[①] 法律价值是从第二种意义上理解的，即法律价值是法律满足人类需要及对法律需要的评价，即价值是客体满足主体一定的需要，如客体能满足主体的需要，则客体具有价值，反之则无价值。作为司法实践产物的检察指导性案例的价值也不例外。

① 参见孙正聿：《哲学通论》（上），吉林人民出版社 2007 年版，第 329 页。

检察指导性案例的价值是指检察指导性案例能够满足检察官办案工作需要及办理对同类检察个案需要的评价。具体而言，检察指导性案例不仅对检察办案工作具有示范引领作用，而且有利于促进检察机关严格公正司法，促进《宪法》关于人民检察院作为国家法律监督机关定位的实现，从而促进并保障法律统一正确实施。

检察指导性案例的价值是包含在检察指导性案例之中的“善”，检察指导性案例则是检察指导性案例价值的外在表现形式，两者间是内容与形式的关系。

（二）检察指导性案例价值的主要内容

法律，乃至整个司法制度，其价值追求主要有两个，一曰正义，二曰秩序，这也是两大法哲学体系——自然法和实在法——各自的核心诉求。而到底以何者为标准或者以何者为先来界定法律和司法的价值，自然法和实在法也争论了上千年，以 19 世纪和 20 世纪尤烈，并在后来相互争执、借鉴与融合的过程中，形成了新自然法学说和新实在法学说。在新自然法和新实在法看来，正义和秩序均为法律的核心价值，不可偏废，至多形成一种层级关系。检察指导性案例，作为一种特殊的规范法律形式，其价值追求也概莫能外。因此，检察指导性案例的价值主要是指正义价值与秩序价值。

1. 检察指导性案例的正义价值。正义是法律追求的崇高价值，是衡量和评价司法的终极尺度和重要标准。罗马法经典名著《法学总论》（又译《法学阶梯》）对“什么是正义”作了论述，其开篇第一句话就是“正义是给予每个人他应得的这种坚定而恒久的愿望”[①]。法律的正义就是指每个人都能在法律中得到他应当得到的，或在同等情况下可以得到同等对待。[②] 对应于实

① ［罗马］查士丁尼：《法学总论》，张企泰译，商务印书馆 1997 年版，第 5 页。

② 参见杜福磊、赵朝琴主编：《法律文书写作教程》（第二版），高等教育出版社 2013 年版，第 28 页。

体法和程序法，正义分为实体正义和程序正义。[1] 实体正义在本质上是一种结果正义，而结果相对于规范人们行为的法律本身来说，具有一定的工具性或外在性，因此实体正义价值是法律的工具性价值或外在价值；程序正义是指那些来自程序本身的、使人感到满意的东西[2]，因此程序正义价值是法律的目的价值或内在价值。实体正义又分为一般正义和个别正义。实体一般正义是指立法者对一般人实体权利和义务的公正分配，具有普适性和抽象性；实体个别正义是指个案中司法者对案件当事人实体权利和义务的公正分配，是裁判结果对于实体一般正义的追求和趋近，具有个别性和具体性。[3] 检察指导性案例的实体正义是体现在原案例中的关于当事人的实体性权利与义务的正义，系针对个案而发，因此具有实体个别正义价值的底色，但又因其由个案上升为指导性案例，因其“指导性”赋予该案例实体一般正义的价值。

程序的本质特点是“过程性和交涉性”[4]，因此程序正义表现为一种过程正义。“让人民群众能以一种看得见的方式实现公平正义”是程序正义的形象表达，过程正义亦是实现“全过程人民民主”的一条重要途径。检察指导性案例重在分析说理，并经严格程序编撰后公开发布，本身就体现了鲜明的程序法特色，程序正义价值自在其中。

2. 检察指导性案例的秩序价值。秩序价值是检察指导性案例的直接现实需要和理想目标追求，对此可以从两方面来理解：其一，检察指导性案例作为一种特殊的法律文书，体现了人们对规范有序的法律文书的现实需要。法律文书承担着将抽象、静态的法律制度运用于具体、生动的案件中的重

---

① 事实上，在关于正义的定义中，已隐含了这两种正义。

② 参见［美］迈克尔·D. 贝勒斯：《法律的原则——一个规范的分析》，张文显等译，中国大百科全书出版社 1996 年版，第 32 页。

③ 参见樊崇义主编：《诉讼原理》，法律出版社 2003 年版，第 177 页。

④ 季卫东：《法治秩序的建构》，中国政法大学出版社 1999 年版，第 20 页。

要使命，从这个意义上说，法的价值最终要通过法律文书来实现。具体的法律文书往往体现出当时人们的认识水平，符合人们当时所追求的社会生活秩序，也是法价值的现实目标得以实现的典型标志。[①] 其二，检察指导性案例作为承载实现检察机关公正司法目标的重要载体和制度手段，体现了最高人民检察院和广大人民群众对于实现公正司法进而实现公正社会秩序的永恒追求和理想目标。

3. 检察指导性案例的效益价值。效益价值源自经济学，是在对成本投入与收益进行比较之后形成的概念，如果收益大于成本，就会被认为具有效益价值。效益价值被引入法律领域，是因为其与正义价值和秩序价值之间关联紧密，效益价值或直接或间接地反映、影响到法律的正义价值与秩序价值。因此，效益价值也成为法律追求的价值。在司法领域，收益不能被狭隘地理解为物质经济所得，而应在更高的社会和国家层面上衡量是否实现了公平正义，如果能实现公平正义，那么无论投入多大经济成本，都是值得的，可以被认为具有效益价值。而制作、适用检察指导性案例，正是为了实现司法正义，在这一意义上，检察指导性案例具有不可估量的、更高层面的效益价值。

在司法实践中，在制度目标的设定中，检察指导性案例是调节相应法律关系或规则的重要手段，是引领示范检察机关公正司法、引导人们规范行为的标准、规则和尺度，在这个意义上，秩序价值可以说是检察指导性案例的基础性价值。在检察指导性案例要实现的秩序价值和其他价值之间，前者是后者的前提和基础，后者是前者的目的和发展。没有秩序价值，其他的价值则无从实现。

应勇检察长指出，高质效办好每一个案件是新时代新征程检察履职办

---

① 参见杜福磊、赵朝琴主编:《法律文书写作教程》(第二版)，高等教育出版社2013年版，第41页。

案的基本价值追求，应推动其成为全体检察人的自觉理念和行动。① 把“高质效办好每一个案件”作为检察履职办案的基本价值追求，与要在每一个案件中实现正义、秩序和效益在内涵上是高度契合的，其中“高质”是指实现正义、秩序价值的追求，“高效”更是提升效益价值的直观体现。

二、检察指导性案例的功能

（一）检察指导性案例功能的内涵

1. 检察指导性案例功能的概念。检察指导性案例的功能是指检察指导性案例作为人民检察院工作中的一种社会关系的调整器所具有的，能够对检察工作中宏观系统发挥作用的能力。检察指导性案例的功能不仅直接决定于检察指导性案例的工具性特征，还取决于检察指导性案例体系自身的一种系统结构。

2. 正确认识检察指导性案例的功能。检察指导性案例对于检察工作具有评价、指引、预测、警戒与激励等重要作用。但正如法律的功能不是万能而是有限的，检察指导性案例的功能也不例外。正确适用检察指导性案例对指导与规范检察工作具有重要的作用，但其作用是有限的，也不是万能的。

（二）检察指导性案例功能的主要内容

检察指导性案例是兼具政治效果、法律效果与社会效果的检察产品。通过发布检察指导性案例，实现多元目标价值，在惩罚犯罪、保障人权的同时，能够统一规范适用、填补法律漏洞，同时实现对民众的法治教育。检察指导性案例在一定程度上实现了解决社会矛盾纠纷、维护社会团结稳定、进行法治宣传教育等社会功能，成为社会治理体系的重要组成部分。

---

① 参见应勇：《高质效办好每一个案件　努力让人民群众在每一个司法案件中感受到公平正义》，载《人民检察》2024 年第 18 期。

具体而言，检察指导性案例的功能主要表现为以下几点。

1. 示范引领检察机关办案工作。检察指导性案例用于指导各级检察机关处理类似案件，以保障法律正确实施，维护社会公平正义，维护国家法律统一、尊严和权威。这既为历经两次修订的《最高人民检察院关于案例指导性工作的规定》第1条所规定，也是《人民检察院组织法》第2条所规定的自然延伸。检察指导性案例具有示范引领检察办案工作，促进检察机关严格公正司法，保障法律统一正确实施的功能，凸显了其在司法实践中不可替代的地位与作用，这正是构建检察案例指导制度的意义。从实践上看，最高人民检察院发布了数十批次的检察指导性案例，起到了良好的示范带动作用，效果显著。

2. 填补法律漏洞。检察指导性案例具有填补法律漏洞之功能。具体而言，检察指导性案例不仅能够弥补成文法所存在的滞后、模糊、不周延等不足，而且通过解释、明确、细化相关法律规定，在不违反宪法、法律精神的限度内有助于填补法律漏洞。在科技日益发展的网络化信息化时代，社会生活快速变化、社会关系日趋复杂，在此背景下，成文法自身的局限性更加凸显，迫切需要通过建立检察案例指导制度推动法律的发展与完善，及时回应社会关切与需求。

3. 履行法律监督职能，维护法律的统一适用。检察指导性案例有助于规范检察裁量权的行使，维护法律的统一适用，从而维护法制的统一。检察指导性案例是指它的处理结果已经发生了法律效力，在制定和发布主体、案件实体和程序上均符合实体公正与程序公正的要求，自然是合法的，是具有法律效力的。司法者不是机器，不能单纯机械地将法律规范适用于办理案件。在我国的司法实践中存在以下两种现象：一是当前仍然存在政策性司法、运动性司法的现象，出现同类案件因为处于“严打”和“宽严相济”的时期而作出不同的处理结果；二是新类型、新种类的犯罪频发，司法者在办理该类案件时容易简单化、直线化地理解法律规范。[①] 因此，在司法实践中，检察官因时、因地、因政策、因经验不同容易造成"同案不同处理"的现象。一方面，通过检察指导性案例为检察官办案提供裁判标准与裁判方法，从而规范检察自由裁量权，保障同案同处，有助于增强人民群众的认同感；另一方面，通过检察指导性案例对于法律适用、事实判断、证据采信规则等内容的阐释，能够起到细化法律适用和明确处理案件惯例的作用，有利于明确类案法律适用规则，统一法律适用标准，在司法实践中统一司法尺度。

从世界范围来看，检察裁量权的扩大是检察制度发展过程中的一个普遍现象。在我国，现已形成刑事检察、民事检察、行政检察、检察公益诉讼全面发展的检察工作基本格局，检察裁量权也必然呈现出不断扩大的趋势。为了防止检察裁量权的滥用，规范检察裁量权的正确适用，有必要通过检察案例指导制度降低检察裁量的随意性与任意性，实现同样情况同样对待，进而促进司法公正。

4. 强化检察文书释法说理，促进检察法治宣传。检察指导性案例有助于强化检察文书释法说理，增进民众对案件处理决定的认同。根据《最高人民检察院关于案例指导工作的规定》，检察指导性案例的产生遴选有严格的程序，而且它是从处理结果已经发生了法律效力的众多检察案例中优中择优产生的，在制定和发布主体、案件实体和程序上非常严格规范，且均符合实体公正与程序公正的要求。检察法律文书关注的案件多是重罪案件，检察法律文书释法说理有其自身特点。其一，社会关注度高。这与重罪案件案情重大、受各方关注密切相关，如"江苏昆山反杀案""河北涞源反杀案"等重大敏感案件，往往成为社会公众关注的焦点、热点。其二，说

① 参见朱洪源：《检察机关案例指导制度研究》，暨南大学2015年硕士学位论文，第9页。

理难度大。重罪案件案情复杂，处理困难且敏感，如何说理难度很大。如“陕西张扣扣案”，该案从案发到二审裁判长达一年多的时间里舆论持续发酵，面对种种质疑和争议，如何说服被告人、社会公众，无疑增加了释法说理的难度。其三，说理要求高。对于重罪案件释法说理要做好充分准备，有的要召开检察委员会、检察官联席会议等进行讨论，针对事实认定、证据采信、法律适用、政策把握的焦点问题，要充分阐释决定的理由和依据，这对说理工作提出了很高的要求。为了体现司法理性原则，加强检察文书释法说理成为检察改革中的一项重要内容。检察指导性案例非常注重检察文书释法说理，有助于增强案件处理决定的可接受性，也有利于增强公民行为结果的可预测性。

党中央对“谁执法谁普法”提出明确要求，检察机关结合办案实践开展普法工作，是一项重要的工作内容。法律的权威源自人民的内心拥护和真诚信仰。从社会公众角度来说，通过对检察指导性案例的学习，能够知道什么该做、什么不该做，起到预防违法犯罪的作用，同时还可以了解维护自身权利的法律武器，增强学法、尊法、守法、用法意识。通过检察指导性案例的影响性、故事性，传递检察好声音，讲述检察好故事，以实际案例让公众了解、支持检察工作，落实“谁司法，谁普法”的普法责任制。

5. 有助于妥善处理重大复杂疑难案件和新类型案件。一般而言，法律是抽象的，往往滞后于快速变化的复杂社会实践。检察官亟须妥善、公平处理检察工作实践中面临的重大复杂疑难案件和新类型案件，这往往是检察官在办案过程中所面临的最为棘手的问题，如重大、疑难、复杂、敏感、新类型案件，在证据运用、法律适用方面具有普遍指导意义的案件，对事实认定或者法律适用存在较大争议的案件，具有首案效应的新类型案件，涉及国家安全、外交、民族、宗教等敏感案件。这些案件应当是检察案例指导制度所关注的重点。从目前最高人民检察院已发布的检察指导性案例看，其中既包括死刑适用、超过追诉期限是否核准追诉、正当防卫与防卫过当的界限等重大复杂疑难案件中的问题，也包括公益诉讼、网络犯罪等新类型案件中的问题。

6. 有助于提高司法效率。司法效率提升的关键，既在于司法权的良好运行机制，也在于高水平的司法人员职业素养。检察案例指导机制的运行，正是通过提供统一的裁判标准，规范司法权的运行，并改变检察官办案思维方式，有效提升司法效率。[①] 案例指导机制通过提供统一的司法裁判标准，实现对司法权运行的规范，提高司法效率。经过遴选、编纂和发布后成为指导性案例的裁判规则，相较于抽象的法律条文和司法解释，更加有助于司法实践的应用参照。检察工作者通过已决的指导性案例判断待决类似案件的法律适用，是在司法“抽象到具体”的法律适用基础之上，增加“从具体到具体”的参照，既能有效约束检察的自由裁量权，又能增强法律的确定性和可预测性，提高检察办案质量。

一般而言，检察指导性案例是从检察机关所办理的浩如烟海的众多案件中精挑细选并经过严格的程序层层选拔而产生的，是对各级人民检察机关司法经验和智慧的积累与传承。有了检察指导性案例，能够帮助检察官在办案过程中有比较权威可靠的参照，有利于减少其摸索、思考、研究的时间，也有利于减少直至避免司法实践中发生司法偏差及冤假错案。

7. 促进检察机关严格公正司法，提升司法公信力。随着我国社会的发展，社会主要矛盾的重大变化，人民群众对民主、法治、公平、正义、安全等方面的需求更高，这也体现在检察机关办理的各类案件中。通过严格程序形成的检察指导性案例不仅是司法实践的生动体现，更能够有助于当事人对类似案件结果产生合理预期，让人民群众在每一个案件中都感受到公平正义，从而提升司法公信力。就如习近平总书记指出的，“法治的实现

① 参见张乐：《我国刑事案例指导机制的完善研究》，中南财经政法大学 2018 年博士学位论文，第 41 页。

要求法律体系齐备、执法机制完备、法律遵守普遍，更要求对公平正义的实际维护和实现。必须牢牢把握社会公平正义这一法治价值追求，努力让人民群众在每一项法律制度、每一个执法决定、每一宗司法案件中都感受到公平正义”[①]。

8. 有助于彰显检察机关法律监督职能。人民检察院作为国家专门的法律监督机关，要通过强化办案工作，向人民群众提供更优质的检察法治产品。检察机关办案与法律监督实行“一体化”运行，因此，案件办理既是检察机关履行法律监督职能的基本手段，更是彰显法律监督职能的重要方式。法律监督权的落实，最终要通过一个个的案件加以实现，需要用一个个案例加以证明。检察指导性案例就是检察机关提供的优质法治产品和检察产品，融指导办案和法律监督功能为一体。检察特色鲜明、检察职能作用充分发挥的检察指导性案例，通过严格科学的程序产生形成并予以公布，不仅能够反映检察机关的办案理念、检察机关的办案质量与办案效果，而且能够彰显检察机关的法律监督职能。

9. 有助于提升检察官业务能力和法律职业素养，为检察理论研究提供实践支持。建立检察案例指导制度，有助于规范各级人民检察院办案工作，积累检察办案业务经验，从而提升法律监督能力和水平。学习研究检察指导性案例，有利于提升检察官总结、积累参照检察指导性案例解决疑难问题的意识，增强综合分析判断能力和释法说理能力。同时，检察指导性案例作为法律与实践结合的产物，既是司法经验与智慧的结晶，又是联结理论与实践、问题与规则的媒介。检察指导性案例通过严格科学的程序产生并发布，不仅能够有效实现司法实践与法律教育、法学研究的良性交流互动，而且能够为拓宽并深化检察理论研究提供丰富的实践支持。

---

① 习近平:《习近平谈治国理政》(第三卷)，外文出版社2020年版，第284页。

三、检察指导性案例价值与功能之间的关系

（一）检察指导性案例的价值与功能关系密切

首先，检察指导性案例的价值是检察指导性案例功能的前提与基础。正是因为检察指导性案例所具有的价值，检察指导性案例才具有各种各样的功能，正如食物因为具有营养价值，不仅可以填饱人们的胃，而且能够满足人们的身体需要。其次，检察指导性案例的功能是检察指导性案例价值的外化与实现。检察指导性案例价值的实现离不开检察指导性案例功能的发挥，检察指导性案例功能的发挥是检察指导性案例价值的外化与实施。最后，检察指导性案例价值与检察指导性案例功能的目的是一致的，二者都指向引领检察办案工作，促进检察机关严格公正司法，保障法律统一正确实施。

（二）检察指导性案例的价值与功能的区别

检察指导性案例的价值与功能又有区别，具体表现为以下几点。

1. 二者的内涵不同。检察指导性案例的价值是指检察指导性案例能够满足检察官办案工作需要及对同类检察个案办理需要的评价。检察指导性案例的功能是指检察指导性案例能够对检察工作中宏观系统发挥作用的能力。检察指导性案例的价值体现为一定的主体需要，检察指导性案例的功能则正是要满足这种需要。

2. 二者的属性不同。检察指导性案例的价值具备一种可能性属性，检察指导性案例的功能具备一种现实性属性。一方面，检察指导性案例的工具性价值让人们将自己的社会理想和社会目标诉诸检察指导性案例得以实现。只有当检察指导性案例被视为一项运转的社会工程时，检察指导性案例的价值属性和能量才能外化为现实价值，从而真正满足价值主体的需要，而这个外化的过程便是检察指导性案例的功能发挥的过程。因此，对于满足价值主体的切实需要而言，检察指导性案例的价值还只是一种可能性属

性，检察指导性案例的功能才是一种现实性属性。另一方面，检察指导性案例的价值更多体现出的是人们对检察指导性案例赋予的某种精神、信仰，而检察指导性案例的功能则更多体现出的是其所实际呈现的社会效果。检察指导性案例的价值只是一种可能性属性，而检察指导性案例的功能才是一种现实性属性。

四、检察指导性案例的效力

检察指导性案例的效力不仅是研究检察案例指导制度的一个重要前置性理论问题，更是一个重要的实践问题。

（一）检察指导性案例效力的内涵

1. 检察指导性案例效力的概念及意义。法律效力通常是指法律的保护力和拘束力，具体是指国家制定或认可的法律对其调整对象所具有的普遍的支配性力量，是基于法律自身的特性所应当产生的支配力。如果法律没有效力，那么就失去了规范意义，就很可能成为一纸空文。检察指导性案例的效力作为检察案例指导制度中的重要问题，包括检察指导性案例在司法实践中应当发挥什么样的功效、检察指导性案例在法律体系中应当居于什么样的法律地位、检察指导性案例在案件办理中起到什么样的作用，以及如何发挥作用等问题。

根据《最高人民检察院关于案例指导工作的规定》可知，检察指导性案例由最高人民检察院依法由严格的程序筛选出，其目的在于加强和规范检察机关案例指导工作，发挥指导性案例对检察办案工作的示范引领作用，促进检察机关严格公正司法，保障法律统一正确实施。而《最高人民检察院关于案例指导工作的规定》是最高人民检察院发布的规范性法律文件，属于司法解释中的检察解释。可见，检察指导性案例对于各级人民检察院是有法律效力的，即具有法律的保护力和拘束力。检察指导性案例效力是指检察指导性案例的保护力和拘束力，具体是指最高人民检察院所发布的检察指导性案例对其调整对象所具有的普遍的支配性力量。

根据《最高人民检察院关于案例指导工作的规定》可知，各级人民检察院应当参照指导性案例办理类似案件，可以引述相关指导性案例进行释法说理，但不得代替法律或者司法解释作为案件处理决定的直接依据。[①] 各级人民检察院检察委员会审议案件时，承办检察官应当报告有无类似指导性案例，并说明参照适用情况。

2. 关于检察指导性案例效力的不同认识。理论界关于如何认识检察指导性案例的效力争议很大，概括起来主要有三种不同的观点。[②]

观点 1：把检察指导性案例的效力界定为“指导”。该观点认为，检察指导性案例不属于正式的法律渊源，不具有正式的法律效力，但对于司法者在处理同类案件时不仅起到参考作用，而且应具有“事实上的约束力”。北京大学张骐认为：“指导性案例的效力主要是一种说服力，人民服从它是因为它的正确和正当。”[③]

观点 2：该观点立足于当前英美法系和大陆法系融合趋势，认为当前不仅英美法系国家和地区以判例法为主要法律渊源，法官一般根据“遵循先例”的原则来判案，同时大陆法系国家和地区也开始高度重视判例，上级法院的判例对下级法院也有约束力或者重要影响。基于这种趋势和潮流，该观点主张把我国的案例指导制度加以改造，建立起“具有中国特色的判

① 最高人民法院也作了类似规定。2015 年最高人民法院印发的《〈关于案例指导工作的规定〉实施细则》第 10 条规定，各级人民法院审理类似案件参照指导性案例的，应当将指导性案例作为裁判理由引述，但不作为裁判依据引用。

② 参见张杰：《检察指导性案例理论与实践》，中国检察出版社 2021 年版，第 100—102 页。

③ 张骐：《试论指导性案例的“指导性”》，载《法制与社会发展》2007 年第 6 期；胡云腾、于同志：《案例指导制度若干重大疑难争议问题研究》，载《法学研究》2008 年第 6 期；王利明：《我国案例指导制度若干问题研究》，载《法学》2012 年第 1 期。

例制度”。[①] 实践中，郑州市中原区人民法院试行过先例判决制度，其主要做法是，该院审判委员会讨论决定的案件由审判委员会确定为“先例”，法官在审理同类案件时，应当参照“先例”作出裁判，认为不应当参照“先例”裁判的，应当报请该院审判委员会决定。法官如无正当理由不参照“先例”裁判，一旦出现错判，则有可能被追究相关责任。

观点 3：该观点为少数实务界和理论界人士共同提出的。他们从我国当前面临类似案件判决区别过大难题的现实出发，主张推进“指导性案例”在统一法律适用中发挥更大的作用，积极主张将“指导性案例”规定为一种新的司法解释[②]；甚至要“以例入律”，建立以判例为主要形式的司法解释体制[③]。还有学者从司法解释的功能入手，更为激进地主张当前要以“指导性案例”取代司法解释，推进法律适用和法律解释的相对统一。[④] 最高人民检察院开展案例指导工作之初组织专家论证时，也有学者提出，“可以考虑赋予检察指导性案例准司法解释的效力”[⑤]。

3. 检察指导性案例效力的基本内容。本书认为，将检察指导性案例的效力理解为“一般情况下要参照，具有事实上的约束力”较为合理。即检察指导性案例对司法实践具有事实上的指导作用，但这种事实上的指导并非规范意义上的指导，不同于法律、检察解释的强制适用效力。一方面，检察指导性案例的效力是一般情况下要参照，即意味着没有特殊情况，这种

① 曹三明：《中国判例法的传统与建立中国特色的判例制度》，载《法律适用（国家法官学院学报）》2002 年第 12 期。

② 参见朱建敏：《构建案例指导制度的几个具体问题——基于效力定位的视角》，载《法治研究》2008 年第 7 期；陆幸福：《最高人民法院指导性案例法律效力之证成》，载《法学》2014 年第 9 期。

③ 参见干朝端：《建立以判例为主要形式的司法解释体制》，载《法学评论》2001 年第 3 期。

④ 参见宋晓：《裁判摘要的性质追问》，载《法学》2010 年第 2 期。

⑤ 张建升等：《检察机关案例指导制度的建立与完善》，载《人民检察》2010 年第 10 期。

“参照”是必须的，是一种事实上的约束力；另一方面，检察指导性案例的效力又不同于法律或者检察解释，没有强制适用效力，检察指导性案例发挥作用，主要在于其对法律精神的准确阐释和精准应用，以及其对实践中疑难复杂问题的精准回应和周密论证，对司法人员有较强的说服力，因而获得司法人员的认同，进而事实上对司法实践产生影响，发挥指导司法的功能作用。

作为理论探讨，本书倾向于将“两高”指导性案例作为法律渊源，上升至与法律司法解释同等重要的位置，即将指导性案例直接作为案件处理的依据来使用。以法律渊源定位“两高”指导性案例的必要性理由有以下三点。

第一，案例制度的初衷应该如此。案例制度之所以能够问世，其根本考虑是司法处理决定应当统一，而不是千差万别。即为了保证处理决定达到统一的标准、统一的要求，而不是司法任性、司法专横。这是我国指导性案例制度或者国外判例制度出台的本质所在、初衷如此。国外的判例法如此，我国案例指导制度的产生也是如此，都是为了保证司法的统一，做到同案同判、类案类判、同罪同罚，以提高司法的公信力，达到司法公正。

第二，法律、司法解释和判例都是人类认识的对象或者载体，都是司法认识不断发展的结果，其具体发展顺序是先有法律、后有司法解释、再有判例，这是根据司法需要不断发展完善的过程。无论法律、司法解释还是指导性案例，对于司法来讲都非常需要。

第三，世界两大法系在判例法上异曲同工、殊途同归。判例法在英美法系国家如前所述，有法律上的拘束力，它可以作为处理案件的依据直接引用，而在大陆法系国家具事实上的拘束力，根本道理和英美法系基本上相同。尽管表述不同，但实质还是一致的，即下级法院对于上级法院以及同一个法院对于过去已经做过的类似的判决，对目前处理的案件有拘束的效力。

（二）检察指导性案例效力的主要内容

1. 硬性效力：基于检察工作的需要。根据《最高人民检察院关于案例指导工作的规定》可知，检察指导性案例是由最高人民检察院依据严格的规则及程序而筛选出来并指导全国各级人民检察院检察工作的。《最高人民检察院关于案例指导工作的规定》第 15 条规定，各级人民检察院应当参照指导性案例办理类似案件，可以引述相关指导性案例进行释法说理，但不得代替法律或者司法解释作为案件处理决定的直接依据。各级人民检察院检察委员会审议案件时，承办检察官应当报告有无类似指导性案例，并说明参照适用情况。这就说明了检察指导性案例作为“类法源”具有硬性拘束力。各级人民检察院在遇到类似问题或者类似案件时必须遵守《最高人民检察院关于案例指导工作的规定》关于检察指导性案例硬性效力的相关条文。

2. 软性效力：基于充分说理的需要。检察指导性案例不属于我国正式的法律渊源，只是基于现实需要，具有事实上的拘束力。检察指导性案例之所以对我国各级检察机关工作具有约束与规范作用，是因为检察指导性案例是由最高人民检察院依据严格的程序对已经生效的检察案例进行提炼，因其严谨的逻辑推理和充分的法律论证等说理而更具有说服的力量，更容易为大家所认可并遵从。从这个意义上，检察指导性案例的软性效力比硬性效力更为明显与突出，它是基于法律的权威、自身说理的力量以及实践中的生命力而形成的。

3. 参照效力：基于检察解释的规定。需要注意的是，过去，最高人民检察院历次指导性案例发布通知中均表述为“供参照适用”，从文义上看，“供”带有选择之意，可参照也可不参照。但《最高人民检察院关于案例指导工作的规定》第 15 条第 1 款规定：“各级人民检察院应当参照指导性案例办理类似案件，可以引述相关指导性案例进行释法说理，但不得代替法律或者司法解释作为案件处理决定的直接依据”；第 2 款规定：“各级人民检察院检察委员会审议案件时，承办检察官应当报告有无类似指导性案例，并说明参照适用情况”。各级检察机关应当参照检察指导性案例办理类似案件，具有强制适用的含义。可见，检察指导性案例的效力是应当参照适用，这种应当参照适用即检察指导性案例对下级检察机关办理案件的司法活动具有的事实上拘束力，这种拘束力具有一定的“强制性”，但又与法律上的强制力不同。具体可以从以下三个方面理解。[①]

第一，检察指导性案例是“案例”指导，不是“判例”拘束。我国是成文法国家，我国《立法法》并没有将案例作为法律渊源加以规定，同时，无论是理论界还是实务界，都没有把案例视为法律渊源。前述观点 2 主张借鉴判例法中的合理因素，其立论的视野很开阔，其阐述的理由也是我国开展案例指导工作的重要理论根据。但目前最高人民法院和最高人民检察院发布的指导性案例与英美法系中的判例法有很大差别，不能等同视之。

第二，检察指导性案例具有指导性，但不同于法律的强制性，也不同于司法解释的法律效力。“指导”的含义是参考、参照、指引、规范等，检察指导性案例应当以其案情和提炼的规则为各级人民检察院办理类似案件提供参照适用的“样板”，其本身是对法律和检察解释精神的阐释，有助于准确理解和运用法律和检察解释。“指导”意味着检察指导性案例应当以其立论的正确、论证的严密、思辨的稳妥获得司法者的认同，司法者在办理类似案件时，主动参照援引检察指导性案例得出公正的结论。

第三，检察指导性案例的“指导性”是一种较强的拘束力，即对检察机关司法办案活动具有实实在在的约束力。检察指导性案例是检察机关在履行法律监督职责过程中办理的具有典型性的案例，由最高人民检察院依据严格的程序遴选，听取专家学者和各方面意见，经最高人民检察院案例

① 参见张杰：《检察指导性案例理论与实践》，中国检察出版社 2021 年版，第 103—106 页。

指导工作委员会讨论和检察委员会审议通过后，面向全国检察机关和全社会公开发布。因此，从检察指导性案例地位的法定性和规范司法办案活动、统一法律适用标准的宗旨，以及严格的遴选发布程序、权威的发布主体等视角看，它对各级检察机关办理类似案件应当具有重要指导意义，是检察官办理类似案件必须参照的重要依据。检察指导性案例“要旨”中总结的“规则”，意味着今后各级检察机关办理类似的案件，原则上只能参照此规则来认定性质、采取措施、开展工作，没有特殊情况与理由，不能作其他认定或者采取其他做法。

如前所述，检察指导性案例不属于、不同于法律或者司法解释。也就是说，在我国法律体系中，检察指导性案例不属于法源范围，其法律效力不能等同于法律或者检察解释。检察指导性案例在本质上是法律适用活动，属于司法范畴。对此，有观点指出：在中国实行的检察案例指导制度，是指以制定法为主、以案例指导为辅，在不影响制定法作为主要法律渊源的前提下，借鉴判例法的一些具体做法。制定法与“指导性案例”的关系是“主”与“辅”的关系，而不是“主”与“副”的关系。①

理论界还有人主张检察指导性案例的效力至少应当等同于司法解释。例如，前述第三种观点关注指导性案例的实践应用效果，主张进一步扩大指导性案例在实践中的应用。此种观点是值得肯定的，也是实现司法公正的必然要求，但是，指导性案例与司法解释不能等同，而且指导性案例效力应当弱于司法解释的效力。司法解释是由立法机关明确授权，司法机关按照严格程序制定、发布和备案，属于我国法的正式渊源，具有法律效力；而检察指导性案例虽然是最高人民检察院检察委员会审议发布的，但不需要向全国人民代表大会常务委员会备案，也不具备法律上的效力。从定位

① 参见刘作翔：《案例指导制度的定位及相关问题》，载《苏州大学学报（哲学社会科学版）》2011 年第 4 期。

上讲，检察指导性案例只能认为因具有灵活性、针对性等特点，是司法解释的有益、有效补充。检察指导性案例具有“准司法解释”的特征，但在本质上并不属于司法解释，不具有法源地位。建立检察案例指导制度的目的是发挥检察指导性案例灵活、简便、高效指导司法实践的作用，有助于弥补检察解释的局限，把检察指导性案例上升为司法解释，既不符合检察解释工作的规律，也不利于加强司法指导。为实现强化检察指导性案例在实践中应用的目的，目前不能通过改变检察指导性案例定位加以解决，而主要应当强化司法者注重案例、应用案例的意识，提高检察指导性案例质量和应用效果等。

根据《最高人民检察院关于案例指导工作的规定》可知，最高人民检察院制作发布的指导性案例作为司法经验的总结，可以作为说理依据。在具体适用上，可以采用“依照 ×××（法律）和 ×××（司法解释），并参照适用检例第 × 号”的表达形式，这也体现了所谓参照适用指导性案例并非参照其案件细节，而是参照指导性案例中提炼总结的法律精神和司法判断的技巧。

第三节　检察案例指导制度的沿革、意义与必要性

一、检察案例指导制度的形成与发展

（一）检察案例指导制度的发端

任何制度的产生都有一个酝酿、确立和发展的过程，检察制度也是如此。从世界范围来看，检察制度是近代的产物，该制度产生最早可以追溯到 1808 年的法国《刑事诉讼法典》，自该法典颁布起，以公诉权为标志的检察制度在全世界范围内产生和迅速发展起来。中国古代没有检察制度，

中国的检察制度是在清朝末年的司法改革中诞生的。所以，所谓判例的发展史，在中国古代和近代实际上是审判的判例史。

检察案例指导制度发端于中华人民共和国成立之初。我国检察制度直接学习借鉴了苏联检察制度。作为检察制度组成部分的检察案例指导制度，也是从中华人民共和国检察制度的确立开始的。中华人民共和国成立后，最高人民检察院就对案例工作给予了应有的重视，不但最高人民检察院领导在相关的工作报告中反复提到典型案例，而且实际上通过检察业务、参考资料，将典型案例活动印发给全国各地检察机关参照实施。[①]

20 世纪 80 年代，最高人民检察院相关部门编辑出版了《刑事案例丛书》，而后组织编写的《刑事犯罪案例丛书》精选 6000 个案例与罪名出版，对案例指导工作作出更大范围的阐释。[②]

1989 年，《最高人民检察院公报》创刊，定期刊登各类重大案例，开创了案例工作固定化、常态化发布的新局面。2003 年《最高人民检察院关于加强案件管理的规定》的印发标志着案例管理工作进入了制度化阶段。如果说之前的案例工作是在无目的、无方向、无制度约束运行，那么从这个时期开始，如何收集、如何编写、如何印发使用案件，有了制度性的规范。随后多年，最高人民检察院及地方各级人民检察院组织评选编发典型案例，检察工作实践又进入了一个新的发展时期。

（二）检察案例指导制度的确立与发展

尽管人们对司法公正与否有不同的看法，但是这仍然是人类始终不渝追求的目标，司法的最高境界就是司法公正。要保证司法公正，就要做到同案同判、同命同价、同罪同罚等，这都是司法公正的基本要求。但是由

---

① 参见张杰:《检察指导性案例理论与实践》，中国检察出版社 2021 年版，第 48—50 页。

② 参见陈兴良主编:《中国案例指导制度研究》，北京大学出版社 2014 年版，第 50 页。

于种种原因，在司法实践过程中，相同的案件，在不同的法院，甚至同一个法院不同法官，会作出不同的判决，检察机关也是如此。这些都有损司法的严肃性、公信力。

为切实改变这一现状，中央政法委于2009年2月出台《关于深入学习实践科学发展观解决政法工作突出问题的意见》，明确提出了要建立和完善法律统一适用机制，构建符合中国特色的案例指导制度，进一步规范自由裁量权。2010年7月，最高人民检察院按照中央政法委的要求，颁布了《最高人民检察院关于案例指导工作的规定》（同年11月，最高人民法院也颁布了《最高人民法院关于案例指导工作的规定》），对指导性案例的立法目的、种类，如何发布、如何选送推荐，指导性案例的条件、撰写指导性案例的体例和内部工作程序，以及办理同类案件如何适用等问题进行了详细的规定。《最高人民检察院关于案例指导工作的规定》的出台标志着中国检察案例指导制度正式得以确立。随后，最高人民检察院分别于2015年、2019年对这一规定进行了修订、补充和完善。

2015年修订的主要内容有以下六点：一是检察指导性案例的发布主体、条件和适用方式；二是检察指导性案例的征集遴选程序；三是检察指导性案例的审议发布程序；四是检察指导性案例的宣告失效机制；五是案例指导工作相关的配套工作机制；六是检察指导性案例的使用效力。2015年的规定发布实施之后，2010年的规定同时废止。①

2019年的修订在整体上有以下几个方面的变化。第一，功能定位，不但是解决个别法律问题，而且要推进全局工作的开展。第二，目标定位，要牢牢把握以人民为中心的立场，不断满足人民群众的民主法治、公平正义、安全环境等各方面的需求。第三，案例体例，主要是对于要旨的指导

---

① 参见张杰:《检察指导性案例理论与实践》，中国检察出版社2021年版，第59—62页。

意义进行了强调，要旨的位置一再提前，要旨的体例要求简明精练准确。第四，案例内容，要有针对性，要体现司法的特色。第五，工作方式发生变化，随着整个检察机构的改革，明确提出“四大检察”全面协调发展，检察指导性案例也基本围绕这些检察业务进行遴选和发布。

至于修改的内容，主要有以下十个方面。第一，新时期案例指导工作的基本法律依据和功能作用；第二，确定检察指导性案例的条件；第三，新时期检察指导性案例的体例；第四，检察指导性案例的报送程序；第五，编研发布检察指导性案例的职责分工；第六，案例指导工作委员会的工作程序；第七，检察指导性案例的编研程序；第八，检察指导性案例的生效和失效程序；第九，检察指导性案例的效力问题；第十，检察指导性案例的应用渠道问题。[①]

二、构建检察案例指导制度的意义

（一）检察案例指导制度是“坚持以人民为中心”的具体体现

检察案例指导制度是充分发挥案例作用，凸显以人民为中心，捍卫法治尊严，引领社会法治风尚的一项重要创新与摸索。习近平总书记指出：“全面依法治国最广泛、最深厚的基础是人民，必须坚持为了人民、依靠人民。要把体现人民利益、反映人民愿望、维护人民权益、增进人民福祉落实到全面依法治国各领域全过程，保证人民在党的领导下通过各种途径和形式管理国家事务、管理经济文化事业、管理社会事务，保证人民依法享有广泛的权利和自由、承担应尽的义务。”[②] 2012 年 12 月 4 日，习近平总书记在首都各界纪念现行宪法公布施行 30 周年大会上明确提出“努力让人民群众

① 参见张杰:《检察指导性案例理论与实践》，中国检察出版社 2021 年版，第 62—77 页。

② 习近平:《坚定不移走中国特色社会主义法治道路　为全面建设社会主义现代化国家提供有力法治保障》，载《求是》2021 年第 5 期。

在每一个司法案件中都能感受到公平正义”。之后，在 2013 年 1 月 7 日全国政法工作会议、2013 年 2 月 23 日中央政治局第四次集体学习都反复强调了这一观点。最终，其被写入党的十八届四中全会决定和党的十九大报告。现在，这项要求已是耳熟能详的经典法谚和司法标识，是习近平法治思想“以人民为中心”的集中表达。

如何在新征程上更深更实地践行习近平法治思想，扛起新担当展现新作为，最高人民检察院党组明确提出“高质效办好每一个案件”的检察办案基本价值追求[①]，要求“要‘如我在诉’、用心用情办好，让人民群众切实感受到公平正义就在身边，从细微处积累人民群众对法治的信任、对党和政府的信赖”。最高人民检察院党组书记、检察长应勇指出：“要进一步研究论证如何在实体上确保实现公平正义，在程序上让公平正义更好更快实现，在效果上让人民群众可感受、能感受、感受到公平正义，推动在检察履职中做到质量、效率、效果统一于公平正义。”[②]

案例是法治建设的深刻印迹，是充满“烟火气”的社会生活映射，蕴含着人民群众对美好生活和公平正义的无限向往。人民群众对公平正义的获得感，需要通过具体的案例来供给。人民群众对法律和检察职能的了解，检察机关履行法律监督职责的效果，也需要通过具体的案例来深化。司法案件绝大多数发生在群众身边，件件连着民心。对于如何通过指导性案例更好回应群众关切，北京大学法学院教授、中国法学会案例法研究会副会长张骐认为：“法治的‘魂’在于‘依法捍卫公民的自由，保护共和国全体公民的人权和尊严’。因此，检察案例指导制度是要写出法治的‘魂’和法律的温度。”[③] 案例指导的本质是对办案经验的总结推广，案例指导就是推

---

① 参见《高质效办好每一个案件》，载《检察日报》2023 年 4 月 3 日，第 1 版。

② 应勇：《坚持以习近平法治思想为指引　加强中国特色社会主义检察理论研究》，载《人民检察》2023 年第 13 期。

③ 张骐：《检察指导性案例如何编写》，载《检察日报》2021 年 6 月 29 日，第 3 版。

动各级检察院以一种“解剖麻雀”的“工匠精神”，将典型案例放在显微镜和聚光灯下，予以全面地解剖、分析、总结，必然能发现很多办案过程中没有注意到的不足，从而总结办案中可推广的经验，明确今后工作的方向和遵循。①

自检察案例指导制度诞生以来，最高人民检察院重视发挥案例示范引领作用，强化案例指导工作，截至2023年12月，共发布了49批199件指导性案例，以检察办案贯彻落实习近平法治思想，回应党和国家大局所需、人民群众迫切期盼。润物无声，风化于成。指导性案例的下发，让“法不能向不法让步”“网络空间不是法外之地”等法治观念深入人心，检察人员通过参照办案，捍卫公民人身权、财产权、人格权，努力使人民群众的获得感、幸福感、安全感更加充实、更有保障、更可持续。党的二十大报告中明确指出“加快建设法治社会”“深入开展法治宣传教育，增强全民法治观念”，强调“公正司法是维护社会公平正义的最后一道防线”。指导性案例已成为司法公平正义的具象表达，承载着法治“固根本、稳预期、利长远”的重大使命，相信检察案例指导制度在更好地贯彻以人民为中心的法治理念，促进习近平法治思想更深融入、引领检察业务实践中，将持续释放更强生命力。②

（二）检察案例指导制度是坚持中国特色社会主义法治道路的重大司法改革举措和制度创新

检察案例指导制度，是中国特色社会主义检察制度的重要组成部分。习近平总书记指出：“中国特色社会主义法治道路，本质上是中国特色社会主义道路在法治领域的具体体现；中国特色社会主义法治理论，本质上是

① 参见万春：《最高检指导性案例的发展历程和创新完善》，载《国家检察官学院学报》2019年第5期。

② 参见徐日丹：《以案例为笔，书写时代公平正义》，载《检察日报》2023年3月3日，第2版。

中国特色社会主义理论体系在法治问题上的理论成果；中国特色社会主义法治体系，本质上是中国特色社会主义制度的法律表现形式。实践证明，我国政治制度和法治体系是适合我国国情和实际的制度，具有显著优越性。我们推进全面依法治国，决不能照搬别国模式和做法，决不走西方所谓'宪政'、'三权分立'、'司法独立'的路子。"[①] 最高人民检察院党组书记、检察长应勇指出："要把中国特色社会主义法治道路作为检察理论研究的根本道路。世界上，没有任何一种法律体系、司法制度、检察制度是放之四海而皆准的，要从本国基本国情、经济社会发展、民主法治建设等方面综合考量，适合的就是最好的。"[②]

建立中国特色的检察案例指导制度，就是我国"坚定中国特色社会主义法治道路自信、检察制度自信"的一项重大司法制度改革和重大制度创新。回顾2010年正式建立检察案例指导制度，特别是2018年以来的指导性案例工作，创新主题、创新体例、创新内容表达、创新工作方式，"创新"成为这项工作最大的亮点。[③]

2023年2月18日，中国人民大学诉讼制度与司法改革研究中心首次发布《检察改革十年成就述评》研究报告，作为检察改革成就之一，"创新完善检察案例指导制度"被浓墨重彩地评述。惟改革者进，惟创新者强。任何改革创新都是在不断探索中成熟的，检察机关案例指导制度作为中国特色社会主义检察制度的重要组成部分，是中国特色社会主义法治道路的重要举措。新时代法治进程中，相信检察案例指导制度将继续扎根中国文化、立足中国国情、聚焦解决中国检察问题，又合理借鉴国外有益发展成果，

---

① 习近平：《坚定不移走中国特色社会主义法治道路　为全面建设社会主义现代化国家提供有力法治保障》，载《求是》2021年第5期。

② 应勇：《坚持以习近平法治思想为指引　加强中国特色社会主义检察理论研究》，载《人民检察》2023年第13期。

③ 参见徐日丹：《以案例为笔，书写时代公平正义》，载《检察日报》2023年3月3日，第2版。

不断展现中国特色社会主义检察制度风采。

三、构建检察案例指导制度的必要性

检察机关不是最终裁决机关，在法院已经建立有关案例指导制度的基础上，检察机关建立案例指导制度的必要性何在，是必须澄清的问题。

对于案例指导制度本身的必要性，许多学者做了深刻的论述。有学者认为，建立案例指导制度，一是应对新时期的新问题、新挑战和回应社会司法需求的必然选择；二是统一法律适用，规范法官自由裁量权的现实需要；三是深化司法改革，维护司法公正的客观需要；四是总结审判经验，解释法律的应有之义；五是适应中外法律文化相互借鉴、相互融合的大趋所趋。[①] 也有学者指出，建立案例指导制度，一是基于历史传统的接续继承与发展；二是基于法治潮流的借鉴和融汇，无论是英美法系国家还是大陆法系国家，基本上实行的都是判例制度，是否适用判例制度不再是英美法系和大陆法系的分水岭；三是对立法现状的调适与应对，成文法有优势也有弱点，成文法许多时候不具体、不明确，可操作性不强，不利于司法适用；四是对司法现状的回应与纠偏，是对司法现状“同案不同判”“类案不类判”“同命不同价”“同罪不同罚”等司法不公的否定。[②]

以上论述从不同角度论述了案例指导制度的重要意义，为理解案例指导制度本身之建构提供了重要参考。本书认为，在法院已经建立有关案例指导制度的基础上，检察机关建立检察案例指导制度的必要性实则是由其本身的功能定位所决定的。

① 参见陈兴良主编:《中国案例指导制度研究》，北京大学出版社2014年版，第55—56页。

② 参见左卫民、陈明国主编:《中国特色案例指导制度研究》，北京大学出版社2014年版，第41、43页。

（一）检察指导性案例是最高人民检察院促进工作的有力抓手

1. 检察指导性案例是最高人民检察院行使法律解释权的体现之一。最高人民检察院发布检察指导性案例，通过案例，阐明关于法律的理解与适用，本质上阐述了法律的精义，可以说在某种意义上是法律解释的另一种表达。

2. 检察指导性案例是最高人民检察院领导检察工作的重要方式之一。相较于法律、司法解释，检察指导性案例能够生动反映检察工作理念、工作重点、工作方法，具有更加生动灵活的特点，能够完整呈现出检察机关的法律监督职能特点和在刑事诉讼、公益诉讼中的主导作用。运用检察指导性案例开展对下级的指导，有助于解决上级检察院对下级检察院指导能力不足的问题。最高人民检察院通过剖析、研究正反两方面典型案例，发现法律政策适用和工作中的普遍性问题，提炼案件办理的规则和经验，为今后处理类似案件提供具体参考示范，是业务指导的重要内容。

3. 检察指导性案例是最高人民检察院对检察工作的总结与升华。检察指导性案例本质上是对检察院办案经验的总结推广。检察机关必须通过总结办案经验，不断提高办案质量和水平。检察指导性案例是推动各级人民检察院检察官用“工匠精神”对有代表性的经典案例予以准确、精致且全面的剖析、总结，发现办案中存在的不足，总结办案经验教训，明确以后工作努力的方向与应当注意的重点，有利于推进工作。

（二）检察指导性案例规范检察自由裁量权、促进公正司法的必然要求

检察机关在办理案件的过程中，需要依据法律对具体案件作出结论性的决定。然而，执法所依据的法律是抽象的，其不可能为检察机关提供“1+1=2”的精确数学模式。立法所留下的难以避免的空隙，绝大多数情况下是通过司法人员的自由裁量来填充的。然而，自由裁量权终究是一把“双刃剑”，不当行使必然会损害司法公信力。检察案例指导制度的构建，

不仅可以纾解抽象、稳定的法律条文与具体、多样的个案间矛盾，增加司法决定的说服力，更能促进同案同处，以维护国家法律的统一性，提升检察机关办案的公信力。

（三）检察指导性案例是检察机关履行法律监督职能的迫切需要

某个具体案例一旦上升为检察指导性案例后，其成功的经验就不是检察机关个案处理的结果，而是带有普遍指导意义的经验规则，是对抽象法律条文的进一步解释，不仅对各级检察机关有一定的拘束力，对其他办案机关也有一定的影响力。申言之，虽然《最高人民检察院关于案例指导工作的规定》仅仅要求办案的检察机关需要参照指导性案例，但检察机关作为司法机关，其所编发的指导性案例，不仅对检察机关的办案人员有指导性作用，对公安机关和审判机关也都具有重要的参考作用。对公安机关不参照检察指导性案例的，检察机关可通过侦查监督程序予以监督，对于审判机关背离检察指导性案例的裁判，可以启动抗诉程序，通过二审或者再审予以纠正。就此意义上，检察案例指导制度的构建，也是检察机关履行监督职能的需要。①

通过构建检察案例指导制度推动检察机关履行监督职能，也是检察机关参与社会治理的有效途径。面对一定时期内国家发展的重点任务、重点方向、重点举措和人民群众反映强烈的金融、环境保护等问题，检察机关责无旁贷，应当基于“坚持服务大局”的行权原则，回应时代的呼唤和需求，围绕并聚焦上述问题和领域选编检察指导性案例，以个案监督推进类案监督的方式，协同其他力量共同解决社会治理的深层次问题。这不仅有助于将有限的检察监督资源进行优化配置，更可以为全面提升社会治理水平的宏大目标作出积极贡献。②

---

① 参见孙国祥：《论检察机关案例指导制度》，载《人民检察》2011 年第 13 期。

② 参见苗生明：《新时代检察权的定位、特征与发展趋向》，载《中国法学》2019 年第 6 期。

（四）检察指导性案例是推动法治宣传的最好标本

检察指导性案例作为司法案例的一种，是鲜活且生动的法治宣传“教科书”，是法治教育最好的“样本”。检察机关作为国家专门的法律监督机关，要通过检察工作，给人民群众提供更多更好的检察产品，检察指导性案例就是这检察产品中的一种，检察指导性案例是为民司法、服务大局的重要“检察产品”，是指引正确适用法律、促进严格公正司法的“样本”，也是诠释法律精神、引领社会法治意识的“教科书”。通过检察案件可以反映社会治理问题，案例是丰富司法实践的生动体现。检察机关把具有典型性的案例研究好、总结好，上升为检察指导性案例予以发布，有助于让当事人对类似案件结果有合理预期，让人民群众在每一个案件中都感受到公平正义，从而提升司法公信力。

党的十八届四中全会明确提出“谁执法谁普法”的要求，检察机关结合办案开展普法，是检察工作一项非常重要的内容。法律的权威源自人民的内心拥护和真诚信仰。检察指导性案例是开展法治教育和普法工作上佳、生动的活范本。检察指导性案例的公开发布有助于促进人民群众通过案例学习，知道什么该做、什么不该做，明确合法与违法的界限，起到预防违法犯罪的效果。同时，广大民众还可以通过学习案例了解维护自身权利的法律路径与防范措施，增强大家学法、尊法、守法、用法的意识，形成尊法崇法的良好氛围。

（五）检察指导性案例为促进、深化检察理论研究提供坚实基础和丰富的素材

实践是理论的基础，实践对理论具有决定作用。理论对实践具有反作用，科学的理论对实践具有积极的指导作用，错误的理论则有阻碍作用。理论和实践是相辅相成、缺一不可的，不能任意割裂两者的辩证关系，孤立地强调一个方面。检察指导性案例与检察理论研究是实践与理论关系在检察工作中的具体表现。

检察指导性案例为检察理论研究提供了丰富的资源宝库，奠定了检察理论研究的基石，没有检察案例支撑的检察理论必然如空中楼阁，缺少稳定的支撑及坚实的基础。检察理论研究必须建立在大量丰富的实践基础之上，而检察指导性案例正是这种实践基础和原料，不对检察指导性案例进行分析与消化，检察理论研究就如纸上谈兵而显得苍白空洞。解析检察指导性案例，不仅可以启发检察理论研究，为其提供丰富多彩的源头活水，而且能够拓展检察理论研究的广度与深度。

第二章　检察指导性案例的选编

案例是最好的法律教科书，是检察职能作用发挥、检察办案质效的集中体现，也是检察机关的优质产品。党的十九大以来，最高人民检察院党组高度重视案例工作，多次专题研究部署，对检察指导性案例的培育、发掘、编研、发布程序等提出明确要求。2019 年 4 月 4 日，最高人民检察院印发《最高人民检察院关于案例指导工作的规定》，进一步明确和规范了指导性案例的入选条件、撰写体例、发布程序等内容，为指导性案例的繁荣发展、健康发展、可持续发展奠定了制度基础。但是，司法实践中，检察指导性案例工作还存在不平衡、不充分发展等问题，突出表现在案例培育、选取、编撰等方面。鉴于上述问题，有必要对指导性案例“如何培育”“如何选取”和“如何编撰”等方面进行系统梳理，以便于实践操作。

第一节　指导性案例的培育

一、指导性案例培育意识

指导性案例来源于全国各级检察机关办理的案件。实践中，虽然全国各级检察机关办理了大量案件，但能成为指导性案例的仅有个别案件。案例意识就是把依法办理的典型案件所具有的指导意义、引领意义，对推进法治国家、法治社会建设所具有的规范、指导意义体现出来、弘扬出来。树立案例培育意识，具体来说要重点关注以下三点。

（一）要有高质效办好每一个案件的意识

案件从办理伊始，不论是“大案”还是“小案”，都要确保所办理的每一起案件在实体认定和程序运用上的精准性，要有办好案件、办精品案例的意识，唯有如此，才有日后成为指导性案例的可能性。

（二）要有善于分析、勤于总结所办理的每一起案件的意识

要善于归纳提炼总结所办理案件背后所反映的法律适用、证据采信、政策掌握、工作方法等具有规范、指导意义的内容，特别是对于在本地具有一定影响力、取得较好办案效果的案件，要倍加关注。

（三）要有培养案例的意识

从最高人民检察院已经发布的指导性案例来看，绝大多数案例之所以能够入选，无不与前期办案中办案人的细心培育有关，无不与办案中穷尽法律监督手段的使用有关。要打破传统的思维定式，牢固树立系统性思维，强化“一盘棋”思想，注重信息共享，加强统筹谋划，将“四大检察”理念融会贯通执法办案全过程、各环节。同时，要搞好深加工，做好司法办案的“后半篇文章”，只有对这个“产品”不断进行加工，以求极致的态度，不断补充完善案件中不具体、不充分的法律监督手段，才能为今后研制出高质量的案例奠定坚实的基础，也就是我们常常听到的“案例是办出来的而不是写出来的”。

二、指导性案例培育路径

（一）重视党和国家司法政策

案例工作是政治性极强的业务工作，也是业务性极强的政治工作。制发案例，就是把党中央要求、法律的要求、党和国家的司法政策，通过更加鲜活的形式展示出来，传导给全社会。因此，在实践办案中，要着眼于践行习近平法治思想，着眼于服务经济社会发展大局，着眼于司法检察办案需要，着眼于社会关注来办理案件，唯有如此，才能在办理案件中发现

具有指导意义的案件。

（二）重视新类型案件

指导性案例的重要意义之一在于其具有及时弥补法律、司法解释不足的作用。一些新类型案件出现时，往往是法律、司法解释还处于不完善的阶段，对于这类案件，在办理伊始就要给予足够的重视，要认真思考如何将案件做细、做深、做实。如自《刑法修正案（十一）》施行以来，司法实践中办理了大量妨害安全驾驶罪、高空抛物罪等新类型案件，在相关司法解释尚未发布之前，如何把握相关罪与非罪、此罪与彼罪的界限，就需要通过指导性案例确立的司法规则进行指导。同时，要重视新修订的法律法规、司法解释的运用，在办理案件中如果涉及这些新发布的司法解释，就应当重点予以关注。

（三）重视苗头性、倾向性问题

指导性案例具有类案参照效力。某个案例一旦上升为指导性案例，就不再是个案处理的规则，而是带有普遍意义的规则。因此，在办案过程中，要多注意具有苗头性、倾向性的案件，此类案件因具有普遍指导意义，转化为指导性案例的可能性较大。

三、指导性案例培育方法

（一）成立专门的工作小组

案例工作不是某一个部门或某一个检察官的事情，一个案例从发现到成形，可能涉及多领域业务，需要各业务部门之间的协作配合。比如，案件管理部门在案件质量评查过程中发现有一个在法律适用、事实及量刑情节认定等方面存有较大争议且对案件处理有较大影响的案件，可以将该案件移送给相关业务部门，作为指导性案例培育的备选案例。业务部门编写案例后，法律政策研究部门可以在法律政策和最新精神把握、案例总结提炼方面出谋划策，然后再由业务部门修改，反复打磨才有可能形成好的案例。因此，有必要成立一个专门小组，由各业务部门、法律政策研究部门、案件管理部门组成，合力做好案例工作。

（二）建立精品案例研讨工作机制

组织业务部门检察官定期就自身办理案件进行讲解，由参加研讨的检察官共同选取具有指导意义的案例，对选出的具备培育价值的“种子案件”建立台账。

（三）检察委员会学习扩大会议研究培育

检察委员会学习检察指导性案例时，应有业务部门负责人参加，通过学习逐渐找准培育发现案例的方向。

第二节　指导性案例的发掘

一、指导性案例发掘范围

2010 年《最高人民检察院关于案例指导工作的规定》对指导性案例的范围进行了明确规定。第 3 条规定：“指导性案例是指检察机关在履行法律监督职责过程中办理的具有普遍指导意义的案例，主要包括：（一）职务犯罪立案与不立案案件；（二）批准（决定）逮捕与不批准（决定）逮捕、起诉与不起诉案件；（三）刑事、民事、行政抗诉案件；（四）国家赔偿案件；（五）涉检申诉案件；（六）其他新型、疑难和具有典型意义的案件。”上述规定，涵盖了检察机关的主要业务门类，体现了检察机关的职能分工特点。2018 年，为配合国家监察体制改革工作，检察机关职务犯罪案件办理权限转隶到监察机关。与此同时，检察机关新增了检察公益诉讼、保留了立案侦查司法工作人员利用职权实施的侵犯公民权利和损害司法公正犯罪等职能。在此背景下，最高人民检察院党组提出“四大检察”，从 2019 年《最高人民检察院关于案例指导工作的规定》及此后发布的指导性案例来看，最高人民检察院对于指导性案例不再限定范围，所有涉及检察机关办理的案件都可能成为指导性案例发掘的范围。因此，有必要厘清哪些案例可以作为备选案例开展研究，哪些案例不可以作为备选案例开展研究。

（一）适宜作为备选案例开展研究的范围

一是能够提炼司法规则或者明确检察机关法律监督工作方法的案件。如检例第 89 号“黑龙江省检察机关督促治理二次供水安全公益诉讼案”，明确了检察机关办理涉及重大民生的公益诉讼案件，如果其他地方存在类似问题，应向上级检察院报告，对于较大区域内存在公共利益受损害情形且涉及多个行政部门监管职责的问题，应由上级人民检察院向人民政府提出检察建议。二是没有硬伤或舆情风险的案件。三是难易适当，能够切实回应社会关切的案件。有一些案件时间跨度大，犯罪事实太过复杂的，不适宜作为指导性案例，如一些涉黑、涉恶的犯罪案件。四是具有准司法解释类型的案例，即虽然司法解释有规定，但是司法解释规定不够明确具体，需要通过指导性案例予以明确的案例。如检例第 37 号“张四毛盗窃案”，对于盗窃网络域名是否构成盗窃罪，司法解释没有明确规定，该指导性案例明确，网络域名具备法律意义上的财产属性，盗窃网络域名可以认定为盗窃行为。

（二）不适宜作为备选案例开展研究的范围

不符合前述“适宜作为备选案例开展研究的范围”的，基本上就不适宜作为备选案例，如存在舆情风险、存在硬伤或者法律关系过于复杂的案例。除此之外，还有两个方面需要在实践中予以注意。一是法律规定非常明确，仅是办案效果好的案件。实践中存在这样的疑问，即认为办理的案件实现三个效果有机统一，为什么没有入选指导性案例？此时可能与此类情况有关。二是具有偶发性的案件。指导性案例重点在于指导，如果某一案例是偶发的，或者仅在本地具有典型性，就不太适宜作为指导性案例在全国发布。

二、指导性案例发掘途径

（一）从重点工作中发现案例

紧盯与中央、最高人民检察院部署的重点工作相关的案件，特别是围绕重点工作开展的各类专项，通过提炼总结，层层把关筛选，为选取具有代表性、典型性的案例做好储备。

（二）从汇报中发现案例

上级检察院各业务部门在指导下级院办案过程中的案件可以作为案例素材，尤其是下级院就法律适用问题、程序适用等问题请示上级院的案件，要重点予以关注。法律政策研究机构对于提请检察委员会审议的案件也要予以关注。提交检察委员会讨论的案件大多是重大疑难复杂或者有争议的案件，这些案件也是发掘案例的宝贵资源。

（三）从案件评查中发现案例

在本地组织的案件评查中，发现具有法律宣传、引领法治、回应舆情、服务大局的案件，特别是发现检察机关通过履行法律监督职能实现对案件程序问题和实体问题的纠偏和纠错等，继而实现公平正义的典型案件，可以作为指导性案例素材，重点进行培育。上级检察机关特别是最高人民检察院、省级人民检察院在评查案件中发现案件具有典型性、指导性的，应当第一时间跟进指导。但是，对于评查中发现的一些负面案件，一些具有警示教育意义的案件，不适宜作为指导性案例素材。

（四）从数据中发现案例

主要是从业务应用系统本部门受理的案件中，发现具备指导性案例条件的线索。同时，案件管理部门在受理案件时，要提前做好案件甄别，对于具备潜质的案件，要在分案环节加强研判，充分运用指定分案的方式，将有潜质的案件分配给专业办案团队或业务骨干办理，加强对案例的培养。

（五）从媒体报道中发现案例

近年来，最高人民检察院指导性案例选题紧扣社会热点，其中不乏被媒体广泛报道的案件。在日常工作中应多注意本地各类新闻媒体报道的有影响案件，要善于敏锐发现案件的独特价值和作用。在已发布的指导性案例中，通过媒体报道发掘指导性案例的典型代表有“8・27 昆山反杀案”，该案被编入最高人民检察院第十二批指导性案例（检例第 47 号“于海明正当防卫案”）。

（六）从法律监督工作中发现案例

检察机关作为法律监督机关，具有刑事诉讼监督、民事诉讼监督、行政诉讼监督以及公益诉讼监督等监督职能。在日常的法律监督工作中，检察机关发现符合指导性案例标准的案件，可以予以重点关注并培育。

三、指导性案例的发掘标准

指导性案例的“指导性”“权威性”除了来自有关司法文件的制度性规定，可能更多需要来自其“说服性”，来自其体现的法律适用问题的典型性、裁判说理的强大性。严谨科学的编选标准是指导性案例的“指导性”“权威性”发挥作用的前提和保证。

2019 年《最高人民检察院关于案例指导工作的规定》第 2 条规定：“检察机关指导性案例由最高人民检察院发布。指导性案例应当符合以下条件：（一）案件处理结果已经发生法律效力；（二）办案程序符合法律规定；（三）在事实认定、证据运用、法律适用、政策把握、办案方法等方面对办理类似案件具有指导意义；（四）体现检察机关职能作用，取得良好政治效果、法律效果和社会效果。”由该规定可以将指导性案例选编标准归纳为以下四个要件。

（一）形式要件

要求案件处理结果已经发生法律效力，即指导性案例中的案例不能是未决案件，或者正处于申诉阶段等不定状态的案件。对于案件处理结果已经发生法律效力的判定，目前没有一个规范性文件予以明确。我国采取两审终审制，一个案件经过一审、二审后一般就应当认定为案件已经发生法律效力，但是，由于我国审级制度的特殊性，在选择案例素材时要注意，生效裁判文书至少要经过半年，待当事人申请再审的期间终了，或者再审结论明确了再作为案例素材进行编选。同时，由于检察机关法律监督职能的特殊性，判断检察指导性案例是否已经发生法律效力不能仅仅依据法院判决，有些案件在检察机关办案环节也会发生法律效力，所以有必要进一步厘清相关问题。对于刑事案例来讲，第一类是不起诉案件，包括绝对不起诉、相对不起诉、附条件不起诉届满作出不起诉决定的案件，可以作为案件处理结果已经发生法律效力的依据。如检例第 1 号“施某某等 17 人聚众斗殴案”，就属于相对不起诉案例。证据不足不起诉由于在证据完善后可能会出现起诉的情况，因此不能作为判定案件发生法律效力的依据。第二类是不核准追诉案件，包括最高人民检察院不核准追诉已过追诉期限的案件、最高人民检察院不核准追诉按照缺席审判程序提起公诉的案件和最高人民检察院不核准已满 12 周岁不满 14 周岁的未成年人犯罪的案件，可以作为案件处理结果已经发生法律效力的依据。如检例第 22 号“杨菊云（故意杀人）不核准追诉案”，就属于最高人民检察院不核准追诉的案件。对于民事案件来讲，上一级检察机关作出维持不支持监督申请决定案件，可以作为判定案件发生法律效力的依据。因为此时当事人救济途径已经穷尽，除非案件经由法院自身启动再审。对于行政案件来讲，与民事案件不同，检察机关作出不支持监督申请决定的案件就可以作为判定案件发生法律效力的依据，因为行政案件没有申诉复查环节。对于公益诉讼案件，特别是行政公益诉讼案件来讲，检察机关作出的公益诉讼检察建议，被建议单位整改落实的，可以作为判定案件发生法律效力的依据。

（二）程序要件

要求办案程序符合法律规定。如果办案程序存在瑕疵，应当适用的程序未适用，或者程序适用错误，可能导致舆情发生，就会导致后续生成指导性案例有关工作带来困难。对于程序符合法律规定的判定，需要结合具体案例和法律规定进行判定。

（三）实质要件

要求案件在事实认定、证据运用、法律适用、政策把握、办案方法等方面对办理类似案件具有指导意义。一是案件事实认定具有指导意义，即案件事实的认定对于办理同类案件具有明晰争议的意义。如检例第 42 号“齐某强奸、猥亵儿童案”中，被告人齐某利用教师身份，多次奸淫两名幼女及在教室、集体宿舍等场所多次实施猥亵行为的事实，对于司法实践中认定“情节恶劣”和“公共场所当众”具有指导意义。二是证据运用具有指导意义，即充分发挥证据在案件定性方面的作用。如检例第 39 号“朱炜明操纵证券市场案”，对书证、电子证据、证人证言的收集、审查、运用等，就是指导性案例发挥证据运用指导意义的典范。三是法律适用具有指导意义，即案件罪与非罪、此罪与彼罪的认定。四是办案方法具有指导意义，即办案方法对办理相似案件具有参照适用的意义。如检例第 52 号“广州乙置业公司等骗取支付令执行虚假诉讼监督案”，对于检察机关在办理虚假诉讼案件时要畅通刑民衔接程序，建立各业务部门之间的线索双向移送、反馈机制和线索共享、信息互联机制等办案方法，为办理同类案件提供了可复制、可推广的司法适用范本。

（四）效果要件

要求案件的办理要实现政治效果、法律效果和社会效果的有机统一。一是案件要做到政治效果强。检察工作是政治性极强的业务工作，也是业务性极强的政治工作。作为检察工作重要组成部分，案件办理首先要确保取得良好的政治效果。即所办理的每一件案件都要把党中央的要求、党和国家的司法政策展示出来。如“孙某宽等 78 人与某农业公司追索劳动报酬纠纷支持起诉案”（检例第 124 号），该案在处理支持进城务工人员追索劳动报酬和服务保障企业发展方面，体现出较好的政治效果。二是案例要做到法律效果好。要坚持程序公正和实体公正统一，突出案件的专业性。如检察机关在对民事诉讼进行法律监督中，通过抗诉或者检察建议，纠正了法院生效法律文书中的错误，纠正了违法的执行行为，纠正了审判监督程序以外的其他违法行为，并对司法理念、司法政策产生了重要的正面影响、积极作用的案件。三是案例要做到社会效果佳。要做到法、理、情相融合，及时回应社会关切的问题，对引导、化解社舆情起到良好效果。如第十一批指导性案例涉及性侵未成年人犯罪的证明与认定、第十二批指导性案例涉及正当防卫与防卫过当的界限标准问题等。

第三节　指导性案例的编撰

2019 年修订的《最高人民检察院关于案例指导工作的规定》第 3 条对指导性案例的体例作出原则规定，明确指导性案例的体例一般包括标题、关键词、要旨、基本案情、检察机关履职过程、指导意义和相关规定等部分。调整后的编写体例更加突出检察特色，但仍存在各部分要素编写体例不统一、要旨提炼不恰当、指导意义不精练等问题，影响案例应用效果。为深入贯彻落实党的二十大精神、《中共中央关于加强新时代检察机关法律监督工作的意见》以及最高人民检察院党组要求，进一步规范指导性案例编写体例，提升案例编研质量效率，2022 年，最高人民检察院法律政策研究室会同相关检察厅认真研究已发布的各批指导性案例，深入总结案例编写经验，梳理最高人民检察院案例指导工作委员会会议讨论和检察委员会审议时发现备选案例在编写方面存在的问题，在广泛征求意见的基础上，印发了《最高人民检察院指导性案例编写体例规范指引》，进一步对指导性案例的编撰提供了指导。

一、标题

指导性案例的标题是对案件案由、案件类型的提炼，一般使用偏正结构的简短句式表述，不设副标题。根据需要，标题可以使用顿号、逗号，不使用引号、括号、破折号、省略号等标点符号。从已发布的各类指导性案例来看，标题的形式总体可以分为以下几种类型。

（一）刑事检察案例标题的一般写法

1. 检察机关提起公诉的案例的标题写法。标题由案件当事人姓名或名称和案由组成。刑事案由应当按照最高人民法院、最高人民检察院关于确定罪名的有关规定执行；案件移送起诉、审查起诉、一审、二审、再审等诉讼阶段确定的案由不一致的，应当以最终结案案由为准；办理案件时的案由规定与编写案例时的案由规定不一致的，适用办理案件时的规定。刑事案例中共同犯罪、一人犯数罪，当事人和案由为多个的，标题中可以仅列主要的和与案例要旨相关的当事人和案由，用“等”字省略次要的和与案例要旨无关的当事人和案由。例如，姚晓杰等 11 人破坏计算机信息系统案；邓秋城、双善食品（厦门）有限公司等销售假冒注册商标的商品案。

2. 对于并非共同犯罪，但案件之间具有关联关系的案例的标题写法。标题应将各被告人的姓名或者名称和案由一一对应，分别表述，不宜将当事人姓名或者名称和案由混同表述。例如，“某国有公司及李某、王某某等单位受贿、贪污案”宜表述为“某国有公司及李某、王某某单位受贿，李某、王某某等贪污案”。

3. 涉及防卫过当或者避险过当的案例的标题写法。标题在当事人姓名与案由中间写明防卫过当或者避险过当。涉及构成正当防卫或者紧急避险的不批捕、不起诉等情形的案例，可以将标题中“案由”写为“正当防卫”“紧急避险”。例如，朱某某防卫过当故意伤害案，王某某正当防卫不批准逮捕案，赵某某正当防卫不起诉案。

4. 检察机关作出不批准逮捕、不起诉、不核准追诉、监督撤销案件决定的案例的标题写法。标题由案件当事人姓名或者名称、案由和相应的决定组成。需要注意的是，按照《刑事诉讼法》第 12 条的规定，未经人民法院依法判决，对任何人都不得确定有罪。因此，在罪名之前应当加“涉嫌”二字。例如，王某某涉嫌非法经营不批准逮捕案，某公司涉嫌虚开增值税专用发票不起诉案，杨某某涉嫌故意杀人不核准追诉案，李某某涉嫌盗窃附条件不起诉案。

5. 检察机关依法履行对刑事诉讼的监督职责的案例的标题写法。标题由案件当事人姓名或者名称、案由和监督方式（监督事项）组成。例如，陈某某抢劫二审抗诉案，林某某等人假冒注册商标立案监督案，孙某某撤销缓刑监督案，丁某某死刑复核监督案。

6. 检察机关适用特别程序的案例的标题写法。标题一般由当事人姓名、案由和适用的特别程序组成。例如，程某某贪污缺席审判案，任某某受贿、巨额财产来源不明违法所得没收案。

（二）民事检察案例标题的一般写法

民事检察案例的标题一般由当事人姓名或者名称、案由、监督事由、监督方式等组成。民事案由应当按照最高人民法院关于民事案由的规定执行；办理案件时的案由规定与编写案例时的案由规定不一致的，适用办理案件时的规定。当事人之间的连接词用“与”而不用“诉”，主要考虑民事诉讼中有反诉、第三人参加诉讼的情形，因此，用“与”连接当事人更能反映完整的法律关系和诉讼地位。涉及共同诉讼以及其他并案处理、合并审理的情形，当事人和案由为多个的，标题中可以仅列主要的和与案例要旨相关的当事人和案由，用“等”字省略次要的和与案例要旨无关的当事人和案由。例如，唐某与程某房屋买卖合同纠纷抗诉案，许某与某医院医疗事故损害赔偿纠纷抗诉案，某商贸公司申请执行监督案，广州乙置业公司等骗取支付令执行虚假诉讼监督案。

（三）行政检察案例标题的一般写法

行政检察案例的标题一般由当事人（原争原告、原争被告、申请人、被执行人等）姓名或者名称、案由、监督方式组成。行政案由的确定应当按照最高人民法院关于行政案由的规定执行；涉及多个案由、当事人情形的处理同民事案例。例如，肖某某与湖北省江陵县人力资源和社会保障局工伤认定行政争议诉讼监督案。

（四）检察公益诉讼案例标题的一般写法

1. 提起民事公益诉讼案例的标题写法。标题一般由承办检察院、被告、违法事实、案由等要素组成，承办检察院与被告之间的连接词用“诉”，表述方式为“××× 人民检察院诉 ××× 民事公益诉讼（刑事附带民事公益诉讼）案”。例如，江西省浮梁县人民检察院诉 A 化工集团有限公司污染环境民事公益诉讼案（检例第 164 号）。

2. 提起行政公益诉讼案例的标题写法。标题一般由承办检察院、督促履职领域、案件类型等要素组成，表述方式为“××× 人民检察院督促 ××× 行政公益诉讼案”。承办检察院与案件类型之间的连接词用督促履职的具体内容。例如，“××× 人民检察院督促整治闲置国有土地行政公益诉讼案”。

3. 人民检察院通过制发公益诉讼检察建议督促行政机关依法履职案例的标题写法。标题一般由承办检察院、督促履职领域、案件类型等要素组成，表述方式为“××× 人民检察院督促 ××× 行政公益诉讼案”。承办检察院与案件类型之间的连接词用督促履职的具体内容。例如，“××× 人民检察院督促整治闲置国有土地行政公益诉讼案”。

（五）刑事申诉检察案例标题的一般写法

1. 作出审查结案、复查结案结论的案例的标题写法。标题由申诉人姓名或者名称、案由、刑事申诉组成。例如，张某某故意杀人刑事申诉案。

2. 作出提出抗诉、纠正原处理决定等监督结论的案例的标题写法。标题由申诉人姓名或者名称、案由、刑事申诉、监督结论组成。例如，张某某故意杀人再审抗诉案、张某某诈骗变更不起诉决定案。

（六）检察听证案例标题的一般写法

检察听证案例的标题一般由犯罪嫌疑人（申诉人、申请人）、罪名（案由）、办理环节、检察听证组成。例如，张某某涉嫌交通肇事不起诉检察听证案，张某某刑事申诉检察听证案，张某某申请民事监督检察听证案，张某某申请羁押必要性审查检察听证案。

二、印发批次和检例号

指导性案例的印发批次和检例号排序以院领导签发的时间（通知落款时间）先后确定，不以最高人民检察院检察委员会审议通过的时间先后确定。承办部门应当在报院领导签发后向法律政策研究室登记案例批次和检例号。相邻批次指导性案例，承办部门应当与新闻办公室提前沟通，案例发布批次顺序与召开新闻发布会时间先后顺序原则上应当保持一致，如有特殊原因，可视情况调整。

三、关键词

关键词是对案例涉及重要问题和核心观点的概括，数量一般为三至六个词或者词组，注意不要写成短句。关键词应注意呼应指导性案例的发布主题、要旨和指导意义，符合一般人的检索习惯，达到通过关键词准确检索到相应案例的效果。

（一）关键词的提炼

关键词不同于案例正文中出现的高频词，需综合案件争议内容、法律适用难点、检察工作经验等因素概括提炼，既可以选用标题、要旨、指导意义等各部分中已有的词或词组，也可以适当概括和提炼，不必完全使用原词。首先，关键词应当体现案例核心内容。主要从事实认定、法律适用、证据审查、司法理念和体现本案特点的工作方式等方面提炼。要关注办案规则、办案理念，同时也要加强对于办案效果、工作方式方法创新等内容的总结。重点可从案例发布主题、案件类别、案由（所涉罪名、民事行政案由）、犯罪行为或者违法行为方式、法律保护的客体、法律解释的对象、证据审查运用、处理结果、监督事项、监督方式等方面提炼。其次，关键词应当紧扣案件，做到准确、精练、规范，优先选择法律、司法解释、政策法规中已有的术语。种属（上下位）概念之间一般选择较为具体的概念作为关键词。

（二）关键词的排序

关键词应当体现同一批案例的共性特征与单个案例的个性特征，其排序一般将案例的主题或案例类别、案由等共性词排在前面，其余关键词一般按照意义外延由一般到特殊、重要性由高到低，或者根据关键词之间的逻辑关系依次排列。如检例第 131 号的关键词排序为“社区矫正监督”（主题词）、“违反规定外出、出境”（违法情形）、“调查核实”、“撤销缓刑”（后果），具有时间上的先后顺序和因果关系。又如检例第 28 号的关键词排序为“民事公益诉讼”“生态环境修复”“虚拟治理成本法”，其中“民事公益诉讼”为案例类别，“虚拟治理成本法”是计算“生态环境修复”费用的方法之一。

四、要旨

要旨是办理与指导性案例类似或者相关案件时应当参照适用的“司法规则”，具有“准司法解释”的效力，是对指导性案例指导意义的高度提炼。要旨应当使用规范、准确、凝练的法言法语简要归纳和提炼指导性案例所体现的具有普遍适用价值的重要司法规则或者办案方法。对“要旨”的提炼一般以 5 行为限，字数在 150 字以内。

（一）要旨的表述方式

根据2019年《最高人民检察院关于案例指导工作的规定》第2条的规定，指导性案例应当在事实认定、证据运用、法律适用、政策把握、办案方法等方面对办理类似案件具有指导意义。据此，指导性案例的要旨大致可以分为五种类型。同一案例根据不同情况可以概括多类要旨。

1. 法律事实认定类案例要旨。旨在指导检察人员根据证据规则和经验法则对案件事实作出判定。实践中，诉讼各方往往持有不同的事实主张，或者对同一事实的认定存在不同意见，此类要旨就是对不同看法、模糊界限的回应。一般采取“事实描述＋性质认定”的表述方法，如“某类行为，造成某种后果，属于……”“……可以（应当）认定为……”“某行为，构成……”（如检例第33号要旨“以修改域名解析服务器指向的方式劫持域名，造成计算机信息系统不能正常运行，是破坏计算机信息系统的行为”）。又如检例第64号要旨“单位或个人假借开展网络借贷信息中介业务之名，未经依法批准，归集不特定公众的资金设立资金池，控制、支配资金池中的资金，并承诺还本付息的，构成非法吸收公众存款罪”。检例第39、43、68、92号要旨均属于该类型要旨。

2. 证据运用类案例要旨。旨在为某一类案件确立证据收集、审查、认定的规则。关于证据收集规则的要旨，重在明确类案中进行调查取证的条件或方向，可以表述为“特定情形/案件，围绕……收集证据”。如检例第122号要旨：“因监护人侵害智力残疾的被监护人财产权，智力残疾人诉请赔偿损失存在障碍而请求支持起诉的，检察机关可以围绕法定起诉条件协助其收集证据……”关于证据审查规则的要旨，可以用“对……证据，着重审查……方面”的表述方法。如检例第67号要旨：“跨境电信网络诈骗犯罪往往涉及大量的境外证据和庞杂的电子数据。对境外获取的证据应着重审查合法性，对电子数据应着重审查客观性。”如检例第42号要旨：“性侵未成年人犯罪案件中，被害人陈述稳定自然，对于细节的描述符合正常记忆认知、表达能力，被告人辩解没有证据支持，结合生活经验对全案证据进行审查，能够形成完整证明体系的，可以认定案件事实。”关于证据印证和事实推定的要旨，可以采取“犯罪嫌疑人不供认……事实，在案证据能够相互印证、排除合理怀疑的，可以依法认定……事实”；“行为人实施某行为的辩解不符合常理，且没有相反证据证明……可以推定……事实”。如检例第 65 号要旨：“具有获取未公开信息职务便利条件的金融机构从业人员及其近亲属从事相关证券交易行为明显异常，且与未公开交易信息相关交易高度趋同，即使其拒不供述未公开信息传递过程等犯罪事实，但其他证据之间相互印证，能够形成证明利用未公开信息犯罪的完整证明体系，足以排除其他可能的，可以依法认定犯罪事实。”

3. 法律适用类案例要旨。旨在明确法律规则的适用条件或者对法律规定的构成要件要素、量刑情节适用等作出阐释。关于实体法律适用规则要旨，旨在明确实体法律规定的含义、构成要件、量刑情节适用等。如检例第 24 号要旨：“刑法第一百八十条第四款利用未公开信息交易罪为援引法定刑的情形，应当是对第一款法定刑的全部援引。其中，‘情节严重’是入罪标准，在处罚上应当依照本条第一款内幕交易、泄露内幕信息罪的全部法定刑处罚，即区分不同情形分别依照第一款规定的‘情节严重’和‘情节特别严重’两个量刑档次处罚。”如检例第 42 号要旨：“奸淫幼女具有《最高人民法院、最高人民检察院、公安部、司法部关于依法惩治性侵害未成年人犯罪的意见》规定的从重处罚情节，社会危害性与刑法第二百三十六条第三款第二至四项规定的情形相当的，可以认定为该款第一项规定的‘情节恶劣’。”关于诉讼程序适用规则要旨，旨在明确诉讼程序的适用对象、条件、案件范围等。如检例第 114 号要旨：“破坏自然遗迹和风景名胜的行为，属于‘破坏生态环境和资源保护’的公益诉讼案件范围，检察机关依法可以提起民事公益诉讼。”如检例第 130 号要旨：“涉嫌巨额财产来源不明罪的人在立案前死亡，依照刑法规定应当追缴其违法所得及其他涉案财产的，可以依法适用违法所得没收程序。”关于监督规则要旨，旨在明确监督的对象、事由、方式等。如检例第70号要旨：“对于判处拘役或者三年以下有期徒刑并宣告缓刑的罪犯，在缓刑考验期内确有悔改表现或者有一般立功表现，一般不适用减刑。在缓刑考验期内有重大立功表现的，可以参照刑法第七十八条的规定予以减刑。人民法院对宣告缓刑罪犯裁定减刑适用法律错误的，人民检察院应当提出纠正意见。人民法院裁定维持原减刑裁定的，人民检察院应当继续予以监督。”

4. 政策引导类案例要旨。旨在明确检察机关办理类案的司法政策导向和检察工作理念。如检例第85号要旨：“检察机关办理涉企案件，应当注意保护企业创新发展。”

5. 办案方法类案例要旨。旨在总结办案实践中形成的、证明切实可行、值得推广的经验方法。该类要旨应当明确适用办案方法的具体情形、条件，可以采取“具体情形 + 办案方法 + 目的”的表述方式，即办理某种案件或对于某种情形，人民检察院可以采取某种方法，达到某种目的。如检例第28号要旨明确了修复费用计算方法，检例第62号要旨明确了受损原因确定方法和损失金额认定标准，检例第114号要旨明确了独特景观生态服务价值损失赔偿数额的确定方法。

（二）提炼、撰写要旨时应当注意的问题

1. 指导性案例的要旨应当具有合法性。要旨具有“准司法解释效力”，应立足于现行法律法规，不能与法律法规相冲突。

2. 指导性案例的要旨应当具有针对性。要旨的价值在于通过确立规则杜绝司法实践中“同案不同办”“类案不同处”现象，办案过程中控辩双方的争议焦点，一审、二审、再审裁判认定不一致的问题通常可以提炼司法规则。因此，提炼要旨时要坚持问题导向，增强问题意识，聚焦案例要解决哪些争议性问题，所有要旨均可以还原为“问题”的形式。

3. 指导性案例的要旨应当具有普适性。要运用“类型化思维”，注意

提炼对类案具有普遍指导意义的规则。指导性案例的要旨对类似案件具有“应当参照”的效力。如果只具有个案的典型性，不能普遍推广适用，或者相关问题争议较大，与相关办案机关认识分歧较大，暂无法形成一致意见的，则不适宜作为要旨。

4. 指导性案例的要旨应当具有新颖性。要旨既不是对法律、司法解释的直接援引或者变相重述，也不是法学理论通说和司法实践中已经形成的常识性认识。如果提炼出的问题，根据法律或者司法解释应有之义，通过演绎推理或者当然解释，就能够得出比较明确的法律适用结论，则不适宜作为要旨。同时，应当注意避免与此前发布的指导性案例要旨相雷同。

5. 要旨应当具有确定性。指导性案例的重要功能是推进法律统一适用，规范检察官办案的自由裁量权。因此，要旨的内容宜具体、明确，不应过于原则、笼统、含糊、模棱两可，如使用“办理某类案件，应当严格区分刑事犯罪与民事纠纷的界限”“对于某类事实，应当根据……等方面综合认定”等表述。最理想的要旨应当达到这样的效果：检察人员只需要浏览要旨就能明白如何参照指导性案例办理案件，并可以直接援引要旨在法律文书中进行释法说理。如果检察人员只看要旨还不清楚应该怎么做，需要通读整篇案例才能准确领会要旨的含义，那么要旨的提炼就是不成功的。要旨就如同一个“批复”，只不过是以案例形式呈现，案情、检察机关履职过程、指导意义等都是为要旨作注脚。

6. 要旨不应简单重复法律、司法解释的规定，但可以对法律、司法解释的具体适用提出相应的细化规则，起到以案释法、以例补律、以例补释的作用。检察人员办理案件时可以援引指导性案例进行释法说理，但是不得代替法律、司法解释作为案件处理的直接依据。如果要旨是对法律、司法解释规定的重复，则直接援引法律、司法解释即可，不需要再援引相关要旨，案例的指导价值也就无法体现。

7. 指导性案例的要旨应当忠实于生效法律文书，在法律文书阐述理由的基础上进行提炼和概括，表达简明，语义确切，避免产生歧义。

8. 要旨的表述应当通俗易懂，避免过于学理化，艰深晦涩。争取做到既让专业的人看得懂，又让社会公众看得懂。

9. 要旨应当明确具有普遍指导意义的司法规则，能够为办理类似案件提供参照指引，应突出指导性，避免写成经验材料。

10. 要旨应当符合法律、司法解释规定的精神，概括要旨时，法律、司法解释没有规定“应当”的，慎用“应当”。

11. 撰写要旨应当注意把握立场和角度，立足于指导检察工作提炼办案规则、监督规则，不宜对人民法院、公安机关、行政机关、当事人提出义务要求，不能写成法院的裁判规则或者公安机关、行政机关的执法规则。

五、基本案情

基本案情是对与要旨和案件处理结果相关的案件基本情况进行的概括叙述。基本案情一般应当以生效法律文书认定的事实为依据，在此基础上，可有适当的背景性铺垫，也可适当地剪裁编辑，但是不得改变原有案件事实，也不能杜撰一个新案情，要做到准确精练、层次清晰、重点突出、详略得当。

基本案情中只列与案件要旨、处理结果相关的当事人基本情况，其他信息如家庭住址、通讯方式、身份证号码等不予体现。涉及多名当事人的，可以简要列明当事人及利害关系人的相互关系。

若只陈述案件基本事实难以全面反映基本案情或突出案件办理价值及质效的，可适当补充交代案件办理背景。如江西省上饶市人民检察院诉张某某等三人故意损毁三清山巨蟒峰民事公益诉讼案（检例第114号），介绍了“江西省上饶市境内的三清山景区属于世界自然遗产地、世界地质公园、国家重点风景名胜区、国家5A级景区”等背景资料，进一步凸显检察机关针对故意损毁三清山行为提起公益诉讼的必要性。

基本案情部分涉及计算机、知识产权等领域专业名词的，一般需要对相关名词的含义作出解释说明，但是不宜采用脚注、尾注等论文注释方式，可以使用括号进行补充说明。如检例第 69 号“姚晓杰等 11 人破坏计算机信息系统案”中对于“DDoS 攻击”含义的解释。

（一）刑事检察案例基本案情的一般写法

刑事检察案例应当简要交代犯罪嫌疑人、被告人的到案经过，被采取强制措施的情况，犯罪事实以及有无从重处罚或者从轻、减轻、免除处罚的情节。案情较为复杂的，可以只交代与要旨、指导意义有关的定罪量刑的事实和情节，其他事实、情节可略写。

叙述犯罪事实经过，一般按照时间先后顺序进行，案情较为复杂、有多个犯罪事实的，可按照先单位犯罪后自然人犯罪、先共同犯罪后单独犯罪、先重罪事实后轻罪事实的顺序叙述。提起公诉的案件，犯罪事实应当以终审判决认定事实为准，不以起诉书中认定的事实为准。需要注意，对具体犯罪方法（如制造毒品方法等），不宜交代过细。

对于与要旨、处理结果有关的重要诉讼过程，不适合放在检察机关履职过程部分叙述的，可以在基本案情中简要交代，与检察机关履职过程前后照应并避免重复。如刑事抗诉案例可以将提起公诉和人民法院原审裁判结果在基本案情中交代。

（二）民事检察案例和行政检察案例基本案情的一般写法

民事检察案例和行政检察案例基本案情以删繁就简、重点突出为基本原则，相关事实可以根据与检察机关履职过程、指导意义是否有联系而列出。与检察机关履职过程、要旨及指导意义有密切联系的要有针对性地加以阐明；与检察机关履职过程、要旨及指导意义关系不密切但有助于体现案件特殊性、保持案件完整性的可以简要概述；其他事实可以省略。

1. 民事诉讼监督案例和行政诉讼监督案例。应当交代与案例要旨及处理结果相关的当事人基本情况、基本事实、案件诉讼过程中原被告的诉讼主张、法院作出裁判的主要理由、人民法院的裁判结果等，要求能够反映诉讼监督案件来源及争议焦点。对于诉讼过程中驳回上诉、维持原判的或者驳回再审申请等情况，理由相同的，可以适当略写或不写。行政诉讼监督案件还应当写明行政机关作出的行政复议、行政处罚等行政行为及其理由、法律依据。

2. 民事支持起诉案例。应当交代与案例要旨及处理结果相关的基本事实、民事权益受到侵害的当事人基本情况、当事人提起诉讼困难或不敢起诉的原因，有关行政机关、社会组织等机构的履职情况，要求能够反映当事人的起诉维权意愿及其合法权益仍未能得到维护的情况。

3. 民事执行监督案例。应当交代与案例要旨及处理结果相关的当事人基本情况、基本事实、法院民事执行活动经过以及造成的危害后果等内容。

4. 行政非诉执行监督案例。应当交代与案例要旨及处理结果相关的当事人基本情况、基本事实、行政机关作出的行政复议、行政行为依据及理由，非诉执行经过以及造成的危害后果。如申请法院强制执行，需写明法院执行活动经过。

5. 行政争议实质性化解案例。叙述该类案件基本案情时，应当交代与案例要旨及处理结果相关的当事人基本情况、基本事实，行政机关作出的行政复议、行政行为法律依据及理由，诉讼过程中原被告的诉讼主张，法院作出裁判的主要理由及处理结果等内容，要求能够反映行政争议形成原因及过程，还可以补充当事人救济渠道是否存在事实或法律上的障碍，行政相对人生产生活是否存在特殊困难，同类案件、关联案件处理等情况。

（三）检察公益诉讼案例基本案情的一般写法

叙述检察公益诉讼案例基本案情时，应当交代致使检察机关立案调查的，被监督对象的违法行为损害社会公共利益的情况，以及行政机关违法行使职权或者不作为，致使社会公共利益遭受损害的情况。如污染环境类民事公益诉讼，要将行为人排放污染物的时间、方式、频率等，污染物的种类、排放量、排放浓度等，侵权主体实施违法行为持续时间和次数多少，是否曾经因环境污染行为被行政处罚或者刑事处罚，经营规模大小、污染处理成本等，以及损害后果或造成的损失数额等方面描述清楚。

六、检察机关履职过程

“检察机关履职过程”是2019年《最高人民检察院关于案例指导工作的规定》修订时对指导性案例体例进行的重大调整，是新时期指导性案例着力体现检察特色的重要内容，也是研究编制指导性案例中需要重点归纳总结的部分，还是检察指导性案例区别于其他指导性案例的重要标志。检察机关履职过程突出检察机关履职特色，案件类型不同，检察机关履职过程也不同，但是应注意不要写成“检察机关履职情况”。

（一）撰写检察机关履职过程应遵循的原则

1. 客观中立，平铺直叙。检察机关履职过程应坚持客观叙述，不带感情色彩，关于目的、意义、办案成效等可以视情况在指导意义部分或者新闻发布材料、解读文章中展开论述。其叙述采取“白描”写法，一般按照时间轴叙写，也可以对重要办案环节加以提炼，不应采取倒叙、插叙、夹叙夹议的叙述方式。可根据案例特点及撰写需要，以二级标题的形式总结归纳各阶段工作。二级标题一般应为具体办案环节，注意标题中不要出现对办案效果的主观评价或者关于适用规则、方法的提炼概括，在检察机关履职过程部分“叙”，在指导意义部分“议”，避免与指导意义内容重复。

2. 围绕要旨，逻辑严密。检察机关履职过程一般由多个要素组成，不同案件类型涉及要素不同，需根据案件具体情况，围绕要旨及指导意义选取部分要素撰写。需注意，撰写过程中应把握关键环节，保证案例脉络清晰，逻辑严密，使检察履职过程与要旨、指导意义相互印证。

3. 体现特色，详略得当。检察机关履职过程应体现检察特色，详细叙述检察履职相关工作，对其他相关机关所做工作不宜展开叙述。在结合要旨和指导意义的需要，叙明基本要素的基础上，可对案件办理过程中特色亮点等展开叙述。在叙写过程中，应重点突出，避免采用不加总结、概括地摘抄法律文书、庭审笔录等原文、原话的方式，但应确保最终处理结果等叙述与生效法律文书内容保持一致。

（二）刑事检察案例履职过程的一般写法

1. 一般刑事检察案例履职过程一般包含以下要素：案件来源，检察机关侦查过程（直接受理侦查的案件），提前介入引导侦查，检察机关审查逮捕的过程，检察机关审查起诉的过程及结果（包括退回补充调查或者退回补充侦查、自行侦查或者自行补充侦查、作出不起诉决定或者提起公诉等），指控与证明犯罪，法院裁判结果等。适用认罪认罚从宽制度、开展羁押必要性审查、组织公开听证等履职情况可以融入相关办案环节。

2. 刑事诉讼监督类案例履职过程一般包含以下要素：案件来源（监督线索发现），调查核实及认定事实（包括调查核实的内容、方法，认定事实包括认定法院、公安机关、刑罚执行机关等存在违法或者不当情形及主要依据），监督意见（提出抗诉、再审检察建议、检察建议、制发纠正违法通知书等过程和意见），监督结果。

3. 未成年人刑事案例履职过程在一般刑事检察案例的基础上还应包含以下要素：是否落实未成年人特别程序，社会调查、心理测评过程，审查起诉过程，综合评估情况等。如作附条件不起诉决定，还应写明后续帮教情况、考验期阶段性评估。

4. 刑事申诉案例应当写明检察机关受理案件，审查或者复查案件，调查核实，会见申诉人，检察听证，司法救助，检察长包案，处理结论和依据，申诉人意见等情况。

（三）民事检察案例和行政检察案例履职过程的一般写法

1. 民事诉讼监督案例和行政诉讼监督案例履职过程一般应当写明：案件来源（监督线索发现），包括来源的具体途径、受理依据；调查核实及认定事实［包括调查核实的内容、方法，认定事实包括认定法院（行政机关）存在违法或者不当情形及主要依据］；监督意见（提出抗诉、再审检察建议、检察建议等过程和意见）；监督结果。

2. 民事支持起诉案例履职过程一般应当写明：受理情况，包括申请事由、受理依据；审查过程，包括审查认定的事实，调查核实的内容、方法；支持起诉意见；裁判结果。

3. 民事执行监督案例履职过程一般包括以下要素：案件来源（监督线索发现），包括来源的具体途径、受理依据；调查核实及认定事实（包括调查核实的内容、方法，认定事实包括认定法院执行过程中存在的违法或者错误情形及主要依据）；监督意见，即检察机关提出检察建议的过程和意见；监督结果等。

4. 行政非诉执行监督案例履职过程一般包括以下要素：案件来源（监督线索发现），包括来源的具体途径、受理依据；调查核实及认定事实，包括调查核实的内容、方法；认定事实包括认定法院执行活动中存在的违法情形，行政机关违法行使职权或者不行使职权的情形及主要理由；监督意见，即检察机关提出检察建议的过程和意见；监督结果等。

5. 行政争议实质性化解案例履职过程一般包括以下要素：案件来源（监督线索发现），包括来源的具体途径、受理依据、双方争议焦点；调查核实及认定事实，包括调查核实的内容、方法、查明的主要事实；监督意见和结果，提出抗诉、再审检察建议、检察建议等过程和意见，以及监督的结果。

（四）检察公益诉讼案例履职过程的一般写法

1. 民事检察公益诉讼案例履职过程一般包括以下要素：线索来源、立案情况；检察机关调查的情况，包括调查的方法、手段措施，查明的事实、结论及依据；发布民事公益诉讼公告，与生态环境损害赔偿权利人沟通或者征询英雄烈士近亲属意见等情况；提起民事公益诉讼和出席法庭情况；

法院裁判情况；人民检察院或者被告上诉的，写明提起诉讼的人民检察院与上一级人民检察院共同履职的相关情况；执行情况。提起刑事附带民事公益诉讼的，相应增加刑事案件起诉、裁判情况。

2. 行政检察公益诉讼案例履职过程一般包括以下要素：线索来源、立案情况；检察机关调查的情况，包括调查的方法、手段措施，查明的事实、结论及依据；提出公益诉讼检察建议、跟进监督和行政机关回复、整改情况；提起行政公益诉讼和出席法庭情况；法院裁判情况；人民检察院或者被告上诉的，写明提起诉讼的人民检察院与上一级人民检察院共同履职的相关情况；执行情况。

（五）其他案例的一般写法

1. 未成年人综合司法保护、知识产权检察综合保护等体现“四大检察”融合履职案例以及其他涉及刑事、民事、行政、检察公益诉讼两项以上职能的案例，可以按照履职的先后顺序叙写履职过程，并结合要旨和指导意义突出履职重点。

2. 检察机关组织听证的案件，应当写明听证准备工作、听证召开情况（包括主持人是否为院领导、听证员组成、听证过程等）、听证员意见、案件处理结果、听证相对方或者当事人双方意见等。

七、指导意义

指导意义是对“要旨”提炼规则的展开论证和说理解释，既要呼应“要旨”，又要对“要旨”予以深化。因此，指导意义应当紧紧围绕要旨所体现的内容展开论证。指导意义一般采用“总—分”结构，即先概括后阐述，应做到精练准确、观点清晰、说理透彻、逻辑严密、层次分明。撰写指导意义，除了要充分了解卷宗材料，还需要收集与案例内容相关的理论研究文章和类似案件，只有通过学习借鉴理论和实践研究，对照编写的指导性案例素材，才能够确保指导意义全面、具体，阐述的内容具有深度和广度。具体要求如下。

1. 指导意义应当源于个案高于个案，避免就事论事、就案说案。不宜过多强调个案的典型性，而应当总结归纳案例对类似案件处理有何启示、引领和借鉴意义，为指导全国检察机关办理案件发挥示范引领作用，可以跳出个案作适当延伸，从应然角度提出工作要求。指导意义应当注意避免使用“具体到本案中……”之类的表述或者以案件具体内容作为论据进行循环论证，宜使用“司法实践中，……具有一定普遍性，检察机关办理同类案件时，应当注意……”之类的表述。

2. 指导意义不能脱离案例谈意义，“无中生有”、漫无边际。指导意义应当注意与要旨和检察机关履职过程前后呼应，避免要旨的内容在指导意义中没有得到体现或者指导意义与要旨的内容关联性不强的情况。指导意义的标题与内容也要能对应起来，防止文题不符，“小脑袋顶大帽子”或者“大块头撑小伞”。

3. 指导意义不能泛泛而谈。指导意义一般不超过三点，聚焦案例要旨，突出案例亮点，有话则长，无话则短，既要防止面面俱到、把指导意义写成对办案效果的宣传材料，又要防止在指导意义中出现过多背景性介绍、阐述不言自明的意义。

4. 指导意义应注意避免同质化。不能与同一批次指导性案例或者此前发布的指导性案例的指导意义内容雷同、重复。

5. 指导意义应注意层次排列。指导意义的排序应根据其阐述类型、案件关联度及外延范围，由表及里、由窄及广进行排列。

6. 法律、司法解释没有规定“应当”的，指导意义要慎重使用“应当”“一般应当”等表述，宜使用“可以”或者“可以依法”。如《人民检察院刑事诉讼规则》第256条规定：“经公安机关商请或者人民检察院认为确有必要时，可以派员适时介入重大、疑难、复杂案件的侦查活动”，因此，除有关文件作出特殊规定外，指导意义中不宜表述为“办理某类刑事案件，人民检察院应当提前介入引导侦查”。又如《民事诉讼法》第15条规定：“机关、社会团体、企业事业单位对损害国家、集体或者个人民事权益的行为，可以支持受损害的单位或者个人向人民法院起诉”；第58条规定，对污染环境、侵害众多消费者合法权益等损害社会公共利益的行为，法律规定的机关和组织提起诉讼的，“人民检察院可以支持起诉”。因此，指导意义中不宜表述为“人民检察院应当支持起诉”。

7. 指导意义应当把握检察立场，从指导检察机关履职的角度编写，不宜过多强调被监督对象应当如何履职。

八、相关规定

相关规定是案例引用法律、司法解释、行政法规的重要体现，一般在列举相关规定时不应超过3个。具体要求如下：

1. 指导性案例的相关规定应列明与案例关键词、要旨、指导意义等最密切相关的法律、全国人民代表大会常务委员会的法律解释（以下简称立法解释）、行政法规、司法解释、司法解释性质文件、部门规章等规范性文件名称及条文序号；若无最密切相关的具体条文，可列明与之相关的原则性条文。

2. 相关规定不引用下列规定：（1）宪法、党内法规、中央文件；（2）涉密文件和内部文件；（3）地方性法规、地方政府规章、自治条例和单行条例，但是行政检察案例、行政检察公益诉讼案例确有需要引用的除外；（4）地方人民检察院单独制发或者与其他机关联合制发的办案指导文件（通常为“会议纪要”“办案指南”“指引”“解答”等），例如，浙江省高级人民法院、浙江省人民检察院、浙江省公安厅《关于办理“套路贷”刑事案件的指导意见》；（5）国家标准、行业标准，例如，《幼儿园建设标准》（建标175—2016）。

3. 法律、法律解释、行政法规、部门规章使用全称加书名号表述，条文序号采用原文序号，不使用阿拉伯数字序号，可以具体引到款、项。写第 × 项时不加括号。例如，“《中华人民共和国刑事诉讼法》第十六条第一项”不能写作“《中华人民共和国刑事诉讼法》第十六条第（一）项”。

4. 法律、行政法规名称前不写制发主体。例如，“《中华人民共和国政府信息公开条例》”不能写作“国务院《中华人民共和国政府信息公开条例》”。部门规章、规范性文件名称前可以列明制发主体，例如，国家互联网信息办公室《儿童个人信息网络保护规定》。但是，能够明确制发主体的，可以不必列明制发主体。例如，《公安机关办理刑事案件程序规定》。

5. 法律、立法解释、行政法规、部门规章、司法解释、司法解释性质文件使用全称加书名号表述，有文号的应注明文号。法律、行政法规、部门规章经修订并全文重新公布的，应当注明修改的时间，例如，“《中华人民共和国刑事诉讼法》（2018 年修正）第十六条”。司法解释经过修改，文号未变的，应注明修改后的施行日期。

6. 指导性案例原则上应当引用生效法律文书所依据的法律、行政法规、司法解释、部门规章，并注明修订后的现行法律对应条款。例如，《中华人民共和国合同法》第 ×× 条（现适用《中华人民共和国民法典》第 ×× 条），《法律援助条例》第 ×× 条（现适用《中华人民共和国法律援助法》第 ×× 条）。

7. 相关规定的排序。涉及同一法律、立法解释、行政法规、监察法规、司法解释、司法解释性质文件、部门规章、司法性文件的不同条文的，按条文的先后次序排列。涉及不同法律、立法解释、行政法规、监察法规、司法解释、司法解释性质文件、部门规章的，按照效力位阶排列，全国人民代表大会制定的基本法律应当排在全国人民代表大会常务委员会制定的法律之前；全国人民代表大会常务委员会制定的法律应当排在立法解释之前。司法解释排在法律、立法解释、行政法规、监察法规之后；司法解释性质文件排在司法解释之后；部门规章排在司法解释性质文件之后。效力位阶相同的，根据案例反映的重点问题，可以按照先实体性规定后程序性规定或者先程序性规定后实体性规定、先一般性规定后特别性规定的次序排列。

九、案例署名规则

指导性案例应当署各级办案检察院名称及参与办理案件的检察官，以及最初撰稿人的姓名。个别专案检察官人数较多的，署主办检察官及主要承办人姓名，一般不超过5个，其余以“等”字代替，由办理案件的检察机关提供。对案件作出错误处理决定被纠正的或者案件起诉至法院后被改判的案件承办人一律不署名。

十、其他技术规范

（一）隐名规范

1. 对案例中的当事人姓名、名称一般应当使用真名。有下列情形的，根据需要作隐名处理：对刑事案件的被害人、刑事附带民事诉讼原告人及其法定代理人，证人、鉴定人，被不起诉人，违法所得没收程序中的利害关系人，检察公益诉讼案件中的企业当事人，应当作隐名处理。对于职务犯罪案例，监察机关要求对当事人隐名的，人民检察院直接受理侦查的案例需要对当事人隐名的，以及为保护民营企业商业信誉，避免案例公开后对企业经营造成不良影响的，应当对当事人作隐名处理。检察公益诉讼案件中，对已提起检察公益诉讼的行政机关可不作隐名处理，对采纳检察建议依法履行职责消除公益损害的行政机关，可以作隐名处理。对涉及国家秘密、商业秘密、个人隐私和未成年人犯罪的案件信息，或者有其他依照法律法规和最高人民检察院有关规定需要隐名的情形的，应当作隐名处理。

2. 隐名处理通常采取以下方式，根据需要也可以使用化名或者代号：保留姓氏，名字以“某”或“某某”替代，对不同姓名隐名处理后发生重复的，通过在姓名后增加甲乙丙丁等进行区分；复姓、少数民族姓名保留第一个字，其余内容以“某”或“某某”替代；对于外国人、无国籍人姓名的中文译文，保留第一个字，其余内容以“某”或“某某”替代；对于外国人、无国籍人的英文姓名，保留第一个英文字母，隐去其他字符；对于企业当事人的名称中有所在地的，保留所在地，其余以“某某企业”替代；对于企业当事人名称中没有所在地的，直接以“某某企业”替代。隐名处理的同时，应当一并对相关人员就读学校、工作单位等可能识别身份的信息作技术处理。

（二）需要屏蔽的信息

1. 案例中应当屏蔽下列信息：与公众了解案情无关的自然人信息，如家庭住址、通信方式、身份证件号码、社交账号、银行账号、健康状况、车牌号码、动产或不动产权属证书编号、工作单位等；未成年人的相关信息，公开成年人相关信息可能推知未成年人的，对该成年人的相关信息应当一并屏蔽；法人以及其他组织的银行账号、车牌号码、动产或不动产权属证书编号、地址；涉及国家秘密、商业秘密、个人隐私的信息及具有保密要求的相关信息；涉及技术调查措施、技术侦查措施的信息；其他不宜公开的内容。

2. 为确保案情叙述的完整性，必须出现相关信息的，可以采用相关代称。例如，反映涉案财产在各账户中流转情况的，可以对银行账号等具体信息使用“甲账户”“乙账户”或者“A 账户”“B 账户”代替。

（三）单位称谓规范

对于办理案件的人民检察院一般不作隐名处理。第一次出现人民检察院名称时应使用全称，下文均使用简称，如某省某市某区人民检察院（以下简称某区检察院）。监察机关、侦查机关、审判机关、行政机关等单位名称按照上述规则表述。因行政区划调整等原因，办案单位名称发生变化的，使用现有的名称，在文中第一次出现时括号标注办案单位原名称。

（四）专业词汇英文缩写的使用规范

对于计算机等领域专业名词一般应当使用规范汉语定义，不使用英文字母缩写。如检例第69号“DDoS攻击”应表述为“分布式拒绝服务攻击”。对于司法解释文件已经使用过的约定俗成的表达方式，如“DNA鉴定”等，可以使用英文字母缩写。

第四节　指导性案例的选评与发布

关于指导性案例的发布，2019年修订的《最高人民检察院关于案例指导工作的规定》第8条、第10条至第13条作出了规范，概括来说，指导性案例的选评与发布程序，要经过素材征集、研究编制、征求意见、案例指导工作委员会讨论、检察委员会审议、检察长签发等几个较为重要的阶段。具体来讲，分为如下几个阶段。

一、确定主题，制定计划

从2020年开始，最高人民检察院改变之前临时征集、发布指导性案例的工作方式，开始实行指导性案例年度计划工作机制。每年年初在充分听取各级人民检察院意见建议的基础上，经最高人民检察院党组研究决定，印发每年度的指导性案例工作计划，明确年度指导性案例主题、责任部门和完成时限，并对做好年度指导性案例工作提出要求。

二、征集案例，选择素材

按照最高人民检察院指导性案例年度工作计划要求，各业务厅会提前发布指导性案例征集通知，由各省级人民检察院对口业务部门负责向本地区各级人民检察院收集、整理和审查指导性案例素材，有的地方为确保推荐案例的质量，也会将推荐案例素材提交本院检察委员会审议后向最高人民检察院推荐。最高人民检察院各业务厅收到推荐案例后，由专人对案例素材进行筛选，确定下一步审查目标。

三、开展评选，初选“苗子”

最高人民检察院各业务厅对筛选后的案例组织开展评选，重点围绕指导性案例标准，结合案例主题进行评选，初步确定素材“苗子”。经初步审查，认为可以作为备选指导性案例的，最高人民检察院各业务厅会通知推荐案例的省级人民检察院报送案件卷宗和相关诉讼文书。在认真审阅相关案件卷宗和诉讼文书的基础上，各业务厅着手对备选案例进行修改完善，进一步提炼案例指导意义和争议问题，确保案例事实证据无误，案件定性准确。

四、研究论证，斟酌修改

最高人民检察院各业务厅对备选案例修改完善后，将备选案例发本业务条线、相关内设机构、有关机关对口业务部门和人大代表、专家学者等征求意见，有的案例还会召开专门的研讨论证会进行研究，结合各方反馈意见，进行进一步修改完善后，提交案例指导工作委员会讨论。

五、提交案例指导工作委员会讨论

2010 年 7 月，最高人民检察院建立案例指导制度，同时成立了案例指导工作委员会。在以往工作中，案例指导工作委员会一般由最高人民检察院分管法律政策研究室的副检察长担任主任委员，最高人民检察院检察委员会专职委员担任副主任委员，最高人民检察院各业务部门主要负责人（厅长）担任委员，有关法学专家担任专家委员。主要负责对指导性案例的筛选、审查、把关等工作。但是，从上述案例指导工作委员会的组成和最高人民检察院检察委员会的组成对比来看，两个环节的组成人员大部分存在交叉的情况，导致案例指导工作委员会审查通过的指导性案例素材一般在检察委员会会议审议时都会得以通过，检察委员会对指导性案例的审查、把关和监督作用不能得以充分发挥。2019 年修订案例指导工作规定时，从节约司法资源和解决上述问题的实际出发，对案例指导工作委员会组成人员与检察委员会组成人员进行了区分。2019 年修订的《最高人民检察院关于案例指导工作的规定》第 9 条规定：“最高人民检察院设立案例指导工作委员会。案例指导工作委员会由最高人民检察院分管法律政策研究室的副检察长、检察委员会专职委员、部分检察厅负责人或者全国检察业务专家以及法学界专家组成。”按照上述规定，最高人民检察院对案例指导工作委员会组成人员作出了调整。调整后的案例指导工作委员会组成人员中，除分管法律政策研究室的副检察长、检察委员会专职委员是检察委员会委员外，其余组成人员均为各业务厅的副厅长或者全国检察业务专家以及法学界专家，组成更具合理性，为切实发挥案例指导工作委员会前置审核把关作用，提高案例质量奠定基础。负责编制指导性案例的业务厅在充分征求和听取各方意见后，认为案例比较成熟且符合备选指导性案例条件的，报分管副检察长同意后，提交案例指导工作委员会讨论。案例指导工作委员会重点对备选案例在事实定性、法律适用、文字表述等方面进行审核把关，提出修改意见。

六、提交检察委员会审议

检察委员会审议是指导性案例制发的必经程序。该程序以前停留在规范性文件层面，2018 年修订的《人民检察院组织法》第 31 条第 2 款正式将该程序上升为法律制度。备选案例经案例指导工作委员会讨论后，经委员研究同意作为备选指导性案例提请检察委员会审议的，负责编发案例的业务厅应当按照案例指导工作委员会的讨论意见对备选指导性案例进行进一步修改完善，送法律政策研究室进行审核后，报检察长决定，提交检察委员会审议。检察委员会审议备选指导性案例时，由具体负责编发案例的业务厅汇报案例研究编制情况，由检察委员会对备选案例进行讨论，重点对备选案例是否体现政治效果、法律效果和社会效果相统一，是否在实体方面和程序方面具有典型性和代表性，是否体现时代特色，贯彻最高人民检察院党组新要求，是否聚焦指控与证明犯罪过程、凸显检察职能作用，是否提炼出可适用的类案规则或者可推广、可复制、有创新的检察工作方法等进行审议，最终作出拟制发指导性案例的决定。

七、审签发布

检察委员会审议通过指导性案例后，负责编发指导性案例的业务厅应当根据检察委员会审议意见进一步修改指导性案例，送法律政策研究室进行法律核稿、统一编号后，报分管副检察长审核，由检察长签发。在此过程中，可能还需要根据实际情况，向全国人民代表大会常务委员会法制工作委员会报告指导性案例及检察委员会讨论情况，听取意见。指导性案例最终应当在《最高人民检察院公报》和最高人民检察院网站公布。同时，为了让人民群众更好地了解、学习检察指导性案例，最高人民检察院也对指导性案例发布方式进行了创新：通过召开新闻发布会，邀请入选案例的承办人和作为检察建议对象的地方行政机关负责人现场讲述办案细节和心得体会的方式发布指导性案例，如2018年第十批和第十三批指导性案例的发布。

第三章　检察指导性案例的适用方法

检察指导性案例的终极价值是应用，检察机关可以通过应用指导性案例来填补成文法的漏洞，获取类似案例的论证思路和裁判方法，达到统一司法尺度、提高办案质效的目的。

第一节　检察指导性案例适用概述

对检察指导性案例适用方法的研究和探讨应以对其基本概念范畴的厘清为基础，本部分遵循“概念—特征—现状—价值—原则”的研究思路，对检察指导性案例的基础性问题进行探讨，为检察指导性案例适用方法的深入研究奠定良好的基础。

一、检察指导性案例适用的概念、特征及现状

（一）检察指导性案例适用的概念

检察指导性案例适用是由“检察”“指导性”“案例”“适用”四个概念组成。“检察”的表述主要是为和最高人民法院发布的指导性案例相区分。“案例”根据《现代汉语词典》的解释，是指“某种案件的例子”。而“案例”置于检察视域下，应指体现与检察机关司法办案、法律监督等检察工作有关的例子。“指导性”从文义分析，一般指具有指点引导的性质。“指导性”作为“案例”的修饰语，体现了案例的范围和层次，即只有经过最高人民检察院遴选、审定、发布的对检察工作具有普遍指导意义的案例才

能称之为指导性案例。“适用”一般指符合客观条件的要求，适合应用。综上所述，检察指导性案例适用是指各级检察机关在司法办案等检察工作中对最高人民检察院发布的具有普遍指导意义的案例在符合一定条件的前提下，应予参照应用的行为，从而达到加强和规范检察机关工作，保障法律统一正确实施、强化法律监督的目的。

（二）检察指导性案例适用的特征

1. 适用主体不限于检察官及检察机关工作人员。《最高人民检察院对关于案例指导工作的规定》规定，各级人民检察院应当参照检察指导性案例办理类似案件，并要求检察官将参照检察指导性案例办理类似案件作为检察办案工作中的一个重要环节，但对于案件当事人、律师及其他诉讼参与人是否应参照检察指导性案例处理案件并未作强制要求，而在司法实践中存在案件当事人、律师及其他诉讼参与人的情形。所以，检察指导性案例的适用主体特征体现为以检察官应当适用为主、其他案件参与人自愿适用为补充。

2. 适用对象是与待办案件存在类似性的检察指导性案例。对于检察指导性案例的适用对象的理解应从以下三个方面入手：一是“类似性”判断，即检察官应按照一定的标准、程序、方法将待办案件与指导性案例进行识别比对，综合判断两者之间是否存在“类似性”。二是检察官参照适用的是检察指导性案例的效力载体即指导性案例中具有指导力的部分或内容，一般是指要旨和指导意义部分。三是检察官适用检察指导性案例的应用方式既可以作“明示援引”，即司法者在办案时直接援引指导性案例作为说理依据，并且在文书中有所体现；也可以作“隐性援引”，即在司法过程中，司法官参照指导性案例进行裁判，指导性案例对司法官产生了实际影响，但在裁判文书中未予以说明。一般而言，在实践中，应以“明示援引”为基本原则，以“隐性援引”为例外。

3. 适用效力刚性有待提升。一是检察指导性案例法律位阶较低。确定指导性案例法律地位的规范性文件系《最高人民检察院关于案例指导工作的规定》，而该规定中要求各级人民检察院应当参照指导性案例办理类似案件，可以引述相关指导性案例进行释法说理，但不得代替法律或者司法解释作为案件处理决定的依据。也就是说，指导性案例仅具有事实上的拘束力，不具有法律上的拘束力，不能突破法典主义成为法律的正式渊源，甚至“准法源”地位也有待商榷，效力位阶明显低于法律和司法解释。二是检察指导性案例适用强制性不强。《最高人民检察院关于案例指导工作的规定》虽然规定各级人民检察院应当参照指导性案例，但没有明确违规不参照行为的后果和应承担的责任，这就在一定程度上影响了“应当参照指导性案例”的实际效力。

（三）检察指导性案例适用的现状

1. 检察指导性案例适用的规范现状。检察指导性案例的适用是具有明确的法律依据和规范指引的。最高人民检察院 2010 年发布《最高人民检察院关于案例指导工作的规定》，标志着检察案例指导制度启动运行，后根据司法实践状况进行了两次修订。2018 年《人民检察院组织法》修订，检察指导性案例正式入法，一方面，为检察指导性案例的发布与应用提供了直接的法律规范依据，另一方面，也是从立法层面对检察案例指导制度司法实践成果的肯定。

2. 检察指导性案例适用的主观条件现状。客观地说，目前广大检察官对检察指导性案例的适用意识不强。随着检察指导性案例工作在我国全面铺开，检察官对于检察指导性案例作用的了解也在不断加深，适用意识逐年增强，但整体来说，检察官主动适用检察指导性案例的意识仍需提升。检察官应充分认识到指导性案例的现实价值和应用需求，转变将指导性案例定位为“学习资料”的错误观念。同时，也要注重理念更新带动行动自觉、行动自觉促成习惯养成。检察机关应积极引导、督促检察官密切关注、及时学习最高人民检察院发布的最新指导性案例，并将指导性案例应用到监督办案中，明示援引到法律文书里作为释法说理的依据。

3. 检察指导性案例适用的客观条件现状。检察官适用检察指导性案例的客观条件仍需进一步完善。一是完善检察指导性案例类似性识别技术。检察官应用指导性案例的前提是其所办理的案件与指导性案例之间存在类似性，所以类似性的识别技术至关重要，包括类似性的概念界定、判定标准、判定程序等，需要进一步完善识别技术理论体系、操作体系及应用方法，提升检察指导性案例的识别效果。二是进一步完善检察指导性案例明示援引技术。相对而言，隐性援引因无须将检察指导性案例体现在法律文书中，所以在援引方面无须过多的技术要求。但对于明示援引而言，在何种法律文书中可以明示援引、在法律文书的哪个部分可以明示援引、明示援引指导性案例中的哪个部分、是否在明示援引中表述指导性案例的发布日期、编号等援引细节都需要明确的规定和具体的指引，所以需要检察机关构建清晰明确的指导性案例明示援引技术体系。

二、检察指导性案例适用的价值功能

（一）有助于统一法律适用标准，维护司法公正

我国是成文法国家，检察官对于案件的处理在很大程度上依赖于其对法律条文的理解，而法律条文一般呈现为高度概括的抽象状态，每个检察官的知识背景、人生阅历均不相同，所以在司法办案过程中难免会出现不同检察官对同一法律条文作不同的理解，进而出现“同案不同办”或者“类案不类办”的现象。而这一现象会伤害普通民众最朴素的正义感，伤害其原始的法情感，进而对司法公正性产生质疑。而检察指导性案例的适用是一种从具体到具体的方法，使较为原则的法律规范得以具体化、明确化，通过指导性案例的标杆作用为类似案件的处理提供直观、具体的参照标准，检察官对于参照指导性案例办理的案件，应在援引法律规范上与指导性案例保持相容，不能援引与指导性案例所援引法律规范相悖或相反的法律规范进行办案。对规范的理解和认识亦应与指导性案例保持一致，不得随意

作出与指导性案例援引规范认识相悖的理解。所以，检察指导性案例的适用对于统一司法尺度和法律适用标准，实现“同案同办”“类案类办”，化解社会矛盾，并以此为抓手使检察机关在履职中满足人民群众公平正义的需求、推进国家治理体系和治理能力现代化发挥积极的作用。

（二）有利于提升检察官职业素养，提高办案质效

检察官适用检察指导性案例有利于提升检察官总结、积累参照案例解决实践疑难问题的意识和思维，增强综合分析判断能力和释法说理能力，提升执法办案水平。一是检察指导性案例的适用有利于提升检察官的办案能力。检察官在办案过程中适用检察指导性案例，除具备一般办案应具备的证据审查能力、法律适用能力外，对逻辑推理能力、法律论证能力等都提出了更高的要求，进而促进检察官办案能力的全面提升。二是检察指导性案例的适用有利于提升检察官的履职能力。检察指导性案例往往是社会影响大、办案效果好的检察案例，检察官在参照适用检察指导性案例办理案件时，应注重对指导性案例取得良好政治效果、法律效果、社会效果的原因进行分析，结合具体情况在检察办案中通过参照适用检察指导性案例进一步实现“三个效果”相统一，跳出“就案办案”“机械司法”的误区。三是检察指导性案例的适用有利于提升检察官的公关能力。检察官适用检察指导性案例作为释法说理的依据，一方面，可以弥补成文法滞后抽象的缺陷，对于新问题、新情况给予及时灵活、针对性强的司法回应，提高人民群众对司法活动的满意度；另一方面，适用检察指导性案例释法说理的过程也是提高人民群众法律素养的过程，可以帮助人民群众更好地了解维护自身权利的法律途径和防范措施，增强学法、尊法、守法、用法意识，提高检察群众普法工作的质效。

（三）有利于完善法律方法体系，促进检察理论发展

法律方法是司法过程中适用法律的方法，是一个包含了众多具体法律方法的开放体系。众所周知，成文法国家与判例法国家因法律形式的差异

形成了各具特色的法律方法。一般而言，成文法国家法律方法基本上都是围绕成文法展开的，如法律解释中的文义解释、目的解释、体系解释、历史解释等具体方法，都以成文的法律为存在和发挥作用的基础。而判例法国家的法律方法主要围绕判例形成，如法律发现、区别技术等方法，都具有鲜明的判例色彩。但随着两大法系彼此借鉴融合的趋势，判例法的法律方法也逐渐被成文法国家所重视、借鉴。检察案例指导制度正是对判例法有关方法的引鉴。检察指导性案例适用方法是检察官通过将待办案件与检察指导性案例进行类似性识别，进而参照检察指导性案例办理案件的方法和技巧，其中类比推理思维及一些具体的类似性比对技巧等具有明显的借鉴判例法司法方法的意味。这些方法的借鉴丰富了我国法律方法的体系。与此相应的是，具体方法的丰富必然引起方法相关的理论研究的发展。检察机关针对检察指导性案例的理论研究也呈现出蓬勃之态，案例研究成为检察调研与理论研究工作的重点方向。

三、检察指导性案例适用的基本原则

（一）检察指导性案例适用的谦抑性原则

虽然《最高人民检察院关于案例指导工作的规定》中明确要求，检察官在处理类似案件时要求“应当参照”检察指导性案例，但检察指导性案例并不具有“造法”功能，不是法律渊源，其更多的价值是对法律进行的一种解释。因此，检察指导性案例适用应尊重成文法，不能突破成文法的规定，要遵循谦抑原则。谦抑原则的具体内容为，检察官在办理案件时应充分尊重成文法的规定，遇到待决法律问题应首先从法律法规、司法解释等中寻求解决路径，如果法律法规、司法解释有明确规定，应遵从其规定，没有适用检察指导性案例的必要。检察官在适用检察指导性案例时，应先进行体系校验，即判断适用的检察指导性案例是否与其他存在一定关联性的法律、司法解释存在一定的矛盾、冲突，如果存在则一般不应予以适用，除非相关联的法律、司法解释的内容明显陈旧过时，基于法治与时俱进的要求也应允许在先进司法理念的指导下作出新的、符合立法宗旨的检察指导性案例。在经过体系校验、“类似性”识别等程序后，检察官可以在对待办案件适用检察指导性案例，但检察指导性案例也只能作为待办案件释法说理的依据，而不宜作为案件裁判的直接依据。

（二）检察指导性案例适用的客观性原则

检察官在适用检察指导性案例时，应客观适用检察指导性案例，确保真实适用、实质适用、适用到位。一是检察官应确保检察指导性案例适用的真实度。检察官应将检察指导性案例与待办案件的“类似性”进行全面、客观的判断，案例的案件事实和法律关系应结合其原有文书在还原其真实的语境下更好理解适用，要对“类似性”的判断过程、结果产生进行充分的论证，不能为了应用指导性案例而降低“类似性”的评判标准，或者对“类似性”进行扩大解释，防止指导性案例适用出现“主观随意主义”。二是检察官应确保检察指导性案例适用不流于形式。检察官适用检察指导性案例不能仅停留在形式化的层面，并不是说在检察文书中出现检察指导性案例的表述即为对检察指导性案例的适用，适用的实质在于将指导性案例中的办案精神和提炼的规则适用到待办案件的处理过程中。要防止流于形式的机械应用，更不能为了片面追求检察指导性案例适用率的提升或者完成相关考核机制而形式化应用。三是检察官应确保检察指导性案例适用到位。多数的检察官在适用检察指导性案例时比较认同隐性援引指导性案例的方式。隐性援引确实在一定程度上可以规避决策风险，但隐性援引的方式无法明示检察指导性案例的存在和意义，降低了检察指导性案例的“出镜率”，也降低了检察指导性案例的价值在更大范围内的传播，直接影响检察案例指导制度适用的实际效果。所以，对于检察指导性案例的适用应倡导明示援引，当然现阶段也可以明示援引为主、隐性援引为辅的方式进行过渡。

（三）检察指导性案例适用的强制性原则

检察指导性案例虽然不具备法律意义上的强制约束力，但其在实践过程中的“应当参照”为其提供了事实意义上的约束力，确立强制性适用原则即是对其事实约束力的具体化和详细化。检察指导性案例适用的强制性原则要求检察官在办案时附随对检察指导性案例的强制注意义务，以及在适用过程中的应当参照和排除适用的报告化义务。一是强制注意义务。检察指导性案例如想充分发挥其效能，单纯依靠检察官的自觉适用是不行的，必须附随强制的注意义务，这是“应当参照”的实现方式。检察官在办理案件过程中应在检索相关法律或者司法解释的同时，也必须主动发现并将在办案件与关联指导性案例进行比对识别，如果符合“类似性”标准，应当参照且引用指导性案例并作为释法说理的重要支撑。也就是说，通过设置检察官强制注意义务，使其在办理案件的过程中为内心设立一道发现、识别、比对、引用指导性案例的前置程序。二是强制报告义务。《最高人民检察院关于案例指导工作的规定》第 15 条第 2 款规定，各级人民检察院检察委员会审议案件时，承办检察官应当报告有无类似指导性案例，并说明参照适用情况。也就是说，对于提请检察委员会讨论的案件，检察官必须报告检察指导性案例的适用情况，以检察委员会程序来提升检察指导性案例的适用强制力。三是排除适用说明义务。检察官在办案过程中对符合适用条件的检察指导性案例未予适用，或者严重背离检察指导性案例的价值取向进行适用，需要在相应的法律文书中说明理由，若检察官恶意排除适用，且造成案件错误处理需承担相应的办案责任。若检察官善意排除适用，应当报本院检察委员会进行审议，检察委员会经审议决定结合在办案件的核心事实要素确须背离指导性案例的，应当直接上报至最高人民检察院，由最高人民检察院进行审核并作出答复。

第二节　案例库建设

在新一轮的科技革命中，大数据、人工智能与各领域的融合发展已经成为不可阻挡的时代潮流。所以为提升检察指导性案例的适用效果，应让检察指导性案例适用也插上科技的翅膀，应积极构建“业务主导、数据整合、技术支撑、重在应用”的检察指导性案例适用智能辅助系统。而在这方面，上海检察机关已经作出了积极探索和实践，现将具体成果介绍如下。

一、整合建立案例数据库

针对当前案例查询渠道众多且乱的情形，检察机关应当以新发展理念为指导，积极利用信息网络技术，建设智能化的检察案例数据库，并对案例库内的案例进行梳理。全国检察系统案例库的建立可考虑分阶段执行，具体如下。

第一个阶段，建立省级检察案例数据库。数据库内应包括最高人民法院发布的指导性案例，最高人民检察院发布的指导性案例和典型案例，最高人民检察院内设业务部门发布的典型案例。本省级院及其内设业务部门和本省地市级院发布的典型案例。

第二个阶段，最高人民检察院建立总的案例数据库。最高人民检察院案例数据库的功能主要是汇总各省级检察库链接，让各省级院案例数据库之间做到互联互通，通过最高人民检察院案例数据库链接，可以查询各省检察数据库案例。同时，最高人民检察院应及时会同各省级院分别对各数据库案例梳理、发现和妥善解决各入库案例与国家法律法规、司法解释或者其他入库案例之间存在的矛盾或者不协调之处，及时废止和定期清理已经失效或者年代久远已无指导效用的案例，确保检察案例数据库的健康和活力。最为关键的是，各省级院在建设案例库时，要尤其注重对拟入库案例的发布背景和相关法律、司法解释及规范性文件进行梳理，提取每个案例的关键词和规则，不能只是单纯将案例的文书纳入。

目前，上海检察机关案例数据库正在市检察院研究室的指导下，由杨浦区检察院在建，整合了“两高”指导性案例、公报案例、典型案例，上海市人民检察院、高级人民法院对本市司法办案有重要参考意义的案例，引发社会广泛关注的或者具有引领性、影响性作用的境内外案例等，建立案例数据库。并根据案例的发布层级和影响性，将案例划分为不同的效力层级，效力层级分为一星级至五星级，五星级案例应当参照适用，其他案例一般应予参考适用。并对案例进行深层解构，全面梳理案例的发布背景和相关法律、司法解释及规范性文件，从案例的法律适用、办案方法和办案理念三个方面提取案例的关键词和规则，形成“案由—案例主题—关键词—规则”四层级解构表格的知识图谱，并运用系统技术形成检索图谱。

二、研发司法案例智能检索系统

如果说案例数据库的建立是案例运用的基础，那么案例智能检索系统则是开启案例运用的“钥匙”。案例的运用要充分依靠大数据、云计算等信息化手段，研发案例检索系统，实现案例快捷检索、类案推送、结果比对、数据分析、裁判文书提取、办案瑕疵提示等智能化办案辅助功能，并将检索系统嵌入办案流程，以便实现检索查询的便捷。杨浦区检察院在上海市检察院的指导下，研发“司法案例智能检索系统”——“i-CASE”系统，并于2020年11月23日在上海市杨浦区检察院投入使用。试运行的“i-CASE”系统秉持“以办案体验为导向，以信息化技术为辅助”的研发设计理念，并将其嵌入办案流程，在办案系统中形成案例推送阶梯化格局和多层次的案例参考体系。该系统设置以下核心功能：首先是强制检索功能。办案人员将案件审查报告导入系统，系统对报告进行扫描后与案例库进行匹配，推送具有一定关联度的案例，关联度根据报告所匹配的关键词层级予以设定。根据设定的案件等级，办案人员必须查看并参照或者可以参照，对于应当参照而未参照的情况应说明理由。其次是自主检索功能。办案人员自发地进行案例检索，是强制检索的有益补充，提供较为全面的办案、研究参考，对是否参照适用推送案例不作强制性要求。检索方式又分为全文检索和图谱检索。全文检索通过输入任意关键词，或排除任意关键词，对系统案例库中的所有案例进行全文搜索，形成检索结果。图谱检索，通过输入任意关键词，或点击常备热词，形成可视化、体系化的检索结果，以知识图谱方式显示关键词的上、下级结构关系，作出更为全面的总结，提供更有深度的学习资料。最后是记录留存功能。为便于后期梳理分析、经验总结和优化升级，系统按照案例检索数据、五星级指导性案例适用率、其他等级案例参照率等情况进行统计，形成可视化数据分析，并将所有案件导入专门的数据库。

三、利用大数据抓取案例指导核心

针对指导性案例、典型案例内容简洁，尤其是要旨、指导意义表述抽象，不便于参照适用等问题，研发团队认识到案例具有指导作用的部分不只是在要旨、指导意义部分，案例的“关键词”“要旨”“基本案情”“诉讼过程或检察机关履职过程”“指导意义”等均具有指导意义，要综合全案对案例进行解析，并将解析后的指导性案例、典型案例上传“i-CASE”系统，系统后台通过大数据对案例规则进行抓取，形成每个案例的特有检索图谱，精准推送。从上海市检察机关司法案例研究基地的实践来看，对案例全文深度解析十分必要。通过对案例全文的深度解析，将案例中蕴含的办案规则、办案理念等转化为计算机可识别、可处理的数据集合，以便实现对案例检索、比对和适用的便捷化、精准化。基地对案例深度解析的基本方法，主要是从事实认定、法律适用、证据审查和司法理念等方面对案例进行全文批注，进而提炼关键词，形成“案由—案例主题—关键词—规则”四层级解构表格，依托知识图谱四元素，实现大数据抓取案例的精准化匹配、精细化推送。第一层级——案由。刑事检察类案例以案由作为第一层级，若涉及多个罪名，则均提取这些罪名作为第一层级。民事检察类、行政检察类案例分别依据《民事案件案由规定》《关于行政案件案由的暂行规定》等规范性文件确定案由。公益诉讼检察类案例则以案例本身采用的案由作为第一层级。第二层级——案例主题。第二层级案例主题优先采用该批指导性案例的共同主题，如“正当防卫”；若该批案例主题的概念较大，无法准确概括每个案例反映的内容，则应根据每个案例的具体内容分别确定主题。第三层级——关键词。关键词是指导性案例体现的事实认定、法律适用、证据审查、司法理念的概括总结，参照案例的关键词、指导意义来确定。如第十二批指导性案例（于海明正当防卫案），案由为“故意伤害”，主题为“正当防卫”，关键词为“行凶”“正在进行”“撤销案件”“民间矛盾”。第四层级——规则、原则。规则是指导性案例中关于事实认定、法律适用、证据审查、司法认定的规则和司法理念、原则。此外，在归纳抽象关键词的过程中，必须考虑检察官在书写审查报告时的语言习惯，尽量符合检察机关办案的语言风格。

四、案例库建设的基本保障

（一）强化检察指导性案例的效力

检察指导性案例的适用效果不佳的一个重要原因就是其效力柔性有余、刚性不足，所以应增强检察指导性案例的刚性，赋予其强制约束力。一是具有类案指导性的司法解释发布时可在条文后附加指导性案例，增强案例和司法解释的关联度。二是2010年制定的《最高人民检察院对关于案例指导工作的规定》设置了案例指导工作的协调机制，并在此后的两次修订后仍予以保留，这表明了最高人民检察院一直坚持凝聚合力开展检察指导性案例工作的立场，但目前为止，尚未有与其他机关联合发布指导性案例的例子。最高人民检察院应充分借鉴与最高人民法院联合发布典型案例的经验，积极探索联合发布指导性案例的方法路径，以法检双方互认来全面强化检察指导性案例的法律效力。

（二）充足检察指导性案例的供给

一是扩大检察指导性案例的覆盖面，增加检察指导性案例的数量。现有的检察指导性案例主要集中在刑事案件领域，且案例数量与案件数量明显不成正比，所以一方面应继续深挖刑事检察指导性案例的来源，扩充刑事检察指导性案例的数量，另一方面应提高民事、行政、检察公益诉讼指导性案例的发布力度。新时代检察机关重塑法律监督职权，构建“四大检察”监督格局，民事、行政、检察公益诉讼占据三席之地，但指导性案例检察的数量和类型都极为有限，所以应强化民事、行政、检察公益诉讼指导性案例的报送、遴选工作，增加民事、行政、检察公益诉讼指导性案例的数量，不断拓宽指导性案例的业务覆盖面。二是完善指导性案例的培育、报送、发布制度，提高指导性案例的产出效率。各级检察机关应推行“指导性案例培育”机制，在受理案件时，就对案件进行审查和筛选，对符合指导性案例条件的案件进行有规划、有针对性的培育，保证案件的办理过程也是指导性案例的培育过程，案件审结指导性案例也随之形成。同时，各级检察机关也要密切配合，市级检察院要做好指导性案例的初级筛选推荐报送工作，省级检察院要做好指导性案例的甄选推荐工作，最高人民检察院要做好指导性案例的审核评估发布工作，以高效流水线的方式提高指导性案例的发布频率。在检察指导性案例的推荐主体上也可以做一定的创新性探索，如将检察指导性案例的推荐主体由检察机关单一主体拓展到政协委员、人大代表、专家学者、律师等社会主体，进而提高检察指导性案例的民众认知度和信赖度。当然，该工作的推进是以检务公开工作的质效为基础的。三是增加规则产出能力强的指导案例，提升指导性案例的整体质量。如果指导性案例的重点在于重申法律、法规、司法解释，那么它对于司法实践的作用极其有限，员额检察官的参照热情自然会很低。所以应加大补充法律漏洞型、法律解释型、疑难复杂型等类型指导性案例的数量，提高指导性案例的规则输出量，让指导性案例充分发挥指导作用，让员额检察官自觉将指导性案例纳入其办案参考的规则“百宝箱”。同时应注意指导性案例的编撰方式，要在指导性案例撰写时注重提炼和标注案件的核心事实、争议焦点等体现法律适用理由的要素，并在指导性案例后附相关的法律文书，以便更便捷、全面地了解指导性案例，为指导性案例的识别与援引创造优良条件。

第三节　检察指导性案例检索方法与技巧

在检察办案中应该如何检索检察指导性案例是与每个检察官办案都密切相关的重要问题，也是案例指导制度是否真正服务于司法实践所必须回答的问题。本节按“检索的方法论（逻辑方法）—检索的具体方法”的逻辑结构，并且结合相关理论与实例，从实操的角度上，详细介绍检察指导性案例的具体检索适用方法和技巧。

一、检察指导性案例检索适用的逻辑方法

（一）演绎推理在检察指导性案例检索适用过程中的作用与价值

1. 演绎推理的概念及特征。演绎推理是逻辑学上的一种重要的形式推理方法，常被表述为由一般到特殊的推理，其中较为重要的是三段论推理，即所有的 A 都是 C，B 是 A 的一种形态，则 A 是 C。三段论推理对推理的前提有一定的要求：其一，大前提应当是抽象性命题；其二，小前提应当是大前提的一个具体事例；其三，大小前提应当是确定的。将逻辑三段论运用到司法工作领域就形成了司法三段论，因此三段论演绎推理被赋予法律方法的属性。其主要特点表现在以下方面。

一是三段论演绎推理是成文法国家最主要的法律推理方式。法律条文的抽象、确定、规范性特点直接满足了三段论演绎推理的“大前提”条件，“大前提”确定的便捷性在一定程度上促进了检察官更直接主动选择三段论演绎推理方式，检察官的目光在法律规范和法律事实之间“流连往返”，努力在法律与事实之间建立大前提对小前提的涵摄关系。同时，三段论演绎推理的强确定性带入司法，极大地满足了公众对司法行为确定性和可预见性的追求。所以，三段论演绎推理模式备受成文法国家司法领域的重视。

二是三段论演绎推理可以保证形式有效性，但对结果实质有效性的关注不够。三段论演绎推理的有效性源于命题内容间的必然联系，而与命题内容的真伪并无关联，所以三段论演绎推理能提供毫无争议的形式有效性，但却也仅限于提供形式有效性，其无法保证推理结果必然符合实质正义的要求，这也是三段论演绎推理受到诟病的原因。同时，由于法律的抽象、不周延性等固有缺陷，导致其对一些具体案件事实的涵摄关系难以建立，使得由一般到特殊的演绎推理过程无法推进。因此，需要一种从特殊到特殊的推理方式来补救三段论演绎推理的不足。

2. 演绎推理对检察指导性案例检索适用的作用论证。三段论演绎推理在检察指导性案例适用中仍处于法律推理方式的基本地位。在我国司法活动中，演绎推理的基本地位是由我国制定法基本地位决定的。我国主要、正式的法律渊源依旧是法律、司法解释等，检察指导性案例未获得正式的法律渊源或者准法律渊源的地位，所以检察官办理任何案件都必须从成文法律中寻找裁判依据。这就意味着检察办案活动的基本思路仍是演绎性的，即从已经制定的法律、司法解释中寻找裁判依据。而检察指导性案例的作用发挥仍需依附于法律、司法解释，并不具备独立性特质。这意味着我国指导性案例的作用是辅助性的，而非补充性的。辅助性是帮助检察官理解法律、更为准确地适用法律，补充性则是在法律空白的地方填补漏洞。指导性案例无法填补法律漏洞，这与法德等大陆法系国家在坚持成文法主体地位的同时，赋予其判例独立造法功能有所不同。因此，在我国目前的法律体制中，即使在检察指导性案例适用的场合，三段论演绎推理仍然是整个检察办案活动的基本推理逻辑，检察办案过程仍是将具体的案件事实置于法律规范的构成要件下，并据此得出结论的三段论演绎推理过程。

（二）类比推理在检察指导性案例检索适用过程中的作用与价值

1. 类比推理的概念及特点。类比推理是判例法国家在司法活动中广为适用的逻辑推理方法，被视为司法推理的“心脏”，其基本含义为通过对已知事物和未知事物的类似性判断，得出已知事物的规则可以映射到具有类似性的未知事物上的结论，即 A 具有 a、b 等特征，适用 C 规则，B 具有 a、b 等特征，B 也可适用 C 规则。与演绎推理相比，类比推理是一种间接推理方式，推理结论的正确性依赖于“类似性”判断的正确性，这就导致了类比推理有如下三个特点：一是类比推理的核心点是“类似性”的判断。这就要求用以类比的两个事物应具备较多的相同属性，且相同属性与通过相关属性推导出的新属性之间应具有一定关联性，相同属性越多，已有的相同属性与新属性间关联性越高，“类似性”的判断才能越精准。二是类比推理的结论是或然的。两类事物类似的原因既可能是必然的也可能是偶然的，类比推理不探求类似属性间的本质联系，因此，所推出的结论未必是真实的。当其前提为真时，结论可能为真也可能为假。三是类比推理适用的效果对适用者素质的依赖程度较高。由于适用者知识水平、逻辑能力、责任意识等方面的不同，所以对于同一种情况下“类似性”的判断也会呈现出多角度多层次精准对比和简单表面化比对两种不同状态，而适用者对“类似性”判断的不同状态会对类比推理结果造成不同的影响。

2. 类比推理对检察指导性案例检索适用的作用论证。检察指导性案例适用虽然坚持演绎推理的基本地位，但在我国严格依“法”裁判的检察办案过程中，检察指导性案例无法通过三段论演绎推理介入另一案件的司法程序。其原因在于，通过演绎推理进入司法程序的途径有二，即大前提和小前提。显然，指导性案例不可能成为小前提，但指导性案例也无法满足演绎推理对大前提的要求，即不具有规范性、抽象性的特征。而类比推理是我国检察指导性案例得以进入另一案件司法程序在方法上的依据和途径。类比推理在法律适用中有如下独特的价值和作用。

一是有利于提高法律监督效率。检察官如果可以正确使用和驾驭类比推理方法，可以省去事实论证、法律检索及演绎等通常三段论演绎推理所需要的步骤而直接推导出可接受的结论，极大提高办案的效率。二是可以为新类型案件的办理提供有效指引。类比推理某种程度上是在借鉴之前的案件处理方法，当遇到新类型的案件时，若有科学指引，则可避免走弯路。同时亦可借鉴之前案件的处理结果，得出更为合理的结论，避免冤假错案。三是为案件的公正处理提供助力。首先，类比推理是一种从特殊到特殊的推理，具有一定的针对性和具体性，能够充分考虑到个案的差别，克服制定法因太过抽象而可能损害个案公正的缺陷。其次，类比推理可以实现类似案件得到类似处理，避免"同案不同办"的现象出现，可以提高民众对司法的信任和信仰。最后，类比推理有助于案件处理"三个效果"的统一。类比推理通过分析类似检察指导性案例已取得的良好政治效果、法律效果、社会效果，可以预测适用类比案例可能带来的政治影响和社会影响，促进"三个效果"的有机统一。

（三）演绎推理和类比推理在检察指导性检索案例适用中的关系

综上，演绎推理和类比推理都是检察指导性案例检索适用的主要逻辑方法，而在我国制定法的背景下，检察指导性案例的适用仍需依附于成文法发挥作用，检察指导性案例是作为释法说理的依据，而案件的裁判依据是要从成文法中寻求的，所以相较于演绎推理而言，类比推理只是辅助性的推理方法，处于为确定演绎推理大前提服务的从属地位。也就是说，类比推理适宜进行案情比对，从个别到个别的比对，能更好地把握事物细微属性之间的关联性，演绎推理则能从整体把握得出最终结论，并有效保证结论的正确性。因此，检察指导性案例应用过程中类比推理的运用只是得出结论的一部分，运用类比推理一方面可以快速确定待决案件与指导性案例之间是否具有相似性，另一方面可以检验与已经形成的内心判断之间是否存在差异，其归根结底在于对法律适用的规范查找和对比确认，最终通过演绎推理的方式得出确切结论。由此可知，检察指导性案例适用的逻辑推理机制是以类比推理为辅助的演绎推理。

二、检察指导性案例检索适用的具体方法与步骤

（一）初级检索

初级检索是适用检察指导性案例的初始阶段。检索的基本内涵是办案检察官在办理案件时，依托检答网等检察指导性案例检索平台，按照一定的规则和方法全面系统梳理与在办案件具有关联性的检察指导性案例，为识别、参照等检察指导性案例适用后续环节打下良好的基础。检索实际上就是要实现对检察指导性案例的初步筛查。而检索的具体方法可以包括但不限于以下几种。

一是据法寻例。检察官在办理案件时的一般步骤是通过查阅卷宗，审查案件的基本事实和证据情况，在对案件事实和证据进行梳理总结分析后，会在内心深处形成一个初步的处理意见，然后通过自身的职业素养和经验去寻找成文法的规定来校验和支持自己的判断。在确定成文法法条后，如果有明确具体的法律、司法解释，那么检察官只需要运用三段论式演绎推理，无须参照检察指导性案例。但也存在法律规定较为抽象、模糊，自由裁量权较大或者对于新类型案件法条的理解适用存在疑惑的情况，这就需要适用检察指导性案例。而在这种情况下可以采取据法寻例的方法，即根据检察官拟适用的法条，查找到与法条配套的检察指导性案例，根据检察指导性案例的要旨、指导意义等内容作为办理案件的重要参考。例如，检察官在办理涉正当防卫案件时，通过审查事实和证据初步判断行为人应属

于《刑法》第 20 条规定的正当防卫行为，但由于《刑法》条文对于正当防卫的规定较为抽象、笼统，对于具体防卫时间、限度等关键条件的判断存在一定的难度和疑虑，那么可以通过检索 2018 年发布的第十二批指导性案例（正当防卫指导性案例）寻找判断正当防卫的方式方法，并将正当防卫检察指导性案例的内容作为释法说理的依据。

二是据点寻例。检察官在办理具体案件时，也可以根据对案件事实的梳理直接寻找可以参照的检察指导性案例，这时就需要采用案由这一在办案件的关键点来检索与在办案件具有关联性的检察指导性案例。一般来说，检察指导性案例的标题、关键字都会涉及案由，如检例第 38 号“董亮等四人诈骗案”，其标题就是对案件案由的提炼，而“诈骗”也是该检察指导性案例的关键词，也载明了案由，所以通过案由可以检索到与在办案件具有关联性的检察指导性案例。同时也可以直接检索检察指导性案例的关键词来查找适合的检察指导性案例。关键词是作出指导性案例的主体对于案例的总结，是对于案情和案件适用制度的高度总结，其不同于案例正文中出现的高频词，需综合案件争议内容、法律适用难点、检察工作经验等因素概括提炼，既可以选用标题、要旨、指导意义等各部分中已有的词或词组，也可以适当概括和提炼，不必完全使用原词。如检例第 107 号“唐某等人聚众斗殴案”的关键词是“聚众斗殴”“违法监督管理规定”“撤销附条件不起诉”“提起公诉”，这些关键词体现了案由和法律规则的适用，检察官在办案的过程中如果遇到相关案由的案件，在寻找法律无果或者对某些规则适用存在疑惑的情况下，可以根据检察指导性案例的关键词，寻找相关法律规则的理解与适用方法，从而实现准确的法律适用。

三是类型化筛选。最高人民检察院在发布检察指导性案例时会对发布的案例要点进行归纳总结，如第二十二批指导性案例的主题是“检察机关适用认罪认罚从宽制度”，这就是最高人民检察院的案例类型化过程。检察官在检索检察指导性案例时，也可以采取这种类型化模式，即根据办案需要将最高人民检察院已经发布的指导性案例进行分门别类的整理，如将检察指导性案例按照“刑事案件—职务犯罪—贪污—犯罪数额”这种层次模式来进行分类整理，形成适合自己办案的检察指导性案例库。检察官在办理具体案件时，可以根据案件的主要事实，梳理案件的特点和焦点，将在办案件进行解剖，包括案件性质（如刑事、民事、行政、公益诉讼等）、案件涉及的法律关系（如刑事罪名等）、案件处理的重要细节（如犯罪数额、自首、立功等量刑情节），形成“类型化”案件，然后再根据案件的类型化结果，与检察指导性案例的类型模式进行逐一的比对筛选，查找到目标案例。我国检察机构改革后，检察官办理的案件已经趋于类型化，这为同类型的检察指导性案例进行集中研究提供了可能性，而且对检察指导性案例类型化，有利于监督检察指导性案例的适用情况，对于某些在办案件应当适用检察指导性案例而未援引的，可以根据分类结果，直接查找出来，从而很容易判断在办案件是否应当援引检察指导性案例，以此方法督促检察官积极适用检察指导性案例。但是这种类型化的方式需要检察官对检察指导性案例进行深入且持续的研究，对于检察官而言，是很大的挑战和很高的要求。

综上，检索检察指导性案例只是检察指导性案例适用的初步指引和筛查，是否可以适用该检察指导性案例还须进一步进行“类似性”的识别和判断。

（二）高级检索——识别

经过检察指导性案例的初级检索阶段后，一般而言，检察官可以找到可作为释法说理依据的一定数量的检察指导性案例，这些检察指导性案例都可以作为待援引案例。但是仅仅找出案例还不够，还需要判断在办案件和检察指导性案例之间是否存在“类似性”，而这种“类似性”的判断就是识别。识别是适用检察指导性案例的关键环节，其处于检察指导性案例适用工作的核心地位。这种“类似性”的识别主要依靠的是类比推理的方法，具体分为如下两个步骤：

一是关键事实“类似性”识别。案件事实是案件之间类似的形式载体，在情节复杂、具有较大争议的案件中，确定在办案件与检察指导性案例之间的案件事实是否具有“类似性”就是类比推理识别过程的首要步骤。检察官应将在办案件涉及的所有案件事实进行梳理，但一个案件不可能只有一个事实，而总是由一系列主客观事实所构成，判断案件事实的相似性不可能也没有必要对所有的案件事实都进行“类似性”比对。所以需要检察官从案件事实中提炼出关键事实，并识别判断关键事实是否与待援引检察指导性案例之间存在“类似性”。关键事实是指对案件结论得出有决定性作用、实质性意义的事实，关键事实是判断案件类似的根本比对点，它关系到检察指导性案例的裁判结论在何种事实条件下可以且应当被适用，对检察指导性案例正确适用起到根本作用。检察官应从纷繁复杂的基本案情中梳理、总结案件的事实要素、法律要素，运用法律逻辑和方法来寻找那些对案件的走向起决定性作用的要素，进而筛选提炼出关键事实。在识别关键事实时需要注意以下两个问题：第一，一个案件由诸多的事实构成，首先有法律事实和非法律事实之分。法律事实对具体个案中的裁判结论起着直接的作用，关键事实存在于法律事实之中，是法律事实的精髓。第二，一个案件中存在诸多的法律事实。法律事实分为关键事实和非关键事实，而裁判依据是依照关键事实作出的，因此，关键事实是案件的核心。将从在办案件和检察指导性案例中提炼出来的关键事实进行全面客观的比对，既要注重主体、客体等个体要素的比对，也要注重事实整体情况的比对，在识别比对过程中要尽可能多方面地列举类似点，而对于类似点的理解要符合文义解释的基本要求。当检察官可以判断在办案件关键事实与待援引检察指导性案例从整体到细节均存在类似点，而非关键事实的不同不足以推翻已有的识别判断结论，即当类似点以绝对优势压倒差异点时，则可以认定在办案件与待援引检察指导性案例之间存在“类似性”。需要注意的是，所谓的“绝对优势”并不是指类似点的数量远超过差异点的数量，而是指类似点对于裁判结果的实际影响远远超过差异点，也就是说“绝对优势”的判断是一种价值判断，而非数量判断。

例如，经提炼，检例第46号“朱凤山故意伤害（防卫过当）案”的关键事实为：A. 民间纠纷；B. 被害人非法闯入住宅；C. 被害人与被告人扭打；D. 致被害人死亡。而在办案件的关键事实为：a. 民间纠纷；b. 被害人非法闯入住宅；c. 被害人与被告人扭打；d. 致被害人轻伤。综合比对结果：在办案件与检例第46号高度相似，A、B、C与a、b、c三个关键事实均相类似，D事实与d事实虽有不同，但对防卫性质没有实质影响。指导性案例中致被害人死亡的行为被认定为“防卫过当”，在办案件中行为人只是导致了被害人轻伤的后果，“举重以明轻”，应当认定为“正当防卫”。经识别判断，可以认定在办案件与检例第46号存在“类似性”，检例第46号能够作为在办理案件时的参照基准案例。

二是区分点识别。由于类比推理的结论具有或然性的特点，所以对于经类比推理得出的结论应保持高度审慎的态度，除了从正面对在办案件与检察指导性案例的类似性进行比对，还需要使用案例区别技术作为辅助判断方法，从反面对关键事实进行区分识别。所谓区别技术，实际上就是在司法过程中对不同情形下各种相关或类似的因素进行区分，以找出其中的差别，并在法律上区别对待，得出不同的结论。区别技术对检察指导性案例适用的核心价值在于寻找关键事实的差异点。作为性质相近的两个案件，多多少少总是会有一些相同或相似的，如果仅从正面寻找相似点，则很容易出现“机械类比”的错误。只有同时从反面进行区分识别才能增强适用的可靠性。

例如，检例第42号“齐某强奸、猥亵儿童案”的关键事实可以抽象为：A. 齐某的身份为被害人班主任；B. 齐某利用其身份多次强奸、猥亵多名其班上的学生；C. 被害人均系未满14周岁的幼女；D. 齐某强奸猥亵的场所为学校办公室、教室、女生集体宿舍。如果案件事实发生了变化：a. 齐某的身份为被害人班主任；b. 齐某利用其身份强奸、猥亵一名其班上的学生一次；c. 被害人系已满 14 周岁；d. 齐某强奸猥亵的场所为其家中。如果检察官在办的强奸猥亵案件中存在 b、c、d 要素中的任何一个要素，则应认定在办案件与检例第 42 号存在关键事实的差异性，应综合考量是否应排除适用该指导性案例。

因此，案例区别技术与类比推理共同构成完整的案例指导制度法律推理方法。当检察指导性案例与在办案件以相似性为主要时，主要适用类比推理；当二者之间存在着差异性时，就可能需要作出差异性判决，此时就需要案例区别技术来判断应作出何种差异性判决。在案例区别技术运行过程中，有很多部分与类比推理是重叠的。在司法实践中，在办案件检察官应对这两种司法推理技术进行整体把握，根据检察指导性案例与在办案件的关系选择适用。

第四节　检察指导性案例的适用范围及相关问题

一、检察指导性案例的适用范围与方法

完成在办案件与检察指导性案例的“类似性”检索识别后，即进入检察指导性案例的参照援引阶段，该阶段是适用检察指导性案例的最终阶段，也是检察指导性案例适用目标达成的阶段。参照援引是指检察官在办理案件过程中，通过检索识别确定待适用检察指导性案例，并将检察指导性案例中对法律和司法解释精神的阐释内容、推理方法、解释技巧等内容按照一定的规则援引到相关法律文书中作为释法说理的依据，以实现“同案同办”“类案类办”的目的。而检察指导性案例的参照援引应包括以下几

项内容。

（一）参照援引的阶段与环节

《最高人民检察院关于案例指导工作的规定》并没有明确规定检察指导性案例的适用范围，即运用的阶段和环节。但从检察指导性案例自身的特征来看，其已经实现了对检察职能的全覆盖，检察案例制度聚焦新时代下的检察机关“四大检察”，贯穿检察工作的各领域、全过程，围绕检察机关法律监督职能具体展开，对检察工作进行全方位示范指导。所以，检察指导性案例可以在“四大检察”各个工作环节和阶段适用，只要涉及类似案件需要参照适用，就可以运用。

（二）参照援引的内容

检察官在办案中参照检察指导性案例的主要目的是作为案件处理决定的释法说理依据，这就决定了检察官参照援引检察指导性案例的内容不应仅仅局限于法律规则的适用，更应包括办理案件的理念、价值、方法等内容。而法律规则主要是检察指导性案例要旨承载的内容，所以要旨应是检察指导性案例参照援引的主要内容。对于案件办理的思路方法技巧等内容则主要集中在指导意义部分，所以指导意义也应是检察指导性案例参照援引的内容。这部分内容包括但不限于以下方面。

1. 参照检察指导性案例的价值立场。检察指导性案例是最高人民检察院对全国检察机关工作行使领导权的重要体现。最高人民检察院通过发布指导性案例，明确法律政策适用和工作开展中带有普遍性的问题，提炼案件办理的规则和经验，引领法律监督办案工作价值立场，为各级检察院办理类似案件提供“模板”。如检例第 85 号中的“加强对民营企业平等保护”、检例第 105 号中的“依托个案办理整合帮教资源，推动未成年人检察工作社会支持体系建设”等价值立场，检察官在办理类似案件时应予以参照援引。

2. 参照检察指导性案例的审查方法。检察指导性案例中确定的案件证据审查标准和方法可以为检察官更好地办理类似案件提供一种有效指引，也可以成为检察指导性案例参照适用的内容。如检例第 42 号确立的性侵未成年人犯罪证据审查标准、检例第 56 号确立的民事虚假诉讼监督案件的线索发现方法、检例第 166 号确立的检察一体化办案模式等，都是经验、技巧、智慧的体现，检察官在办理案件时应予参照。

3. 参照检察指导性案例的释法说理思路。司法裁判文书的说理性、说服力和可接受性日益成为保障公民诉权、提高司法公信力、培育全社会理性司法文化的基本要求。为此，检察官不能仅仅局限于“法条主义”一办了之，更要善于“释法说理”以理服人，把案件办理意见当中的法理、事理、情理讲清、讲明、讲透，让公平正义以人民群众可感、可触、可见的方式实现。而检察指导性案例中的释法说理方式和技巧是检察官在办理类似案件时应学习和参照的。如检例第 47 号对防卫时间的认定适用、检例第 85 号对创新产品是否属于伪劣产品的认定适用等，都是将法律判断、专业判断和民众朴素认知结合起来进行释法说理的，更契合检察依法履职理念的要求，更易于人民接受和理解案件处理结果。

（三）参照援引的形式

在确定了检察指导性案例可以参照援引的具体内容后，检察官接下来应关注以何种形式援引检察指导性案例中需要参照的内容，也就是解决在何种文书中援引及援引的方式是什么。

1. 参照援引检察指导性案例的载体。根据《最高人民检察院关于案例指导工作的规定》第 15 条，现阶段可以探索在起诉书中直接援引检察指导性案例，援引的位置应处于“本院认为”部分，但只能作为释法说理的依据，而不能作为案件处理的依据。而在审查报告中参照援引检察指导性案例时，在审查报告中应设置“检察指导性案例参照援引”版块，就有无与在办案件存在“类似性”的检察指导性案例、是否援引、援引效果等方面作简要说明。要求检察官应在审查报告中写明检察指导性案例的检索、识别、参照的过程，向检察长汇报、提交检察委员会审议时要予以说明，随案归档备查。在内容上，“检察指导性案例参照援引”版块应当达到全面、精准、详细、客观的要求。首先，需要详细论证在办案件与检察指导性案例关键事实存在“类似性”的判断方法、判断过程和结论生成。其次，要论证如何实现成文法与指导性案例要旨之间的有效对接、有机融合，提炼形成针对待决案件的裁判规则。最后，要论证裁判规则适用于待决案件的推理演绎过程。参照检察指导性案例的要旨和指导意义，案件事实清楚，证据确实、充分的，检察官可以自己作出处理决定；虽然参照指导性案例，但检察官仍难以作出决定的，提交检察官联席会议或检察委员会讨论；检察官认为不应当参照适用检察指导性案例的，应提交检察委员会讨论决定。

除了在起诉书、审查报告中参照援引检察指导性案例，还可以在以下文书材料中援引检察指导性案例：第一，出庭意见或口头答复，将检察指导性案例作为论述依据，能更好地达到释法说理的目的；第二，内部工作文书，引述用于增强承办检察官意见的依据，如向上级机关的汇报材料、系统内部的案件评查报告等；第三，公文（如工作报告、通报、纪要等），以作为汇报、宣传检察工作的亮点；第四，案例分析、新闻稿件，以提升稿件的深度和层次。

2. 参照援引检察指导性案例的方式。虽然对于检察官而言，隐性援引更为稳妥，但从检察指导性案例的价值意义和长远发展而言，应坚持明示援引的立场。明示援引要求检察官在作为援引载体的文书材料中不仅明确写出援引的检察指导性案例的要旨、指导意义等具体内容，还要写明检察指导性案例的批次编号、类型等体现案例“身份”的基础信息，同时将援引的检察指导性案例的完整内容附在文后，以便查阅。如在审查报告中援引检察指导性案例可以表述为：“2018 年 7 月 3 日最高人民检察院发布的指导性案例——周辉集资诈骗案（检例第 40 号）认为：网络借贷信息中介机构或者控制人，利用网络借贷平台发布虚假信息，非法建立资金池募集资金，所得资金大部分未用于生产经营活动，主要用于借新还旧和个人挥霍，无法归还所募资金数额巨大，应认定为具有非法占有目的，以集资诈骗罪追究刑事责任。”

需要说明的是，参照援引检察指导性案例时可根据情况灵活适用，既可以是多个检察指导性案例对一个案件提供指导，也可以是一对一的参照援引，还可以是多对多的参照援引。

二、检察指导性案例适用的效果校验

检索识别技术只能确定在办案件与待援引的检察指导性案例在事实层面的“类似性”，实现形式公正，但其不能全面兼顾案例以外的其他相关情势的综合考量。所以，在参照援引检察指导性案例之前，应对检察指导性案例适用的效果进行校验。

（一）校验适用检察指导性案例是否与现行法律、司法解释相冲突

我国一直秉持成文法立场，而非判例法，所以司法机关必须按照立法机关制定的法律来开展司法活动，要以法律为行为最高准则。根据《立法法》的规定，最高人民法院和最高人民检察院所发布的司法解释具有法律效力，司法机关同样必须严格遵循。而检察指导性案例是对法律和司法解释的司法理解适用，其法律位阶明显低于法律和司法解释，所以当检察指导性案例与法律、司法解释相冲突时，其自然失去了参照援引的价值和效力。而检察指导性案例与法律、司法解释出现相冲突现象的主要原因有两个方面：一方面，我国仍处于社会主义法治体系发展完善的阶段，法律、司法解释为适应社会生活更新、法治进步、国家发展等新要求而需要修改，所以会出现由于法律、司法解释的修改而导致检察指导性案例不合时宜的情况。另一方面，根据我国案例指导制度的特色，检察指导性案例依附于法律、司法解释而存在，如果其依附的法律、司法解释失去效力或者出现变更，那么检察指导性案例必然成为无本之木、无源之水，这时的检察指

导性案例也应当不再具有指导性，不能被参照援引。

（二）校验适用检察指导性案例是否与其原处理决定效力相冲突

检察指导性案例是对已经发生法律效力的案件处理决定的总结、提炼与升华，所以检察指导性案例的效力是与原处理决定的效力息息相关的，如果原处理决定失去效力，如原判决被推翻，原不起诉决定被撤销，那么以原处理决定为基础的检察指导性案例的正当性、合法性就必然受到质疑，适用检察指导性案例显然不合适，检察指导性案例应被排除适用。

（三）校验适用检察指导性案例是否与法律原则相冲突

法律原则是法律规范的基础，是法律本身所具有的，贯穿于法律始终，必须得到普遍遵循的具有全局性、根本性的准则。所以法律规则必须符合法律原则的基本要求和价值取向。因此，依附于法律规则的检察指导性案例的适用也必须在法律原则涵盖的范围内，不能违背法律原则的基本要求。比如，当在办案件为疑难复杂案件，涉及对具体法律条文的理解适用问题，而仅采取文义解释无法得出适当的结论时，需要参照检察指导性案例对相关条文作论理解释（如扩大解释、限缩解释等），不能违背罪刑法定的基本要求；否则，应排除检察指导性案例的适用。

（四）校验适用检察指导性案例是否与“天理”“人情”冲突

所谓“天理”，其实更接近于“人理”的概念，即基于人的理性和生存发展的需要与规律而形成的对于何为公平正义的基本认识。司法办案中的“天理”具有“自然正义”的含义，也是基于人类普遍的价值观和基本认识得出的何为正义、公平的基本法则。它不是法律规定的，而是存在于法律之上的，好的法律不应与之相悖，而应包含“天理”与“自然正义”。所谓“人情”主要是指社会民众的普遍情感。“法感情”指人们对法律采取的一种感情和态度，是法治的社会基础之一，也是立法和司法活动需要认真对待的因素。民众的情感往往建立在对于事物是非善恶的伦理判断基础之上，在司法办案中，案件处理结果不能严重悖逆民众的普遍情感。[①] 检察官适用检察指导性案例，不能简单比较、机械参照，要在满足事实“类似性”的条件下，综合情势权衡考量，包括政策权衡、价值权衡、利益权衡和功能权衡等。如果参照援引检察指导性案例与当前的国家政策、社会公众的价值判断、伦理道德、法律观念等明显相悖，会伤害社会公众朴素正义观和法情感的，则应排除对检察指导性案例的适用。

三、检察指导性案例适用的保障

（一）与时俱进的检察指导性案例适用理念体系构建

一是坚持法例兼顾理念。在我国，成文法观念根深蒂固，司法判例仅仅被定义为一种供学习、研究的法律资料，传统思维惯性在一定程度上消减了检察官积极主动适用检察指导性案例的热情。需要明确的是，检察官在办理案件的过程中首先尊重并信仰法律是正确且需要坚持的，但检察指导性案例在司法实践中的积极作用也不应被忽视，所以应兼顾司法案例规则的确立。在办理案件时要兼顾“法律”和“案例”，既要根据法律规定作出裁判，亦要参照适用检察指导性案例作为释法说理的依据，但是“法例兼顾”并不是将“法律”和“案例”相等同，不分主次，而应坚持“先法后例”的规则，首先从现行法律规范中寻找依据，若规定明确且具体则无须再参照检察指导性案例，若穷尽法律规定仍不能生成结论，则应通过检索、识别检察指导性案例，参照存在“类似性”的检察指导性案例结合具体的法律规定作出案件处理决定。“先法后例”的规则一方面契合我国的司法实际，在现阶段，我国的检察指导性案例并不具有法源地位，检察指导性案例依附于法律规范而存在，是一种对法律、司法解释有益补充的释法机制；另

---

① 参见刘梦洁:《兼顾天理国法人情要求做到于法有据于理应当于情相容》，载《人民检察》2022 年第 17 期。

一方面也符合司法效率的要求，如果有明确法律规定的案件仍需强制性参照适用检察指导性案例，也会增加办案负担，降低办案质效。

二是坚持科学适用理念。关于检察指导性案例的适用，在司法实践中存在两种误区：一方面表现为消极对待，应适用而不适用；另一方面表现为为了适用而适用。所以应引导检察官树立适用检察指导性案例的科学理念，要在存在“类似性”条件的前提下积极适用、规范适用，保证适用的质量。同时也要尊重“差异性”，在不符合适用条件或者存在排除适用条件的情况下，不能为了完成目标任务而强制适用，不能罔顾客观规律而随意适用。所以，对于检察指导性案例，既要鼓励引导适用，又要给予排除适用行为以宽容。如果任何情况下都要求检察官一律予以适用，不适用就要受到惩罚，势必导致检察指导性案例完全成为一般司法规范性文件的翻版，法适用层面稳定性与灵活性的统一势必也会落空。

三是坚持检察担当理念。司法责任制对检察官办案工作提出了更高的要求，检察官在处理案件时，必然会考虑到案件的社会影响、风险承担等因素。与传统的办案模式相比，在办案中适用检察指导性案例是一个相对新的尝试，而这种尝试是存在着不被侦查机关、当事人、审判机关认可的风险的，进而直接影响检察官的办案质效。要引导检察官树立检察担当理念，敢于面对挑战，勇于承担重担，通过积极提升检察官对检察指导性案例的检索、识别、参照和释法说理能力来克服困难、规避风险，并将检察官适用检察指导性案例的质效置于实现个案正义、维护社会公正的大局中去评价，进而激发检察官适用检察指导性案例的热情，调动检察官适用检察指导性案例的主观能动性。

（二）专业化的检察指导性案例适用能力提升体系构建

一是建立检察指导性案例适用工作指引，以规范化方式为检察官适用检察指导性案例提供根本遵循。工作指引应明确、细化援引检察指导性案例的方法、细节、程序，对检察指导性案例适用的概念、适用的方法、分类处理、强制检索、背离报告、检察指导性案例监督等方面进行规定。主要分为四个层次：首先，明确检察指导性案例适用的具体内涵。列明哪些方面属于适用检察指导性案例所需关注的重点要件，对检察指导性案例适用作出明确界定。其次，明确检察指导性案例适用的具体原则、条件和方法等内容，对检索、识别、校验、参照的具体方法和细节进行明确，引导检察官主动适用检察指导性案例。再次，建立强制检索制度、背离报告制度、检察指导性案例适用效果保障等制度。最后，规范在实操阶段的检察指导性案例适用流程、适用检察指导性案例各方意见听取、适用效果预期保障等具体工作。

二是建立指导性案例适用能力培训机制，多角度全方位提升检察官适用检察指导性案例的能力。从培训主体上来说，不仅应邀请专家学者作为培训老师，还应邀请资深检察官、法官、辩护人等从实践角度讲授应用指导性案例的方法和技巧；从培训内容上来说，既要注重培训的针对性，如对类比推理方法、关键事实提炼方法等对适用指导性案例有决定性作用的内容进行重点培训，也要注重培训的全面性，培训内容不仅包括检察业务知识、检察工作技能等方面，还应包括法律理念思维、理论研究能力、社会工作能力、释法说理能力等支撑专业化案例适用的通用能力、专业能力、专有能力等；从培训方式上来说，采取课堂式、互动式、研讨式、情景式等方式，开展提高型、专业型、专门型、实战型培训。广泛开展“以赛代学”活动，通过指导性案例应用技能比赛、辩论赛、理论年会等方式多层次开展岗位练兵，不断提高检察队伍应用指导性案例的能力和素质。加强培训载体建设，完善师资库，建设教育培训网络学院，深化检察机关与高等院校等的合作，协力培育高层次法治人才，推进检察业务专家、优秀办案团队和优秀办案检察官、专业人才库等多元检察专业人才体系成熟定型，为检察指导性案例适用提供充足人才资源。

（三）完善的检察指导性案例适用机制构建

一是完善适用激励机制。检察指导性案例适用的激励机制是指检察机关通过运用多种多样的激励方法和手段来激励检察官对适用检察指导性案例工作作出积极回应的机制。对于高质高效开展检察指导性案例适用工作的检察官，应给予一定的表扬和表彰。不定期组织优秀检察文书评比大赛，将参照援引检察指导性案例情况作为文书评比的重要内容，同时将检察指导性案例类案检索报告和背离报告也纳入文书评比的范围，将评选出的优秀检察文书汇编成册，对撰写检察官颁发证书并给予通报表扬。

二是完善适用监督机制。检察指导性案例适用的监督机制分为内部监督和外部监督两个方面。内部监督既包括检察委员会对检察官提请讨论的案件是否规范适用检察指导性案例的监督，也包括上级检察机关对下级检察机关检察指导性案例适用情况的监督，下级检察机关应将在办案件的检察指导性案例适用情况向上级对口部门进行备案，上级对口部门应在接受报备后进行实体性审查，并出具审查意见书。下级检察机关在同类案件中没有参照现有的指导性案例且存在适用指导性案例不当的情形，上级检察机关应在审查意见书中写明并下发下级检察机关，督促其进行整改。而外部监督主要是充分发挥当事人、律师、学者、公众等社会力量对检察指导性案例适用情况的监督作用，倒逼检察官提升检察指导性案例适用能力。

其一，依托检务公开平台，对参照援引检察指导性案例作为释法说理理由且符合公开条件的法律文书进行公开，接受当事人、社会公众对于检察指导性案例适用质效的评价与监督。对符合公开听证条件的案件进行公开听证，接受社会各界对于援引指导性案例作为释法说理依据相关情况的质询，提升援引指导性案例的质效和民众接受度。

其二，检察官在办理案件时应充分听取律师对于检察指导性案例适用的意见，律师提出在办案件与检察指导性案例存在“类似性”应予参照等相关书面意见时，办案检察官应当及时作出回应以及适用情况的书面反馈。

律师要求与检察官就检察指导性案例适用问题进行当面交流，应视为要求听取意见，检察机关应当进行安排。在庭审阶段，律师提出适用检察指导性案例的辩护意见的，检察官应在答辩环节予以正面回应，阐明适用或者不适用的理由。对于存在相关检察指导性案例，但检察机关未参照适用时，律师提出异议后，检察官未予回应且未参照适用，应提供律师投诉或抗议的渠道，检察官须对此向本院检察委员会或上级检察机关作出说明解释并得到认可，否则应承担一定的不利后果。

其三，学者是法治建设的重要力量，其在探索法学理论前沿为司法实践建言献策方面作出了卓越的贡献，所以应积极听取学者对检察指导性案例适用情况的意见和建议，虚心接受学者对适用工作存在的不足和缺陷的监督和批判，让理论和实践碰撞出智慧的火花，促进检察指导性案例适用工作的完善，既具有厚重的学术底蕴，又具有鲜明的实践特色。

第五节　强制检索制度

检察指导性案例类案强制检索机制是指检察官在办理案件过程中，应对检察指导性案例中的类案进行全面检索，撰写具体详细的检索报告，并分情形作出处理决定。类案强制检索机制是检察指导性案例适用的有效保障机制，对于统一法律适用、提高司法公信力具有积极作用。检察机关正在积极探索类案强制检索机制的构建，江苏省苏州市人民检察院、贵州省贵阳市人民检察院、上海市杨浦区人民检察院都对类案强制检索工作出台了相关的规定，走在了探索类案强制检索机制构建工作的前列。现结合苏州市人民检察院、上海市杨浦区人民检察院的相关经验，构建符合检察工作实际的检察指导性案例类案检索机制。

一、类案强制检索机制的基本原则

（一）内部公开原则

检察官在办案过程中应对符合条件的案件进行类案强制检索，并将检索的目的、过程、细节如实记录，撰写类案检索报告，并将以上相关材料上传检察业务应用系统，在一定程度上实现检察机关内部公开。

（二）重复利用原则

检察官类案检索相关材料及报告一并上传检察业务应用系统后，应当开发类案检索报告在平台内的交互评价功能，使类案及关联案件的检索报告得到不断修正及补充，达到裁判尺度趋向全面、统一目标。

（三）有限参照原则

按照检索条件检索出的检察指导性案例并不能不分情况一律予以参照适用，还需进一步经过“类似性”识别判断和检察指导性案例排除适用情形的校验等精细化筛选程序才能成为参照援引案例，且被参照援引的检察指导性案例不能作为裁判依据，只能作为释法说理依据。

（四）检索偏差豁免原则

检察官在进行检察指导性案例检索过程中，在主观无过错的情形下，如因案例数据不完整、检索方法不当、个人认识不同等客观因素导致检索差错，且该偏差并未对案件处理造成重大影响，一般不应追究检察官的检索偏差责任。

二、类案强制检索机制的适用条件与范围

类案强制检索机制较为理想的状态是实现案例检索全覆盖，即所有在办案件都要进行类案强制检索，但现阶段，检察机关面对案多人少及检索智能化程度仍需提高的困境，所以应对类案强制检索机制的适用条件进行一定程度限缩，对于需要提请检察委员会讨论的案件、检察长决定对于类案检索的案件和其他重大疑难复杂新型案件应进行类案强制检索，其他案

件根据具体情况选择性适用类案检索机制。而对于符合类案检索条件的案件应检索的案例的范围主要包括最高人民检察院发布的指导性案例、最高人民检察院发布的公报案例、典型案例及省级检察院发布的具有重大影响和指导意义的典型案例。但对于检索到的案例在参照层面上是具有一定优先顺序的，一般而言，检察指导性案例处于第一参照顺位，对于不存在检察指导性案例而存在最高人民检察院发布的公报案例、典型案例的为第二参照顺位，对于以上两种情形都不存在时省级检察院发布的典型案例可以作为第三参照顺位。检索到的类案为检察指导性案例的则应当参照适用，但与法律法规、司法解释相冲突的或者被新的检察指导性案例所取代的除外。对于检索到的类案如果存在法律适用不一致的情形，可以综合判断是否参照应用，必要时可以报请检察官联席会议或者检察委员会讨论。

三、类案强制检索机制适用的检索工具

现阶段，可以使用最高人民检察院官网、检答网等网站进行检索，也可以探索建立智能检索系统，如上海市杨浦区人民检察院研发的司法案例智能检索系统，检察官将拟办结案件的审查报告上传进行检索，对检索结果为匹配度 50% 以上的最高人民检察院发布的指导性案例、典型案例应当查阅并决定是否参照适用。

四、类案检索报告的撰写要求

类案检索报告是检察官类案检索工作的最终展示载体，其应符合精练准确的要求，具体写明检索目的（主要是在办案件的争议焦点）、检索时间、检索工具、检索步骤以及检索结果，同时对检索结果的参照适用情况进行说明。如在办案件的争议焦点是如何理解适用特殊防卫权条件中的“行凶”。以检答网为检索工具，以“正当防卫”“行凶”为关键词，检索出检例第 47 号“于海明正当防卫案”，经识别、校验适用该案的要旨作为在

办案件释法说理的依据。

现将在贵阳市人民检察院总结的类案检索报告模板附下：

×× 人民检察院
关于 ×× 一案的类案检索报告

×× 人民检察院检察委员会：

兹因 ×××× 一案，符合《×× 人民检察院关于加强类案检索规范法律适用的意见（试行）》的规定，现将该案的类案检索情况报告如下：

一、案件检索时间

案件检索时间：×××× 年 ×× 月 ×× 日

二、案件检索目的

综合案件具体情况，检索目的即案件的焦点问题。焦点问题采用闭合性“是否、应否、能否”等词语描述该问题。

三、检索工具或检索网站、检索关键词以及检索结果

采用 12309 中国检察网 /×× 进行检索，以“××”“××”为关键词，检索到 ×× 篇案例。

四、类案检索参照适用情况

例 1：上述检索到的 ×× 篇案例中，本案能参照适用的案例有 ×× 篇，检索出的“××”案中明确指出：“×××”。对照本案，××××。

例 2：上述检索到的 ×× 篇案例中，本案能参照适用的案例有 ×× 篇，×× 篇认为“×××”（一种意见）；×× 篇认为“×××”（另一种意见）。对照本案，×××（写明宜采纳的意见）。

例 3：上述检索到的 ×× 篇案例中，共有 ××× 篇作不起诉 / 免予刑事处罚，平均金额 ×××，最小金额 ×××，最大金额 ×××，具有 ××× 情节（详见下表，表略），对照本案，××× 是否符合相对不起诉。

第六节 背离报告制度

检察指导性案例背离报告机制是指检察官在办理案件过程中，通过检索、识别筛选出与在办案件存在“类似性”的检察指导性案例，但并未进行参照援引，而在综合分析后排除适用检察指导性案例，甚至作出背离检察指导性案例的决定，检察官须按照一定的程序将不予适用检察指导性案例的理由向一定的主体报告说明的机制。构建检察指导性案例背离报告机制应从以下几个方面入手。

一、背离报告机制正当性基础论证

背离报告机制涉及两个核心概念，即背离与报告。背离检察指导性案例的正当性在于检察指导性案例并不具有法律效力，其是法律适用的一种方式，仅代表法律解释多样可能性中的一种，与检察指导性案例不一致的决定可能并不违背法律的本意。在某种情况下，背离检察指导性案例非但不违背法律的决定，还有可能会带来更好的社会效果，甚至可能启发法律新的发展方向。所以，赋予检察官根据案件事实具体情况作出背离检察指导性案例处理决定的权力是具有合理性的。而背离检察指导性案例后附随报告义务的正当性在于检察指导性案例虽不具有强制性的法律拘束力，但具有事实拘束力，对于检察办案具有普遍借鉴和指导意义，所以应对背离检察指导性案例的行为设置一定的限制要素，即科以检察官在可以参照检察指导性案例的前提下背离参照的报告说明义务，以此防止检察官逃避责任、消极履职而随意不适用检察指导性案例，有效保证背离行为合理合法，提高背离行为的公信力。

二、背离报告机制具体运行程序设计

（一）背离报告说明的对象

检察官背离检察指导性案例对案件作出处理决定，首先，应向本院检察长或者检察委员会进行书面报告，并将书面报告向上一级对口部门进行报备。其次，也应向案件的相关当事人进行说明，应同时告知犯罪嫌疑人和被害人双方，双方都能接受本级检察机关可作出最终处理决定；如果有一方不同意的，应报上级检察机关批准，强化上级检察机关对检察指导性案例背离行为的指导和监督。

（二）背离报告说明的内容

存在“类似性”的前提下，如果检察官作出对在办案件不应适用检察指导性案例的决定，那么检察官需要积极详细论证不适用的理由，如检察指导性案例本身存在的缺陷，又如在办案件自身存在的特殊因素，再如适用检察指导性案例会产生不良的政治效果、法律效果、社会效果等。理由阐述需明确具体，要符合法律逻辑和法理要求。

（三）背离报告的留痕方式

背离报告应和类案检索报告配套保管，既要上传检察业务应用系统，做好电子归档，又要装入案件卷宗，放入档案室保存。

三、背离报告机制运用的效果评估

背离报告机制运用情况不宜作机械的评价，要契合依法履职的理念，区分情况作出不同评价。首先，对在办案件处理背离检察指导性案例的决定正确且背离报告质量较高的，应作出积极正面评价。其次，对在办案件处理背离检察指导性案例的决定正确但背离报告质量较差的，应责令其提高报告质量。最后，对在办案件处理背离检察指导性案例的决定错误且造成一定影响的，如导致错案或案件质量出现瑕疵等后果的，要区分不同情况追究检察官的司法责任。同时，也应将评价结果定期形成统计分析报告，以便为更好地开展背离报告工作积累经验和方法。

检察指导性案例作为检察机关法治实践的生动印记，是检察产品和法治产品的直接体现，是司法经验和司法智慧的直接承载。用足用好用精检察指导性案例是高质效办好每一起案件的需要，是让公平正义更快更好实现、更加可触可感的需要，更是谱写中国式现代化检察工作新篇章的需要。

第四章　刑事检察指导性案例

刑事检察是检察机关发布指导性案例最为集中、最具特色的业务领域。刑事检察指导性案例属于刑事司法的“准法源”，作为一种司法裁判规则的提供方式和集成典范，是司法解释的有益补充，可以有效保障刑事检察工作的完整性和统一性；其主要功能有指引示范、保障司法公正和普法预防等；刑事检察指导性案例的主要特征有整批次和专题化、发布频次较高、案例规模适中、实体和程序并重等。刑事检察指导性案例明确了一系列检察新规则，从功能角度出发，主要可分为体现检察价值导向类、准确适用法律规定类、准确认定犯罪类、指导开展法律监督类和新类型案件认定处理类。在刑事检察指导性案例数量规模、指导效力、数字化及规范化建设等方面应当进一步予以提高、提升和提速。

第一节　刑事检察指导性案例概述

刑事检察指导性案例是指通过遴选出的检察机关办理的在事实认定、证据审查、法律适用、规范裁量权以及政策指导方面具有指导意义的案例，旨在进一步规范检察官办案行为，促进刑事检察权的正确行使，保障刑事检察工作的完整性和统一性。从法律属性与调整对象角度而言，刑事检察指导性案例与民事检察、行政检察以及检察公益诉讼指导性案例以及与人民法院发布的法院刑事指导性案例有显著区别，具有独特的刑事属性和检察属性，是检察机关发布指导性案例最为集中、涉及面最广、最具特色的业务领域。

一、刑事检察指导性案例的类型

（一）刑事检察指导性案例的基本概况

截至 2023 年 12 月 31 日，最高人民检察院一共发布 49 批 199 件指导性案例，其中刑事检察指导性案例有 30 批 117 件（详见表 5）。[①] 最高人民检察院发布的指导性案例多以“整批次、专题化”的方式发布，除了第一批指导性案例以外，其他均是以专题形式发布，主要有渎职犯罪，编造、故意传播虚假恐怖信息案件，危害食品安全犯罪，刑事抗诉案件，核准追诉案件，刑事诉讼监督案件，计算机与互联网犯罪，破坏金融管理秩序犯罪，正当防卫案件，涉农犯罪，破坏金融管理秩序犯罪，网络犯罪，贪污贿赂犯罪，认罪认罚案件，危害生产安全犯罪，侵犯知识产权犯罪，金融犯罪，刑事抗诉主题，职务犯罪适用违法所得没收程序，新型毒品犯罪，社区矫正检察等。与最高人民法院发布的案例相比，最高人民检察院发布的刑事方面案例的范围和类型更为广泛；从涉及的主题来看，既有专门涉及实体问题的专题，也有专门涉及程序问题的专题；从案例具体内容上看，部分刑事检察指导性案例同时兼顾实体问题和程序问题，表现出了鲜明的检察特色，即融诉讼办案和法律监督为一体的综合性特征。从遴选条件来看，在法律适用、事实认定、证据审查运用、政策把握、办案方法等方面均有相应指导性案例，其内容较为广泛。

---

① 广义上的刑事检察，应当包括与刑事有关的所有检察职能，主要有审查逮捕、审查起诉、刑事诉讼监督、刑事执行监督、检察侦查、未成年人刑事检察等。但是，在检察机关系统内部，刑事检察一般是指狭义的，不包括刑事执行检察、未成年人检察、检察侦查等职能。本书取广义上的刑事检察为讨论范畴。

表5　2010—2023年刑事检察指导性案例发布情况

年份	批次	发布时间	每批发布数（件）	每年发布总数（件）	业务领域
2010	1	2010年	3	3	普通刑事犯罪检察业务、重大刑事犯罪检察业务、职务犯罪检察业务
2012	1	2012年	5	5	职务犯罪检察业务
2013	1	2013年	3	3	重大刑事犯罪检察业务
2014	2	2014年2月	5	8	经济犯罪检察业务、职务犯罪检察业务
		2014年9月	3		重大刑事犯罪检察业务
2015	1	2015年	4	4	重大刑事犯罪检察业务
2016	1	2016年	4	4	普通刑事犯罪检察业务
2017	1	2017年	6	6	普通刑事犯罪检察业务
2018	3	2018年7月	3	10	经济犯罪检察业务
		2018年11月	3		普通刑事犯罪检察业务
		2018年12月	4		普通刑事犯罪检察业务
2019	1	2019年	3	3	经济犯罪检察业务
2020	7	2020年2月	3	22	经济犯罪检察业务
		2020年2月	3		普通刑事犯罪检察业务
		2020年3月	3		刑事执行检察业务
		2020年7月	4		职务犯罪检察业务
		2020年11月	4		普通刑事犯罪检察业务
		2020年12月	1		经济犯罪检察业务
		2020年12月	4		经济犯罪检察业务
2021	4	2021年1月	4	18	重大刑事犯罪检察业务
		2021年2月	5		经济犯罪检察业务
		2021年3月	5		普通刑事犯罪检察业务
		2021年12月	4		职务犯罪检察业务
2022	3	2022年1月	5	14	刑事执行检察业务
		2022年2月	5		普通刑事犯罪检察业务
		2022年6月	4		重大刑事犯罪检察业务
2023	4	2023年5月	3	17	经济犯罪检察业务
		2023年6月	5		普通刑事犯罪检察业务
		2023年7月	4		职务犯罪检察业务
		2023年10月	5		刑事执行检察业务

（二）刑事检察指导性案例的主要类型

随着司法体制改革的不断推进，刑事检察逐步发展为以下业务：普通刑事犯罪检察业务、重大刑事犯罪检察业务、职务犯罪检察业务、经济犯罪检察业务、刑事执行检察业务。通过对指导性案例中的要旨和指导意义等内容进行研究分析，可以将刑事检察指导性案例大致分为以下几类：一是事实与行为认定类。此类是刑事检察指导性案例的主要类型之一。例如，“孙建亮等人生产、销售有毒、有害食品案”（检例第 14 号）、第十八批网络犯罪主题指导性案例等。二是法律适用类。此类是刑事检察指导性案例的重要类型之一。例如，“陈根明、林福娟、李德权滥用职权案”（检例第 5 号）、“罗建华、罗镜添等人滥用职权罪案”（检例第 6 号）等。三是证据审查与运用类。例如，“张凯闵等 52 人电信网络诈骗案”（检例第 67 号）等。四是法律监督类。例如，第十九批减刑、假释、暂予监外执行法律监督案、第四十五批刑事抗诉主题案以及“上海甲建筑装饰有限公司、吕某拒不执行判决立案监督案”（检例第 92 号）等。五是政策（业务）指导类。主要是通过提炼、总结指控证明方法以及其他业务工作经验，明确指控证明犯罪以及其他工作的要求和标准。如图 1 所示，具有政策（业务）功能意义的案例占据了较大比例，这也是刑事检察指导性案例的特色之一。例如，第六批核准追诉类、第二十二批认罪认罚从宽制度指导性案例以及部分疑难复杂案件（指控证明犯罪过程内容）等。六是社会治理类。例如，“施某某等 17 人聚众斗殴案”（检例第 1 号）、“刘远鹏涉嫌生产、销售‘伪劣产品’（不起诉）案”（检例第 85 号）等。

值得注意的是，近年来，刑事检察指导性案例的指导意义呈现多元化和综合性特征。也就是说，某一个具体案例的指导意义并不限于某一方面，而是涉及多方面的指导和示范意义。例如，“郭某某欺骗他人吸毒案”（检例第 152 号）在事实与行为认定、法律适用、证据审查与运用等多方面均呈现指导示范功效。

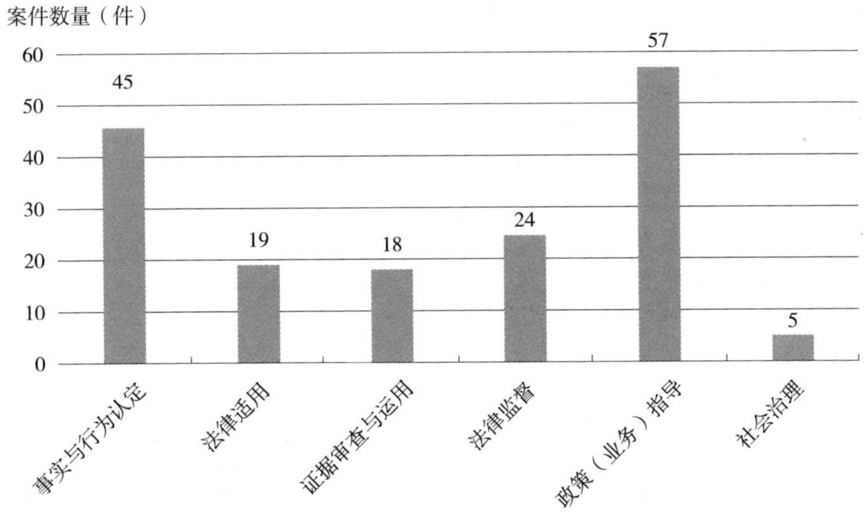

图 1　刑事检察指导性案例主要类型

二、刑事检察指导性案例的主要特征

（一）批次性和专题化

从发布方式上来看，批次性和专题化是最高司法机关发布指导性案例的基本特征和趋势。对此特征，“两高”的指导性案例表现并不相同。在法院指导性案例中，早期的刑事指导性案例与其他案例在同一批次中混合发布，而后期发布的刑事指导性案例则集中在同一批次甚至以专题化的形式发布。与此不同，最高人民检察院发布的刑事检察指导性案例的批次性和专题化特征更为突出和明显，且具有检察特色。自创设检察案例指导制度以来，最高人民检察院一般均以整批次的形式发布刑事检察指导性案例，同一批次的案例在内容上各有侧重，但指引示范意义上则体现了趋同性。除了第一批刑事检察指导性案例没有限定于某一主题外，其他均是以“某某主题”形式发布，并且会在文件通知中直接载明以何种主题发布指导性案例。可见，刑事检察指导性案例的批次性、专题化特征非常显著。而且，相当一部分指导性案例注重聚焦当年“社会关切”的问题。例如，鉴于网络犯罪案件数量逐年大幅上升，严重危害国家安全、经济安全和社会安全，第十八批网络犯罪主题的指导性案例应运而生；鉴于毒品犯罪呈现的新情况、新形势，给平安中国建设带来新课题，第三十七批指导性案例就回应和聚焦了新型毒品犯罪问题。

（二）发布频次较高

依法惩治犯罪是检察机关参与社会治理的最重要职责之一，刑事检察更是检察机关的“看家本领”和传统业务。相较于检察机关的民事检察、行政检察、检察公益诉讼，刑事检察由于其业务的广泛性、复杂性，成为最高人民检察院进行案例指导的重要领域，刑事检察指导性案例发布的频次显著高于其他业务亦是情理之中。从发布的案例数据来看，2010 年至 2017 年，除 2014 年发布了 2 批刑事检察指导性案例之外，其余年份每年只发布 1 批。之后，刑事检察指导性案例的发布走上了“快车道”。如图 2 所示，2018 年发布了 3 批 10 件、2020 年发布了 7 批 22 件、2021 年发布了 4 批 18 件、2022 年发布了 3 批 14 件、2023 年发布了 4 批 17 件。可见，刑事检察指导性案例的发布频次较高，明显高于其他检察业务领域，尤其是 2020 年一年发布了 7 批刑事检察指导性案例，平均不到两个月就发布 1 批，发布频次之高可见一斑；与最高人民法院发布的法院指导性案例对比来看，自检察案例指导制度确立以来，最高人民法院仅在 2016 年、2018 年以及 2022 年三个年度发布了 5 个以上的刑事指导性案例[①]，最高人民检察院发布的刑事检察指导性案例的频次明显高于最高人民法院发布的刑事指导性案例。

---

① 参见徐宏、沈烨娜:《中国刑事案例指导制度：现状、定位与建构》，载《南都学坛》2023 年第 3 期。

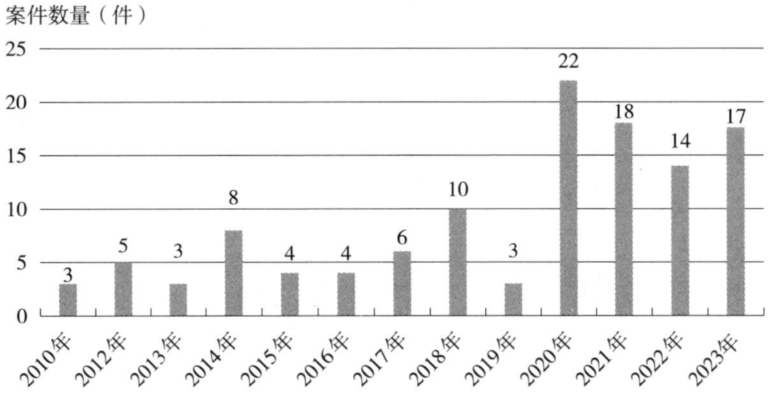

图 2　刑事检察指导性案例发布频次

（三）案例规模适中

有学者认为，刑事检察指导性案例规模之于我国司法实践全局而言并不相称，进而指出刑事检察指导性案例数量严重不足。[①] 其主要理由是，我国刑法分则共规定了 483 个罪名，但刑事检察指导性案例中仅涉及 50 余个罪名，仅占罪名总量的 10% 左右，诸多常见罪名并未囊括其中；2013 年至 2021 年，检察机关刑事起诉人数达到 1490 万人[②]，将 108 个刑事检察指导性案例置于刑事案件整体视域之下，刑事检察指导性案例的覆盖面失于狭窄。

制度的完善不可能一蹴而就。从上文可知，2018 年以来，刑事检察指导性案例的数量和质量得到了稳步提升；从横向对比情况来看，最高人民法院所发布的法院指导性案例中，刑事指导性案例占比不足两成。而刑事

① 参见邵旻:《检察机关指导性案例制度实证研究——以第一至第十四批指导性案例为样本》，最高人民检察院理论研究所、最高人民检察院司法案例研究院、清华大学中国司法研究中心、河南财经政法大学司法案例研究院“检察指导性案例应用”研讨会论文，2021 年 6 月 24 日于河南省郑州市，第 335 页。

② 参见《最高检：2013 年至 2021 年检察机关起诉严重暴力犯罪从 10.8 万人降至 5.9 万人》，载人民网，http：//society.people.com.cn/n1/2022/0718/c1008-32478142.html，最后访问时间：2025 年 3 月 3 日。

检察指导性案例占最高人民检察院发布的指导性案例总数的 1/2 以上，可见刑事检察指导性案例的相对规模并不小；从指导性案例的性质来看，与其他部门法领域不同的是，刑事检察案例指导制度应遵循谦抑性原则，做到宁缺毋滥。实践中尚未明确、存在较大争议的情形，不应通过指导性案例进行指引规范，并非所有罪名或疑难复杂案件都需要通过发布指导性案例予以解决，当前刑事检察指导性案例数量规模基本符合当前司法实践发展规律，体现了检察机关严谨负责的态度，有利于提高刑事检察指导性案例的质量。

（四）实体和程序并重

从指导性案例遴选方向上看，刑事检察指导性案例不仅以事实认定、法律适用等裁判规则为重心，还将刑事政策和业务规范等程序性问题作为重要指导目标，这一合理布局体现了刑事检察指导性案例的多元化特征；从横向对比来看，最高人民法院发布的刑事指导性案例涉及的程序性问题较少，这与人民法院主要承担的司法审判职能不无关系。而最高人民检察院发布的指导性案例中，刑事政策和业务指导等程序性案例占比较高：108 个刑事检察指导性案例中，有近半数案例涉及程序性或刑事政策问题，且与实体性问题呈现“你中有我，我中有你”状态。例如，“施某某等 17 人聚众斗殴案”（检例第 1 号），主要从该案处理结果中提炼了检察机关办理群体性事件引发的犯罪案件时应当掌握的刑事政策，指导检察机关不起诉工作；在部分批次中，检察机关以专题化的形式发布程序性指导性案例。例如，第二十二批指导性案例均为指导认罪认罚从宽制度适用的案件；在部分个案中，同时会涉及实体性和程序性问题。例如，“张凯闵等 52 人电信网络诈骗案”（检例第 67 号）主要涉及跨境电信网络诈骗犯罪的证据审查和犯罪集团的认定两个问题。

（五）重视法律监督

在上文统计的 117 件刑事检察指导性案例中，有 24 件属于“指导开展法律监督类”，占比超过 20%，充分说明最高人民检察院对加强刑事检察部门法律监督工作的高度重视。上述 24 个指导性案例包括对刑事立案的法律监督、对刑事判决的法律监督和对刑罚执行的法律监督，涵盖了刑事检察法律监督的核心领域。其中，对刑事立案的法律监督 4 件、对刑事判决的法律监督 7 件、对刑罚执行的法律监督 13 件，而后者又以对假释和社区矫正的监督为主，分别为 6 件、5 件。办案与监督是刑事检察的“车之两轮、鸟之两翼”，不可偏废。“指导开展法律监督类”刑事检察指导性案例的发布，有利于指导刑事检察部门在高质效办好每一个案件的基础上，依法开展法律监督，监督纠正错误裁判和相关部门的违法情形，切实维护刑事法律的统一适用。

第二节　刑事检察指导性案例的阐发规则

刑事检察指导性案例创建了一系列检察新规则，这些检察新规则有的表明了检察机关在某一类问题上的基本态度，有的对一些有争议的问题作出了较为科学、合理的解释，有的规则价值则主要表现在对犯罪的准确认定方面，有的对于新型案件的认定处理作出了科学指引，大多数刑事检察指导性案例具有指导检察办案的功能，对办理类似案件具有较为明确的指导性作用。根据不同的分类方法，可以将这些检察新规则区分为不同的类型，从功能角度出发，主要可分为体现检察办案价值导向类、指导法律准确适用类、指导准确认定犯罪类、指导开展法律监督类、示范引领新类型案件处理类和总结检察办案方法与技巧类等几个类型的新规则。

一、体现检察办案价值导向类

刑事检察指导性案例中，某些案例所创建的规则主要体现在其价值导向方面，即通过某一个或某一批次案例，表明检察机关在某一类问题上的基本态度，从而引导全社会自觉尊崇这种价值观念。

（一）以检察履职维护社会和谐稳定

“施某某等 17 人聚众斗殴案”（检例第 1 号）指出，检察机关办理群体性事件引发的犯罪案件，要从促进社会矛盾化解的角度，深入了解案件背后的各种复杂因素，依法慎重处理，积极参与矛盾纠纷调处，以促进社会和谐，实现政治效果、法律效果与社会效果的有机统一。

（二）对正当防卫行为的法律保护

长期以来，正当防卫被称之为“沉睡的刑法条款”，检例第 45—48 号充分发挥检察指导性案例的示范引领功能，从多个角度对准确认定正当防卫进行了指导，体现了“法不能向不法让步”的检察担当与价值导向。“陈某正当防卫案”（检例第 45 号）指出，在被人殴打、人身权利受到不法侵害的情况下，防卫行为虽然造成了重大损害的客观后果，但是防卫措施并未明显超过必要限度的，不属于防卫过当，依法不负刑事责任。“朱凤山故意伤害（防卫过当）案”（检例第 46 号）明确，在民间矛盾激化过程中，对正在进行的非法侵入住宅、轻微人身侵害行为，可以进行正当防卫，但防卫行为的强度不具有必要性并致不法侵害人重伤、死亡的，属于明显超过必要限度造成重大损害，应当负刑事责任，但是应当减轻或者免除处罚。“于海明正当防卫案”（检例第 47 号）指出，对于犯罪故意的具体内容虽不确定，但足以严重危及人身安全的暴力侵害行为，应当认定为《刑法》第 20 条第 3 款规定的“行凶”。“行凶”已经造成严重危及人身安全的紧迫危险，即使没有发生严重的实害后果，也不影响正当防卫的成立。“侯雨秋正当防卫案”（检例第 48 号）明确，单方聚众斗殴的，属于不法侵害，没有斗殴故意的一方可以进行正当防卫。单方持械聚众斗殴，对他人的人身安全造成严重危险的，应当认定为《刑法》第 20 条第 3 款规定的“其他严重危及人身安全的暴力犯罪”。

（三）准确适用认罪认罚从宽制度

检例第81—84号围绕认罪认罚从宽制度的理解与适用展开，体现了宽严相济的刑事政策导向。

一是依托认罪认罚从宽制度实现依法从宽。“无锡F警用器材公司虚开增值税专用发票案”（检例第81号）指出，对于民营企业违规经营触犯刑法情节较轻，认罪认罚的，对单位和直接责任人员依法能不捕的不捕、能不诉的不诉。检察机关应当督促认罪认罚的民营企业合法规范经营。拟对企业作出不起诉处理的，可以通过公开听证听取意见。对被不起诉人（单位）需要给予行政处罚、处分或者需要没收其违法所得的，应当依法提出检察意见，移送有关主管机关处理。

二是准确理解认罪认罚从宽制度的适用范围。“林某彬等人组织、领导、参加黑社会性质组织案”（检例第84号）指出，认罪认罚从宽制度可以适用于所有刑事案件，没有适用罪名和可能判处刑罚的限定，涉黑涉恶犯罪案件依法可以适用该制度。认罪认罚从宽制度贯穿刑事诉讼全过程，适用于侦查、起诉、审判各个阶段。

三是规范认罪认罚制度的适用。“钱某故意伤害案”（检例第82号）强调，检察机关应当健全量刑协商机制，规范认罪认罚案件量刑建议的形成过程。依法听取犯罪嫌疑人、辩护人或者值班律师的意见，通过出示有关证据、释法说理等方式，结合案件事实和情节开展量刑协商，促进协商一致。注重运用司法救助等制度措施化解矛盾，提升办案质效。“琚某忠盗窃案”（检例第83号）指出，被告人无正当理由上诉而不再具有认罪认罚从宽的条件，检察机关可以依法提出抗诉，建议法院取消因认罪认罚给予被告人的从宽量刑。

（四）加强对非公有制经济的检察保护

非公有制经济是社会主义市场经济的重要组成部分，依法保护非公有制企业产权和合法权益，是检察机关的重要责任。检例第90—93号体现了检察机关充分发挥检察职能依法保障和促进非公有制经济健康发展所做的努力。“许某某、包某某串通投标立案监督案”（检例第90号）指出，对于串通拍卖行为，不能以串通投标罪予以追诉，公安机关对此刑事立案不当的，检察机关应当通过立案监督，依法通知公安机关撤销案件。“温某某合同诈骗立案监督案”（检例第91号）为区分合同诈骗与民事违约行为提供了指引，要求检察机关在办案过程中注意审查涉案企业在签订、履行合同过程中是否具有非法占有目的和虚构事实、隐瞒真相的行为，准确认定是否具有诈骗故意；发现公安机关对企业之间的合同纠纷以合同诈骗进行刑事立案的，应当依法监督撤销案件；对于立案后久侦不结的“挂案”，应当向公安机关提出纠正意见。“上海甲建筑装饰有限公司、吕某拒不执行判决立案监督案”（检例第92号）从拒不执行判决、裁定罪的角度，对立案监督应当注意的问题进行了释明。“丁某某、林某某等人假冒注册商标立案监督案”（检例第93号）强调，检察机关在办理售假犯罪案件时，应当注意审查发现制假犯罪事实，并监督公安机关立案侦查，强化对人民群众切身利益和企业知识产权的保护力度。“广州卡门实业有限公司涉嫌销售假冒注册商标的商品立案监督案”（检例第99号）明确，在办理注册商标类犯罪的立案监督案件时，对符合《商标法》规定的正当合理使用情形而未侵犯注册商标专用权的，应依法监督公安机关撤销案件，以保护涉案企业合法权益。

二、指导法律准确适用类

刑事司法实践中，由于法律概念的模糊性、法律条文不能穷尽社会生活的方方面面等原因，法律适用往往会存在疑难问题，刑事检察指导性案例对一些有争议的问题作出较为科学、合理的解释，有利于减少分歧，促进对同类情形的相同处理。

（一）对死刑适用条件和证明标准的准确把握

“忻元龙绑架案”（检例第2号）、“郭明先参加黑社会性质组织、故意杀人、故意伤害案”（检例第18号）明确，死刑依法只适用于罪行极其严重的犯罪分子。对故意杀人、故意伤害、绑架、爆炸等涉黑、涉恐、涉暴刑事案件中罪行极其严重，严重危害国家安全和公共安全、严重危害公民生命权，或者严重危害社会秩序的被告人，依法应当判处死刑。对于依法应当判处死刑而人民法院未判处死刑的，人民检察院应切实履行刑事审判法律监督职责，依法提出抗诉。对于死刑案件的抗诉，要正确把握适用死刑的条件，严格证明标准。

（二）对法律规定的准确理解

“陈邓昌抢劫、盗窃，付志强盗窃案”（检例第17号）指出，对于入户盗窃，因被发现而当场使用暴力或者以暴力相威胁的行为，应当认定为“入户抢劫”。“马乐利用未公开信息交易案”（检例第24号）明确，《刑法》第180条第4款利用未公开信息交易罪为援引法定刑的情形，应当是对第1款法定刑的全部援引。其中，“情节严重”是入罪标准，在处罚上应当依照本条第1款内幕交易、泄露内幕信息罪的全部法定刑处罚，即区分不同情形分别依照第1款规定的“情节严重”和“情节特别严重”两个量刑档次处罚。

（三）关于减刑、假释、暂予监外执行的法律适用与检察监督

“宣告缓刑罪犯蔡某等12人减刑监督案”（检例第70号）、“罪犯康某假释监督案”（检例第71号）明确，对于判处拘役或者3年以下有期徒刑并宣告缓刑的罪犯，在缓刑考验期内确有悔改表现或者有一般立功表现，一般不适用减刑。在缓刑考验期内有重大立功表现的，可以参照《刑法》第78条的规定予以减刑。对未成年罪犯减刑、假释，应当比照成年罪犯依法适当从宽把握假释条件，既符合法定减刑条件又符合法定假释条件的，可以优先适用假释。人民法院对宣告缓刑罪犯裁定减刑适用法律错误的，人民检察院应当依法提出纠正意见。

“罪犯王某某暂予监外执行监督案”（检例第72号）指出，人民检察院

对违法暂予监外执行进行法律监督时，应当注意发现和查办背后的相关司法工作人员职务犯罪。对司法鉴定意见、病情诊断意见的审查，应当注重对其及所依据的原始资料进行重点审查。发现不符合暂予监外执行条件的罪犯通过非法手段暂予监外执行的，应当依法监督纠正。办理暂予监外执行案件时，应当加强对鉴定意见等技术性证据的联合审查。司法工作人员收受贿赂，对不符合减刑、假释、暂予监外执行条件的罪犯，予以减刑、假释或者暂予监外执行的，应根据案件的具体情况，依法追究刑事责任。

（四）对犯罪行为的区分与对罪名的准确适用

“李泽强编造、故意传播虚假恐怖信息案”（检例第9号）指出，编造、故意传播虚假恐怖信息罪是选择性罪名。编造恐怖信息以后向特定对象散布，严重扰乱社会秩序的，构成编造虚假恐怖信息罪。编造恐怖信息以后向不特定对象散布，严重扰乱社会秩序的，构成编造、故意传播虚假恐怖信息罪。

检例第12—16号也存在选择性罪名的准确适用问题，其中既包括从犯罪行为区分罪名，也包括从犯罪对象区分罪名。具体来说，一是要准确区分生产、销售行为，“徐孝伦等人生产、销售有害食品案”（检例第13号）指出，在食品加工过程中，使用有毒、有害的非食品原料加工食品并出售的，应当认定为生产、销售有毒、有害食品罪；明知是他人使用有毒、有害的非食品原料加工出的食品仍然购买并出售的，应当认定为销售有毒、有害食品罪。二是要准确区分犯罪对象，“柳立国等人生产、销售有毒、有害食品，生产、销售伪劣产品案”（检例第12号）指出，明知对方是食用油经销者，仍将用餐厨废弃油（俗称“地沟油”）加工而成的劣质油脂销售给对方，导致劣质油脂流入食用油市场供人食用的，构成生产、销售有毒、有害食品罪；明知油脂经销者向饲料生产企业和药品生产企业等单位销售豆油等食用油，仍将用餐厨废弃油加工而成的劣质油脂销售给对方，导致劣质油脂流向饲料生产企业和药品生产企业等单位的，构成生产、销售伪劣产品罪。另外，“孙建亮等人生产、销售有毒、有害食品案”（检例第 14 号）体现了对使用盐酸克伦特罗（“瘦肉精”）行为予以严厉打击的刑法态度，对明知而使用盐酸克伦特罗养殖供人食用的动物并出售的，应当认定为生产、销售有毒、有害食品罪；对明知而买卖和代买盐酸克伦特罗片，供他人养殖供人食用的动物的，应当认定为生产、销售有毒、有害食品罪的共犯。

检例第 15—16 号区分了食品监管渎职罪和受贿罪，明确负有食品安全监督管理职责的国家机关工作人员，滥用职权，向生产、销售有毒、有害食品的犯罪分子通风报信，帮助逃避处罚的，或滥用职权、玩忽职守，导致发生重大食品安全事故或者造成其他严重后果的，应当认定为食品监管渎职罪；对于在渎职过程中受贿的，应当以食品监管渎职罪和受贿罪实行数罪并罚。

三、指导准确认定犯罪类

一些刑事指导性案例的规则价值主要表现在对犯罪的准确认定方面，包括对犯罪主体、犯罪对象、犯罪行为、犯罪后果等犯罪构成要件的准确认定，也包括对某一类犯罪的认定。

（一）对渎职罪犯罪主体与犯罪行为的准确认定

一是关于渎职罪的主体。“崔建国环境监管失职案”（检例第 4 号）明确，经合法授权，拥有一定管理公共事务和社会事务的职权，从事管理市场经济和社会生活具体工作的国有公司、企业和事业单位工作人员，符合渎职罪主体要求。“陈根明、林福娟、李德权滥用职权案”（检例第 5 号）明确，村民委员会、居民委员会等基层组织人员协助人民政府从事行政管理工作时，滥用职权、玩忽职守构成犯罪的，应当依照《刑法》关于渎职罪的规定追究刑事责任。二是渎职犯罪因果关系的认定，“杨周武玩忽职守、徇私枉法、受贿案”（检例第 8 号）指出，负有监管职责的国家机关工作人员不认真履行监管职责，未能有效防止危害结果发生，这些对危害结果具有“原因力”的渎职行为，应认定与危害结果之间具有刑法意义上的因果关系。另外，关于数罪问题，国家机关工作人员实施渎职犯罪并收受贿赂，同时构成受贿罪的，除《刑法》第 399 条有特别规定的外，以渎职犯罪和受贿罪数罪并罚。

（二）对犯罪后果的准确认定

“罗建华、罗镜添、朱炳灿、罗锦游滥用职权案”（检例第 6 号）对滥用职权罪中致使“公共财产、国家和人民利益遭受重大损失”进行了解释说明，明确因国家机关工作人员滥用职权“造成恶劣社会影响的”，依法应当认定为“致使公共财产、国家和人民利益遭受重大损失”。

“卫学臣编造虚假恐怖信息案”（检例第 10 号）、“袁才彦编造虚假恐怖信息案”（检例第 11 号）对于编造虚假恐怖信息造成“严重扰乱社会秩序”和“严重后果”进行了阐释，指出应结合行为对正常的工作、生产、生活、经营、教学、科研等秩序的影响程度、对公众造成的恐慌程度以及处置情况等因素进行综合分析判断。编造、故意传播虚假恐怖信息威胁民航安全，引起公众恐慌，或者致使航班无法正常起降的，应当认定为“严重扰乱社会秩序”。编造虚假恐怖信息造成有关部门实施人员疏散，引起公众极度恐慌的，或者致使相关单位无法正常营业，造成重大经济损失的，应当认定为“造成严重后果”。

（三）对涉农犯罪的准确认定

“刘强非法占用农用地案”（检例第 60 号）指出，行为人违反土地管理法规，在耕地上建设“大棚房”“生态园”“休闲农庄”等，非法占用耕地数量较大，造成耕地等农用地大量毁坏的，应当以非法占用农用地罪追究实际建设者、经营者的刑事责任。“王敏生产、销售伪劣种子案”（检例第 61 号）明确，以同一科属的此品种种子冒充彼品种种子，属于《刑法》上的“假种子”。行为人对假种子进行小包装分装销售，使农业生产遭受较大损失的，应当以生产、销售伪劣种子罪追究刑事责任。

“南京百分百公司等生产、销售伪劣农药案”（检例第 62 号）明确，未取得农药登记证的企业或者个人，借用他人农药登记证、生产许可证、质量标准证等许可证明文件生产、销售农药，使生产遭受较大损失的，以生产、销售伪劣农药罪追究刑事责任；对于使用伪劣农药造成的农业生产损失，可采取田间实验的方法确定受损原因，并以农作物绝收折损面积、受害地区前三年该类农作物的平均亩产量和平均销售价格为基准，综合计算认定损失金额。

四、指导开展法律监督类

（一）对刑事立案的法律监督

检例第 90—93 号为涉非公经济立案监督主题检察指导性案例。“许某某、包某某串通投标立案监督案”（检例第 90 号）明确，串通拍卖行为不构成串通投标罪，公安机关刑事立案错误的，检察机关应当进行立案监督纠正。“温某某合同诈骗立案监督案”（检例第 91 号）明确，要严格区分合同纠纷与合同诈骗的界限，对于企业间的合同纠纷，公安机关不应当立案而立案的，检察机关应当依法监督公安机关撤销案件。“上海甲建筑装饰有限公司、吕某拒不执行判决立案监督案”（检例第 92 号）明确，对拒不执行判决、裁定的行为，公安机关应当立案而不立案的，检察机关应当要求公安机关说明不立案的理由，理由不成立的，依法监督公安机关立案。“丁某某、林某某等人假冒注册商标立案监督案”（检例第 93 号）明确，对于公安机关未立案侦查的犯罪，应当按照是否与已被立案侦查的犯罪构成共同犯罪作区分处理。不构成的，按照立案监督程序办理；构成的，按照纠正漏捕漏诉程序办理。

（二）对刑事判决的法律监督

对刑事判决开展法律监督的方式包括再审检察建议和抗诉，且以抗诉为主。“于英生申诉案”（检例第25号）、“陈满申诉案”（检例第26号）从“唯一性”证明标准、全面收集证据、严格把握纠错标准、证据裁判原则、对证据的综合审查判断等方面论述了监督纠正错误生效刑事裁判的要点。“王某等人故意伤害等犯罪二审抗诉案”（检例第178号）明确，被告方与被害方达成赔偿谅解协议是从宽处罚的必要但非充分条件，虽达成赔偿谅解但并不足以从宽处罚，而人民法院从轻判处的，检察机关应当依法提出抗诉。“刘某某贩卖毒品二审抗诉案”（检例第179号）明确了对以存在“合理怀疑”为由宣告被告人无罪案件的审查监督要点。“李某抢劫、强奸、强制猥亵二审抗诉案”（检例第180号）从证据的收集、审查判断和运用角度，明确了对认定事实、适用法律存在争议案件的抗诉要领。“孟某某等人组织、领导、参加黑社会性质组织、寻衅滋事等犯罪再审抗诉案”（检例第181号）明确，检察机关要强化监督意识，充分发挥监督职能，并对监督过程中开展自行侦查的原则、积极引导侦查取证的具体规则作了详细阐述。“宋某某危险驾驶二审、再审抗诉案”（检例第182号）明确，抗诉案件中，对结论不同的司法鉴定意见，要分别从合规性、合法性、科学性、充分性、合理性等方面对鉴定主体、鉴定程序、鉴定方法、鉴定材料、分析论证等进行实质化审查。

（三）对刑罚执行的法律监督

对刑罚执行的法律监督是指导开展法律监督类刑事检察指导性案例的重点，主要包括对减刑、假释、暂予监外执行的监督，以及对社区矫正的监督。

检例第70号、第72号是对减刑、暂予监外执行的法律监督。“宣告缓刑罪犯蔡某等12人减刑监督案”（检例第70号）明确，在缓刑考验期限内有重大立功表现，是对缓刑罪犯适用减刑的法定条件，人民法院对确有悔改表现或者有一般立功表现的罪犯裁定减刑的，检察机关应当监督纠正。“罪犯王某某暂予监外执行监督案”（检例第72号）指出，对违法暂予监外执行，检察机关要注重审查司法鉴定意见、病情诊断意见等原始资料的审查，加强对技术性证据的联合审查。

检例第 71 号、第 195—199 号是对假释的法律监督。“罪犯康某假释监督案”（检例第 71 号）规定了对未成年罪犯的减刑、假释条件及综合认定方法。“罪犯向某假释监督案”（检例第 195 号）对“再犯罪的危险”的量化评估、实质化审查等作了释明。“罪犯杨某某假释监督案”（检例第 196 号）指出，对于符合假释法定条件而未被提请假释的，检察机关应当依法建议刑罚执行机关启动假释提请程序。“罪犯刘某某假释监督案”（检例第 197 号）明确，涉及单位犯罪罪犯的假释案件中，涉罪单位财产性判项虽未履行或未全部履行，但不能归责于罪犯个人原因的，一般不影响对罪犯的假释。“罪犯邹某某假释监督案”（检例第 198 号）对假释罪犯的服刑期限条件进行了释明。“罪犯唐某假释监督案”（检例第 199 号）强调，要加强对再犯罪危险性高的罪犯假释适用条件的审查把关。

检例第 131—135 号是对社区矫正的监督。“社区矫正对象孙某某撤销缓刑监督案”（检例第 131 号）强调，要综合运用查阅档案、调查询问、信息核查等方式，查明社区矫正违法情形，精准提出监督意见。结合社区矫正对象违法违规的客观事实和主观情节，准确认定是否属于“情节严重”应予撤销缓刑情形。“社区矫正对象崔某某暂予监外执行收监执行监督案”（检例第 132 号）强调，应当加强对因患严重疾病被暂予监外执行以及变更执行地等社区矫正对象的监督管理活动的监督。发现社区矫正对象暂予监外执行情形消失且刑期未满的，应当依法提出收监执行的检察建议。“社区矫正对象王某减刑监督案”（检例第 133 号）明确，发现宣告缓刑的社区矫正对象有见义勇为、抢险救灾等突出表现的，应当监督相关部门审查确定是否属于重大立功情形，是否符合减刑条件。围绕社区矫正对象是否符合重大立功等重点内容召开听证会，结合原判罪名情节、社区矫正期间表现等依法提出检察建议。“社区矫正对象管某某申请外出监督案”（检例第

134 号）指出，应当监督社区矫正机构依法履行社区矫正对象申请外出的审批职责。社区矫正对象因生产经营需要等正当理由申请外出，社区矫正机构未予批准，人民检察院应当依法监督社区矫正机构批准；社区矫正机构批准外出的，应当监督社区矫正机构加强对社区矫正对象外出期间的动态监督管理。“社区矫正对象贾某某申请经常性跨市县活动监督案”（检例第135 号）明确，对于社区矫正对象因正常工作、生活需要申请经常性跨市县（包含跨不同省份之间的市、县）活动的，人民检察院应当监督社区矫正机构依法予以批准，并简化批准程序和方式。

五、示范引领新类型案件处理类

随着移动互联网的普及应用和社会发展进步，越来越多的新型案件不断涌现，特别是一些犯罪行为不再以传统的手段、方式和场域体现出来，更多地与网络紧密关联在一起，对于新型案件，有必要通过指导性案例对案件认定处理予以明晰，以妥善处理类似案件。

（一）网络犯罪案件的认定处理

检例第 33—36 号[①] 对常见的破坏计算机信息系统、非法获取计算机信息系统数据的行为进行了明确。“李丙龙破坏计算机信息系统案”（检例第33 号）指出，以修改域名解析服务器指向的方式劫持域名，造成计算机信息系统不能正常运行，是破坏计算机信息系统的行为。“曾兴亮、王玉生破坏计算机信息系统案”（检例第 35 号）认为，智能手机终端应认定为刑法保护的计算机信息系统，锁定智能手机导致不能使用的，可认定为破坏计算机信息系统。“卫梦龙、龚旭、薛东东非法获取计算机信息系统数据案”（检例第 36 号）明确，超出授权范围使用账号、密码登录计算机信息系统，

① 2024 年 2 月，根据《最高人民检察院关于宣告部分指导性案例失效的通知》，检例第 34 号指导性案例已经失效。检例第 34 号指导性案例失效的原因主要在于，此案例与最高人民法院发布的指导性案例第 145 号相冲突。

属于侵入计算机信息系统的行为；侵入计算机信息系统后下载其储存的数据，可以认定为非法获取计算机信息系统数据。

检例第37—38号对侵犯与网络有关的财产行为的性质进行了明确。“张四毛盗窃案”（检例第37号）指出，网络域名具备法律意义上的财产属性，盗窃网络域名可以认定为盗窃行为。“董亮等四人诈骗案”（检例第38号）认为，以非法占有为目的，采用自我交易方式，虚构提供服务事实，骗取互联网公司垫付费用及订单补贴，数额较大的，构成诈骗罪。

检例第67—69号对与网络相关犯罪的证据审查认定与案件办理提出了指导性意见。“张凯闵等52人电信网络诈骗案”（检例第67号）指出，跨境电信网络诈骗犯罪往往涉及大量境外证据和庞杂的电子数据，对境外获取的证据应着重审查合法性，对电子数据应着重审查客观性。“叶源星、张剑秋提供侵入计算机信息系统程序，谭房妹非法获取计算机信息系统数据案”（检例第68号）指出，对有证据证明用途单一，只能用于侵入计算机信息系统的程序，司法机关可依法认定为“专门用于侵入计算机信息系统的程序”；难以确定的，应当委托专门部门或司法鉴定机构作出检验或鉴定。“姚晓杰等11人破坏计算机信息系统案”（检例第69号）强调，对于网络攻击犯罪，被害互联网企业提供证据和技术支持意见的，应当结合其他证据进行审查认定，客观、全面、准确认定破坏计算机信息系统罪的危害后果。

（二）金融犯罪案件的认定处理

“朱炜明操纵证券市场案”（检例第39号）明确，证券公司、证券咨询机构、专业中介机构及其工作人员违背从业禁止规定，买卖或者持有证券，并在对相关证券作出公开评价、预测或者投资建议后，通过预期的市场波动反向操作，谋取利益，情节严重的，以操纵证券市场罪追究其刑事责任。

“周辉集资诈骗案”（检例第40号）指出，网络借贷信息中介机构或其控制人，利用网络借贷平台发布虚假信息，非法建立资金池募集资金，所得资金大部分未用于生产经营活动，主要用于借新还旧和个人挥霍，无法归还所募资金数额巨大，应认定为具有非法占有目的，以集资诈骗罪追究刑事责任。

“叶经生等组织、领导传销活动案”（检例第41号）明确，组织者或者经营者利用网络发展会员，要求被发展人员以缴纳或者变相缴纳“入门费”为条件，获得提成和发展下线的资格。通过发展人员组成层级关系，并以直接或者间接发展的人员数量作为计酬或者返利的依据，引诱被发展人员继续发展他人参加，骗取财物，扰乱经济社会秩序的，以组织、领导传销活动罪追究刑事责任。

“杨卫国等人非法吸收公众存款案”（检例第64号）认为，单位或个人假借开展网络借贷信息中介业务之名，未经依法批准，归集不特定公众的资金设立资金池，控制、支配资金池中的资金，并承诺还本付息的，构成非法吸收公众存款罪。

“王鹏等人利用未公开信息交易案”（检例第65号）指出，具有获取未公开信息职务便利条件的金融机构从业人员及其近亲属从事相关证券交易行为明显异常，且与未公开信息相关交易高度趋同，即使其拒不供述未公开信息传递过程等犯罪事实，但其他证据之间相互印证，能够形成证明利用未公开信息犯罪的完整证明体系，足以排除其他可能的，可以依法认定犯罪事实。

“博元投资股份有限公司、余蒂妮等人违规披露、不披露重要信息案”（检例第66号）明确，《刑法》规定违规披露、不披露重要信息罪只处罚单位直接负责的主管人员和其他直接责任人员，不处罚单位。公安机关以本罪将单位移送起诉的，检察机关应当对单位直接负责的主管人员及其他直接责任人员提起公诉，对单位依法作出不起诉决定。对单位需要给予行政处罚的，检察机关应当提出检察意见，移送证券监督管理部门依法处理。

（三）网络时代人格权的刑事保护

“仇某侵害英雄烈士名誉、荣誉案”（检例第136号）指出，侵害英雄烈士名誉、荣誉罪中的“英雄烈士”，是指已经牺牲、逝世的英雄烈士。在同一案件中，行为人所侵害的群体中既有烈士，又有健在的英雄模范人物时，应当整体评价为侵害英雄烈士名誉、荣誉的行为，不宜区别适用侵害英雄烈士名誉、荣誉罪和侮辱罪、诽谤罪。《刑法修正案（十一）》实施后，以侮辱、诽谤或者其他方式侵害英雄烈士名誉、荣誉的行为，情节严重的，构成侵害英雄烈士名誉、荣誉罪。行为人利用信息网络侵害英雄烈士名誉、荣誉，引起广泛传播，造成恶劣社会影响的，应当认定为“情节严重”。英雄烈士没有近亲属或者近亲属不提起民事诉讼的，检察机关在提起公诉时，可以一并提起附带民事公益诉讼。

检例第137—138号对侮辱、诽谤案件的自诉与公诉规则进行了区分。“郎某、何某诽谤案”（检例第137号）明确，利用信息网络诽谤他人，破坏公众安全感，严重扰乱网络社会秩序，符合《刑法》第246条第2款“严重危害社会秩序”的，检察机关应当依法履行追诉职责，作为公诉案件办理。对公安机关未立案侦查，被害人已提出自诉的，检察机关应当处理好由自诉向公诉程序的转换。“岳某侮辱案”（检例第138号）指出，利用信息网络散布被害人的裸体视频、照片及带有侮辱性的文字，公然侮辱他人，贬损他人人格、破坏他人名誉，导致出现被害人自杀等后果，严重危害社会秩序的，应当按照公诉程序，以侮辱罪依法追究刑事责任。

检例第139—140号对网络社会中常见的侵犯个人隐私信息的犯罪行为提供了检察保护规则。“钱某制作、贩卖、传播淫秽物品牟利案”（检例第139号）指出，自然人在私密空间的日常生活属于《民法典》保护的隐私。行为人以牟利为目的，偷拍他人性行为并制作成视频文件，以贩卖、传播方式予以公开，不仅侵犯他人隐私，而且该偷拍视频公开后具有描绘性行为、宣扬色情的客观属性，符合《刑法》关于“淫秽物品”的规定，构成犯罪的，应当以制作、贩卖、传播淫秽物品牟利罪追究刑事责任。以牟利为目的提供互联网链接，使他人可以通过偷拍设备实时观看或者下载视频文件的，属于该罪的“贩卖、传播”行为。检察机关办理涉及偷拍他人隐私的刑事案件时，应当根据犯罪的主客观方面依法适用不同罪名追究刑事责任。“柯某侵犯公民个人信息案”（检例第140号）明确，业主房源信息是房产交易信息和身份识别信息的组合，包含姓名、联系方式、住址、交易价格等内容，属于法律保护的公民个人信息。未经信息主体另行授权，非法获取、出售限定使用范围的业主房源信息，系侵犯公民个人信息的行为，情节严重、构成犯罪的，应当依法追究刑事责任。检察机关办理案件时应当对涉案公民个人信息具体甄别，筛除模糊、无效及重复信息，准确认定侵犯公民个人信息数量。

（四）新型毒品犯罪案件的认定处理

检例第150号、第153号为规制新型的制造毒品和贩卖行为提供了司法规则。“王某贩卖、制造毒品案”（检例第150号）明确，行为人利用未列入国家管制的化学品为原料，生产、销售含有国家管制的麻醉药品、精神药品成分的食品，明知该成分毒品属性的，应当认定为贩卖、制造毒品罪。检察机关办理新型毒品犯罪案件，应当审查毒品含量，依法准确适用刑罚。对于毒品犯罪所得的财物及其孳息、收益和供犯罪所用的本人财物，应当依法予以追缴、没收。“何某贩卖、制造毒品案”（检例第153号）指出，行为人利用原生植物为原料，通过提炼等方法制成含有国家管制的麻醉药品、精神药品的物质，并予以贩卖的，应当认定为贩卖、制造毒品罪。

“马某某走私、贩卖毒品案”（检例第151号）指出，行为人明知系国家管制的麻醉药品、精神药品，出于非法用途走私、贩卖的，应当以走私、贩卖毒品罪追究刑事责任。行为人出于非法用途，以贩卖为目的非法购买国家管制的麻醉药品、精神药品的，应当认定为贩卖毒品罪既遂。检察机关应当综合评价新型毒品犯罪的社会危害性，依法提出量刑建议。

“郭某某欺骗他人吸毒案”（检例第152号）明确，行为人明知系国家管制的麻醉药品、精神药品而向他人的饮料、食物中投放，欺骗他人吸食的，应当以欺骗他人吸毒罪追究刑事责任。对于有证据证明行为人为实施强奸、抢劫等犯罪而欺骗他人吸食麻醉药品、精神药品的，应当按照处罚较重的罪名追究刑事责任。检察机关应当加强自行补充侦查，强化电子数据等客观性证据审查，准确认定犯罪事实。

六、总结检察办案方法与技巧类

刑事检察指导性案例中，绝大部分都具有指导检察办案的功能，一些刑事指导性案例在这方面的规则属性较为突出，一般使用“检察机关（办案人员）应当……”这类表达，对办理类似案件具有较为明确的指导性作用。

（一）在检察办案中做好行刑衔接、监检衔接

“胡宝刚、郑伶徇私舞弊不移交刑事案件案”（检例第7号）指出，诉讼监督是人民检察院依法履行法律监督的重要内容，检察机关和办案人员应当坚持办案与监督并重，建立健全行政执法与刑事司法有效衔接的工作机制，善于在办案中发现各种职务犯罪线索；对于行政执法人员徇私舞弊，不移送有关刑事案件构成犯罪的，应当依法追究刑事责任。“浙江省某县图书馆及赵某、徐某某单位受贿、私分国有资产、贪污案”（检例第73号）指出，人民检察院在对职务犯罪案件审查起诉时，如果认为相关单位亦涉嫌犯罪，且单位犯罪事实清楚，证据确实、充分，经与监察机关沟通，可以依法对犯罪单位提起公诉。检察机关在审查起诉中发现遗漏同案犯或犯罪事实的，应当及时与监察机关沟通，依法处理。“金某某受贿案”（检例第75号）强调，在适用认罪认罚从宽制度办理职务犯罪案件过程中，检察机关应切实履行主导责任，与监察机关、审判机关互相配合，互相制约，充分保障犯罪嫌疑人、被告人的程序选择权。“张某受贿，郭某行贿、职务侵占、诈骗案”（检例第76号）指出，检察机关提前介入应认真审查案件事实和证据，准确把握案件定性，依法提出提前介入意见。检察机关在审查起诉阶段仍应严格审查，提出审查起诉意见。审查起诉意见改变提前介入

意见的，应及时与监察机关沟通。对于在审查起诉阶段发现漏罪，如该罪属于公安机关管辖，但犯罪事实清楚，证据确实、充分，符合起诉条件的，检察机关在征得相关机关同意后，可以直接追加起诉。

（二）准确把握追诉标准

检例第20—21号明确了应当予以追诉的情形。"马世龙（抢劫）核准追诉案"（检例第20号）指出，故意杀人、抢劫、强奸、绑架、爆炸等严重危害社会治安的犯罪，经过20年追诉期限，仍然严重影响人民群众安全感，被害方、案发地群众、基层组织等强烈要求追究犯罪嫌疑人刑事责任，不追诉可能影响社会稳定或者产生其他严重后果的，对犯罪嫌疑人应当追诉。"丁国山等（故意伤害）核准追诉案"（检例第21号）指出，涉嫌犯罪情节恶劣、后果严重，并且犯罪后积极逃避侦查，经过20年追诉期限，犯罪嫌疑人没有明显悔罪表现，也未通过赔礼道歉、赔偿损失等获得被害方谅解，犯罪造成的社会影响没有消失，不追诉可能影响社会稳定或者产生其他严重后果的，对犯罪嫌疑人应当追诉。

检例第22—23号是不予追诉的案例。"杨菊云（故意杀人）不核准追诉案"（检例第22号）指出，因婚姻家庭等民间矛盾激化引发的犯罪，经过20年追诉期限，犯罪嫌疑人没有再犯罪危险性，被害人及其家属对犯罪嫌疑人表示谅解，不追诉有利于化解社会矛盾、恢复正常社会秩序，同时不会影响社会稳定或者产生其他严重后果的，对犯罪嫌疑人可以不再追诉。"蔡金星、陈国辉等（抢劫）不核准追诉案"（检例第23号）明确，涉嫌犯罪已过20年追诉期限，犯罪嫌疑人没有再犯罪危险性，并且通过赔礼道歉、赔偿损失等方式积极消除犯罪影响，被害方对犯罪嫌疑人表示谅解，犯罪破坏的社会秩序明显恢复，不追诉不会影响社会稳定或者产生其他严重后果的，对犯罪嫌疑人可以不再追诉。

另外，对于1997年9月30日以前实施的共同犯罪，检例第23号指出，这种情形下已被司法机关采取强制措施的犯罪嫌疑人逃避侦查或者审判的，不受追诉期限限制。司法机关在追诉期限内未发现或者未采取强制措施的犯罪嫌疑人，应当受追诉期限限制；涉嫌犯罪应当适用的法定量刑幅度的最高刑为无期徒刑、死刑，犯罪行为发生20年以后认为必须追诉的，须报请最高人民检察院核准。

（三）准确审核认定证据

“陈满申诉案”（检例第26号）指出，证据是刑事诉讼的基石，认定案件事实，必须以证据为根据。证据未经当庭出示、辨认、质证等法庭调查程序查证属实，不能作为定案的根据。对于在案发现场提取的物证等实物证据，未经鉴定，且在诉讼过程中丢失或者毁灭，无法在庭审中出示、质证，有罪供述的主要情节又得不到其他证据印证，而原审裁判认定被告人有罪的，应当依法进行监督。

“于英生申诉案”（检例第25号）指出，人民检察院监督纠正冤错案件，要严格把握纠错标准，对于被告人供述反复，有罪供述前后矛盾，且有罪供述的关键情节与其他在案证据存在无法排除的重大矛盾，不能排除有其他人作案可能的，应当依法进行监督。

“王玉雷不批准逮捕案”（检例第27号）明确，检察机关办理审查逮捕案件，要严格坚持证据合法性原则，既要善于发现非法证据，又要坚决排除非法证据。非法证据排除后，其他在案证据不能证明犯罪嫌疑人实施犯罪行为的，应当依法对犯罪嫌疑人作出不批准逮捕的决定。要加强对审查逮捕案件的跟踪监督，引导侦查机关全面及时收集证据，促进侦查活动依法规范进行。

（四）对知识产权的检察保护

“邓秋城、双善食品（厦门）有限公司等销售假冒注册商标的商品案”（检例第98号）指出，办理侵犯注册商标类犯罪案件，应注意结合被告人销售假冒商品数量、扩散范围、非法获利数额及在上下游犯罪中的地位、作用等因素，综合判断犯罪行为的社会危害性，确保罪责刑相适应。在认定犯罪的主观明知时，不仅考虑被告人供述，还应综合考虑交易场所、交易时间、交易价格等客观行为，坚持主客观相一致。对侵害众多消费者利益的情形，可以建议相关社会组织或自行提起公益诉讼。

“陈力等八人侵犯著作权案”（检例第 100 号）指出，办理网络侵犯视听作品著作权犯罪案件，应注意及时提取、固定和保全相关电子数据，并围绕客观性、合法性、关联性要求对电子数据进行全面审查。对涉及众多作品的案件，在认定“未经著作权人许可”时，应围绕涉案复制品是否系非法出版、复制发行且被告人能否提供获得著作权人许可的相关证明材料进行审查。

“姚常龙等五人假冒注册商标案”（检例第 101 号）明确，凡在我国合法注册且在有效期内的商标，商标所有人享有的商标专用权依法受我国法律保护。未经商标所有人许可，无论假冒商品是否销往境外，情节严重构成犯罪的，依法应予追诉。判断侵犯注册商标犯罪案件是否构成共同犯罪，应重点审查假冒商品生产者和销售者之间的意思联络情况、对假冒违法性的认知程度、对销售价格与正品价格差价的认知情况等因素综合判断。

“金义盈侵犯商业秘密案”（检例第 102 号）指出，办理侵犯商业秘密犯罪案件，被告人作无罪辩解的，既要注意审查商业秘密的成立及侵犯商业秘密的证据，又要依法排除被告人取得商业秘密的合法来源，形成指控犯罪的证据链。对鉴定意见的审查，必要时可聘请或指派有专门知识的人辅助办案。

（五）职务犯罪案件没收违法所得程序的适用

“李华波贪污案”（检例第 74 号）明确，对于贪污贿赂等重大职务犯罪案件，犯罪嫌疑人、被告人逃匿，在通缉一年后不能到案，如果有证据证明有犯罪事实，依照《刑法》规定应当追缴其违法所得及其他涉案财产的，应当依法适用违法所得没收程序办理。违法所得没收裁定生效后，在逃的职务犯罪嫌疑人自动投案或者被抓获，监察机关调查终结移送起诉的，检察机关应当依照普通刑事诉讼程序办理，并与原没收裁定程序做好衔接。

“白静贪污违法所得没收案”（检例第127号）指出，检察机关提出没收违法所得申请，应有证据证明申请没收的财产直接或者间接来源于犯罪所得，或者能够排除财产合法来源的可能性。人民检察院出席申请没收违法所得案件庭审，应当重点对于申请没收的财产属于违法所得进行举证。对于专业性较强的案件，可以申请鉴定人出庭。

“彭旭峰受贿，贾斯语受贿、洗钱违法所得没收案”（检例第128号）指出，对于跨境转移贪污贿赂所得的洗钱犯罪案件，检察机关应当依法适用特别程序追缴贪污贿赂违法所得。对于犯罪嫌疑人、被告人转移至境外的财产，如果有证据证明具有高度可能属于违法所得及其他涉案财产的，可以依法申请予以没收。对于共同犯罪的主犯逃匿境外，其他共同犯罪人已经在境内依照普通刑事诉讼程序处理的案件，应当充分考虑主犯应对全案事实负责以及国际刑事司法协助等因素，依法审慎适用特别程序追缴违法所得。

“黄艳兰贪污违法所得没收案”（检例第129号）指出，检察机关在适用违法所得没收程序中，应当承担证明有犯罪事实以及申请没收的财产属于违法所得及其他涉案财产的举证责任。善意第三方对申请没收财产享有合法权利的，应当依法予以保护。

“任润厚受贿、巨额财产来源不明违法所得没收案”（检例第130号）明确，涉嫌巨额财产来源不明犯罪的人在立案前死亡，依照《刑法》规定应当追缴其违法所得及其他涉案财产的，可以依法适用违法所得没收程序。对涉案的巨额财产，可以由其近亲属或其他利害关系人说明来源。没有近亲属或其他利害关系人主张权利或者说明来源，或者近亲属或其他利害关系人主张权利所提供的证据达不到相应证明标准，或说明的来源经查证不属实的，依法认定为违法所得予以申请没收。违法所得与合法财产混同并产生孳息的，可以按照违法所得占比计算孳息予以申请没收。

（六）刑事申诉公开听证案件的办理

“陈某某刑事申诉公开听证案”（检例第 158 号）指出，检察机关办理疑难复杂和争议较大的刑事案件应当坚持“应听证尽听证”，做到厘清案情、释明法理、化解矛盾、案结事了。刑事申诉案件公开听证，重在释法说理，解开“心结”，引导当事人理解、认同人民检察院依法作出的处理决定。听证员评议意见是人民检察院作出决定的重要参考，检察机关要保障听证员独立和充分发表意见。

“吴某某、杨某某刑事申诉公开听证案”（检例第 159 号）指出，对于因司法机关依法改变原处理决定，但未对当事人释法说理引起刑事申诉的，检察机关应当充分做好释法说理，必要时组织检察听证，弥补原案办理中的缺陷，促进案结事了。要认真做好检察听证前的准备工作。出现申诉人不信任、不配合等抵触情形的，要做好情绪疏导工作，必要时争取当地有关部门支持配合，共同解开“心结”，确保听证顺利举行。办案过程中发现申诉人因案致困，符合司法救助条件的，应当及时给予救助帮扶。

“董某某刑事申诉公开听证案”（检例第 160 号）指出，检察机关办理因民间矛盾、邻里纠纷等引发的复杂、疑难刑事申诉案件，应当举行检察听证，消除双方当事人之间的误会和积怨，引导双方当事人和解。对于刑事申诉案件反映出的社会治理不完善的问题，检察机关应当依法履职，推动主管部门予以完善。必要时可以邀请相关主管部门负责人参加检察听证，就有效化解矛盾、妥善处理案件等提出意见建议，促进综合治理。

“董某娟刑事申诉简易公开听证案”（检例第 161 号）指出，检察机关办理申诉人走访申诉的案件，可以在 12309 检察服务中心等申诉案件办理场所举行简易公开听证，由检察官和听证员现场解答申诉人关于案件事实认定、证据采信和法律适用等方面的疑问。心理咨询师可以作为听证员或者辅助人员，参与检察听证，有针对性地给予申诉人专业化的心理疏导，纾解其“心结”，增强释法说理效果，促进矛盾化解、案结事了。

（七）重大责任事故类案件办理

“余某某等人重大劳动安全事故重大责任事故案”（检例第94号）指出，办理危害生产安全刑事案件，要根据案发原因及涉案人员的职责和行为，准确适用重大责任事故罪和重大劳动安全事故罪。要全面审查案件事实证据，依法追诉漏罪漏犯，准确认定责任主体和相关人员责任，并及时移交职务违法犯罪线索。针对事故中暴露出的相关单位安全管理漏洞和监管问题，要及时制发检察建议，督促落实整改。

“宋某某等人重大责任事故案”（检例第95号）提出，对相关部门出具的安全生产事故调查报告，要综合全案证据进行审查，准确认定案件事实和相关人员责任。要正确区分相关涉案人员的责任和追责方式，发现漏犯及时追诉，对不符合起诉条件的，依法作出不起诉处理。

“黄某某等人重大责任事故、谎报安全事故案”（检例第96号）明确，认定谎报安全事故罪，要重点审查谎报行为与贻误事故抢救结果之间的因果关系。对同时构成重大责任事故罪和谎报安全事故罪的，应当数罪并罚。应注重督促涉事单位或有关部门及时赔偿被害人损失，有效化解社会矛盾。安全生产事故涉及生态环境污染等公益损害的，刑事检察部门要和检察公益诉讼部门加强协作配合，督促协同行政监管部门，统筹运用法律、行政、经济等手段严格落实企业主体责任，修复受损公益，防控安全风险。

“夏某某等人重大责任事故案”（检例第97号）指出，内河运输中发生的船舶交通事故，相关责任人员可能同时涉嫌交通肇事罪和重大责任事故罪，要根据运输活动是否具有营运性质以及相关人员的具体职责和行为，准确适用罪名。重大责任事故往往涉案人员较多，因果关系复杂，要准确认定涉案单位投资人、管理人员及相关国家工作人员等涉案人员的刑事责任。

第三节 刑事检察指导性案例的发展完善

2019年修订的《最高人民检察院关于案例指导工作的规定》标志着检察案例指导制度进入完善发展阶段。《中共中央关于加强新时代检察机关法律监督工作的意见》对指导性案例工作提出了更高要求。《最高人民检察院“十四五”时期检察工作发展规划》专门对“强化案例指导工作”作出部署。刑事检察作为“四大检察”体系的重要组成部分，是检察机关的传统优势板块，做优刑事检察离不开刑事指导性案例作用的发挥。相较于刑事司法解释立法化、规范化、抽象化的特点，刑事检察指导性案例具有及时性、灵活性、针对性的优势，发挥着连接事实与规范的桥梁纽带作用。随着刑事检察指导性案例发布频次、数量大幅增加，主题日益丰富，指导引领作用彰显。经过十余年的发展，相较于其他业务，刑事检察指导性案例规模发展相对较快，总体符合司法运行规律。与此同时，网络时代社会环境的急剧变迁，刑事检察工作复杂性前所未有地增加，出现了诸多新难点、新情况。刑事指导性案例指引与示范功能、促进司法公正功能、普法与预防功能的发挥，建立在完善完备的制度基础上。在司法实践中，相较于每年巨大的办案量以及刑事检察业务的涉及面来看，刑事检察指导性案例的适用状况并不理想。在刑事检察领域，无论就内容质量还是涵盖范围而言，指导性案例的供给客观上与刑事检察实务的需求都存在一定程度上的差距，由此势必影响到刑事检察案例指导制度功能价值的有效发挥。

一、从数量上丰富刑事检察指导性案例

由于刑事案件覆盖社会生活的方方面面，纷繁复杂，尽管目前刑事检察指导性案例种类包含事实与行为认定、法律适用、证据审查、诉讼监督、政策业务指导等，案件类型也包含网络犯罪、经济犯罪等多个种类，但与

我国每年庞大的刑事办案数量相比，目前的指导性案例只能覆盖少数刑事检察业务，指导性案例的类型、数量仍不够丰富。刑事检察各大业务的指导性案例数量与规模存在不均衡现象，部分重要刑事检察业务没有被覆盖。随着2018年反贪职能转隶后，检察机关侦查业务领域的指导性案例尚未“破零”，滞后于该工作的发展。当然，检察指导性案例的数量绝不是越多越好，但是案例数量在一定程度上必然影响其参照适用的广度、深度和效果。与我国每年巨大的刑事办案数量相比，目前的指导性案例只能覆盖少数刑事检察业务。同时，从司法效率方面来看，刑事检察指导性案例总量偏少，可能导致检察官在办理疑难复杂或新型案件时面临“无案可参考”的状况，这势必会影响检察官的办案效率，不利于提升司法效率。所以，应当在遵循司法规律的前提下，通过发掘优秀案例、制定年度发布目标等途径，适当提高刑事检察指导性案例的数量，进一步充实刑事检察指导性案例库。同时要注重刑事检察中各类业务在指导性案例中的配比问题，推动均衡性发展。例如，随着检察侦查业务的推进与发展，应当加强对该领域优秀案例的培育与遴选，适时发布检察侦查业务的指导性案例，为司法人员相关职务犯罪侦查工作提供指引与参考。司法实践中刑事案件的类型多样，而目前的刑事指导性案例类型不能完全覆盖，无法起到全面指导作用，也导致办案人员适用刑事检察指导性案例的意愿不强。在检察指导性案例的遴选、编辑、发布时，应当增加和丰富案例的数量和类型，避免使用单一规则应对复杂问题，为应对特定复杂问题提供类型丰富的处理规则。同时，也要根据最新的法律法规，对已经失效的指导性案例及时调整删除。

（一）在来源上多样化、联合制发

在遴选检察指导性案例的过程中，确定省级检察机关具体负责收集、整理案例素材和接收下级检察机关推荐案例，于确保备选案例的质量、把好检察指导性案例的“入口关”具有重要意义。建议畅通承办检察官向上推荐案例和社会各界人士向检察机关推荐案例的渠道，真正实现检察指导性案例来源的多样化，提高检察指导性案例的社会认可度和接受度。要破解诉讼主体应用检察指导性案例的困局，在遵循审判中心主义的基础上，推动联合发布机制落实，如由“两高”联合发布指导性案例，提升刑事检察指导性案例的指导价值及指导效果。

（二）在内容上针对性、扩张式挖潜

要加强指导性案例的针对性，直面实践中的各类痛点难点，推动检察指导性案例向更广方向拓展延伸。出于规模效应的需要，应视情况增加检察指导性案例数量，遴选出创造性、典型性、普适性较强的案件，便于类案参照适用。通过基础数量提升，丰富检察指导性案例类型，为多种类案提供创新规则或审查思路，有助于在检察官内心形成办案的“路径依赖”，使检察官主动研习和参照检察指导性案例成为常态。发挥典型案例相对于指导性案例形式更为灵活、发布程序更为简便等特点和优势，扩大案例对检察工作的指导、推动和宣传作用。注重在典型案例汇编的基础上，提炼一般性规则，适时将法律适用指导性强的典型案例提升为指导性案例。

（三）在类型上多元化、全面性扩展

围绕检察主责主业，着重编发不批捕、不起诉、提前介入、引导侦查、自行补充侦查审前等指导性案例，提高相应案例占总体指导性案例数量上的比重，增加自侦案件、监检衔接案例及跨部门协作案例的编发。同时，除了发布指导实体法律适用的案例，还应向指导程序法律适用方向延伸。检察指导性案例还应向量刑规范指导的方向拓展。目前指导性案例大多集中于对疑难法律适用的指导，对量刑问题较少涉及，而实践中对此类指导需求较多，特别是量刑规则的适用指导、疑难量刑情节的认定、从轻减轻情节的尺度等，尤需增加发布。

（四）动态调整，及时宣告失效

在严格报送、筛选、发布的基础上，健全相应的适用评估与退出机制，对司法实践中适用效果不佳、不合时宜的案例，通过定期检视和不定期的

筛选，不断催发更新，确保检察指导性案例的质量，激发案例的最大司法价值。指导性案例所依据的法律和司法解释已经失效，或与新的法律和司法解释相冲突，或者具有其他应当宣告失效的情形的，对指导性案例的适用进行排除。《最高人民检察院关于案例指导工作的规定》虽未规定指导性案例自然失效，但是在第 19 条规定了指导性案例四种宣告失效的情形：一是案例援引的法律或者司法解释废止的；二是与新颁布的法律或者司法解释相冲突的；三是与最高人民检察院新发布的指导性案例相冲突的；四是其他应当宣告失效的情形。宣告指导性案例失效，应当经最高人民检察院检察委员会决定。

2024 年 2 月，最高人民检察院首次启动了指导性案例清理机制，宣告了部分指导性案例（检例第 3 号、检例第 34 号）失效。应当说，关于检察指导性案例的动态调整已经实现。可以预计，指导性案例的动态调整工作将会愈加频繁。

二、提升刑事检察指导性案例指引示范效力

刑事检察指导性案例对司法实践个案的指导属于类案的参照指导，而这种参照不是规范意义上的必须参照，是否参照有赖于具体承办人员对案情事实疑难复杂程度、与指导性案例的类似程度的判断，这种判断的作出往往较为随意，缺乏权威。这也是刑事检察指导性案例参照适用强制力不高的直接原因。加上实践中办案人员对指导性案例的检索缺乏动力和科学方法，是否参照指导性案例并没有强制性的规定。由于长期以来对制定法和司法解释的依赖，以及缺乏完整而实用的案例适用技术，导致检察官普遍不会适用、不想适用、不敢适用指导性案例的情况。[①] 2019 年修订的《最

① 参见孙跃：《法源理论视角下的指导性案例研究》，山东大学 2020 年博士学位论文，第 9 页。

高人民检察院关于案例指导工作的规定》第15条规定，要求办案人员在办理类似案件时“应当参照”已发布的指导性检察案例。尤其是对于提交检察委员会讨论的案件，承办检察官应当报告有无类似指导性案例，并说明参照适用情况。也就是说，指导性案例在司法办案中具有事实上的约束力。虽然其不能直接作为法律依据，但是在遇到相同或类似案件时，检察官应当参照适用。但是在实践中，检察官对刑事检察指导性案例的作用没有给予足够重视，许多检察官认为指导性案例一般只起到业务学习作用，办案过程中无须甚至不能援引适用。以某基层检察机关办理刑事案件为例，2022年全年审结刑事案件2534件，参照适用刑事检察指导性案例为0件；2021年全年审结刑事案件2755件，参照适用刑事检察指导性案例为0件。调查显示，基层适用参照指导性案例办理的刑事案件数量难以统计，走访得到的指导性案例参照量偏少。同时，由于指导性案例适用的评价机制及适用情况监测机制尚未建立，《最高人民检察院关于案例指导工作的规定》明文规定的“应当参照”之要求无法得到有效的贯彻落实，直接影响到案例指导理念、思维的养成。所以，应当通过以下途径进一步提升刑事检察指导性案例的指引和示范效力。

（一）建立完善和落实刑事检察指导性案例强制检索制度

强制检索制度是指导性案例适用的根本保障。刑事案件数量多，类型复杂，检索难度大，检索动力不足，刑事检察指导性案例存在被架空和成为“纸面”案例、“挂墙”案例的风险。强制检索制度要求检察官在办理疑难复杂案件时应当进行类似案例检索，从制度上确保刑事检察指导性案例在实践中发挥应有的指导作用。强制检索制度具体内涵为：检察官在案例库中检索到与在办案件相类似的指导性案例，应当参照适用；检索到与在办案件相类似的典型案例或者其他案例，要参考办理。建立完善刑事检察性指导案例的类案强制检索制度，需要从以下三个方面进行。

一是强化检察官的强制检索主体责任。检察官是刑事检察指导性案例的主要适用主体和需求来源，检察官对强制检索制度的落实有赖于主体责任的建立。要在刑检部门树立强制检索主体意识，对于疑难复杂案件的讨论，包括事实证据认定和法律适用、刑事诉讼程序的适用等，均要求检察官具备强制检索意识，落实强制检索责任。建议对于检察官拟提交检察官联席会议讨论、报请检察长（分管副检察长）决定、提请检察委员会审议之前应当进行类案检索，检察长（分管副检察长）或者业务部门负责人要求检索的，应当强制进行类案检索。对强制检索的范围、层级、方法进行明确，引导检察官主动适用检察指导性案例。如要求检察官在办理个案时强制检索，同时把参照指导性案例办理案件的情况纳入检察官业绩考评体系。对于当事人、辩护人提交指导性案例作为诉讼意见的理由的，检察官应当进行检索，对该理由作出回应。

二是制定、完善和落实强制检索相关的规范。强调检察官主体责任的同时，要制定完善强制检索相关的规范要求。根据《最高人民检察院关于案例指导工作的规定》，制定加强案例适用类案检索的工作要求，对类案概念、类案识别、检索路径、分类处理、类案检索报告、案例检索监督等方面进行规定。将检察指导性案例的强制检索和参照适用情况纳入日常流程监控，作为案件质量评价指标，督促检察官主动查询、检索并参照适用指导性案例。明确类案强制检索的范围和情形、不同层级类案的适用规则、类案检索的方法。规范在实操阶段的案例检索流程、差异情况报告、各方意见听取、效果预期保障等具体工作。进一步明确检察类案的具体内涵，列明哪些方面属于援引案例中所要关注的类案相似点，对检察类案作出明确界定。

三是聚焦检察委员会讨论的疑难复杂案件。刑事疑难复杂案件是强制检索的重点，也是刑事检察指导性案例发挥指导作用的“主战场”。检察委员会讨论的案件大多数是疑难复杂案件，强制检索制度的落实需要聚焦检察委员会讨论的疑难复杂案件。将检察指导性案例作为检察委员会讨论案件时所必须检索的类案，要求进入检察委员会流程的案件做到“每案必检”。通过检察委员会准入援引衔接机制，确保指导性案例具有“应当参照”适用的效力。在进入讨论流程之前，需要强制检索拟讨论的案件是否有相关类似指导性案例可供参照遵循，为准确应对法律、司法解释规定不明确的疑难或者新类型案件、保证类案在政策把握、法律适用、证据标准等方面的一致性和均衡性，避免出现类案处理上的重大偏差。

（二）强化刑事检察指导性案例适用效力保障体系

为了确保指导性案例的适用权威，除了制定和完善强制检索相关规范，还应强化指导性案例的适用效力保障体系。

一是完善和落实刑事检察指导性案例的学习制度。实践中指导性案例作用的发挥仍在于各类学习、适用制度保障落实，可通过制定指导性案例学习计划，通过院务会、检察委员会、部门会议、列入业务培训计划等多种形式加大学习力度，确实、充分地发挥指导性案例对检察办案工作的示范引领作用。《最高人民检察院关于案例指导工作的规定》第17条规定：“各级人民检察院应当将指导性案例纳入业务培训，加强对指导性案例的学习应用。”指导性案例对于各级检察机关办理案件具有参照作用，学习指导性案例就是要学习先进办案经验、办案理念，增强释法说理的能力，更好地适用法律及司法解释。

二是完善刑事检察指导性案例参照适用效力的制度规范。建议最高人民检察院在发布指导性案例时，通知中使用“应当参照适用”或“请参照适用”等表述。此外，根据《立法法》的规定，最高人民检察院作为司法机关有权制定司法解释，其制定的司法解释具有普遍适用效力。有学者提出要赋予指导性案例相应的法律效力和法律渊源。在实践适用上，可以采用“依照 ×××（法律）和 ×××（司法解释），并参照适用检例第 × 号”的表达形式，这也体现了所谓参照适用指导性案例并非参照其案件细节，而是参照从指导性案例中提炼总结的法律精神和司法判断的技巧。[①]

三是扩大刑事检察指导性案例实践和理论的影响力。将刑事检察指导性案例中确定的规则进行提炼，制发相关的司法解释，推动刑事立法。刑事检察立法和司法解释的制定应坚持“从案例中来，到案例中去”的生成路径，将案例中的司法办案经验与智慧凝结、抽象成明确的规则指引，并再次回到司法实践中接受鲜活案例的检验，从而实现刑事立法、司法解释与指导性案例的动态互动。实践中，要将援引检察指导性案例进行释法说理的情况作为评价检察官进行法律文书说理工作的重要指标，推动检察指导性案例被检察官、法官和社会各界认同。就指导性案例所弘扬的核心价值观、凸显的监督手段、指引的工作方法等，加强与高校、法学会、律所等法律职业共同体建立案例研究机制，以共同完成案例研究课题、召开研讨会等形式，充分挖掘检察指导性案例指导司法实务的价值，提高参照适用检察指导性案例的频次。

三、提速刑事检察指导性案例数字化建设

目前刑事检察指导性案例数据库及相关配套技术设施尚未完善，给司法办案中案例检索、类案关联、法律条文查询等方面带来诸多不便，影响了指导性案例的指引示范效果。总体来看，我国的刑事检察指导性案例数字化建设，尚未及时适应时代发展的潮流，表现出了一定的滞后性，给司法人员和社会公众在业务办案、案例参考等方面带来了不便。如前文所述，类案的识别是指导性案例发挥指导作用的前提。当前已经进入大数据时代，大数据凭借其数据量大、数据类型多、数据处理速度快等优势，已经渗透到包括司法在内的每一个行业，成为重要的生产要素。随着网络大数据时

① 参见刘程杰:《检察指导性案例应用的提升路径》，载《人民检察》2021 年第 14 期。

代的到来，数字化建设成为影响检察案例指导制度发展的重要挑战和机遇。刑事检察指导性案例旨在解决司法实践中出现的类案问题，但实践中刑事个案特点众多，“世界上不存在完全相同的树叶”，任何个案都带有明显的时代和个人成长烙印，动机纷繁复杂，成为指导性案例有其特殊的时代历史原因，发生的个案即使有相似之处，是否属于类案有时较难甄别。检察指导性案例的关键词和要旨难以完全覆盖全部争议点，加上传统的案例数据库无法满足类案检索的需求，而且当前检察案例数据库与审判案例数据库、行政执法案例数据库尚无法实现互联互通，严重影响案例检索和法律监督的效果。加强指导性案例数据库及相关配套技术设施（如类案检索机制）的建设与管理，有利于司法人员更为便捷、更为广泛地参照适用刑事检察指导性案例。借助数字化技术手段可以增加刑事检察指导性案例的检索精准度和适用范围。运用大数据和人工智能，促进类案检索的规范化与智能化。在刑事检察指导性案例的检索适用过程中，要兼顾传统方式和现代科技，建设智能化检察案例数据库，强化适用指引措施，方便检索学习、参照适用检察指导性案例。

（一）建立案例数据库智能检索模型

案例数据库应当具有案例收集、汇总、分类、存储、更新、检索等功能。按照“分头建设、整合使用”的原则，将检察案例数据库分为总库和子库。最高人民检察院案例数据子库包括最高人民检察院发布的指导性案例和典型案例。各省级检察院应当建设一个本省的检察案例数据子库，包括三类案件：本省级检察院、本省级检察院内设业务部门和本省地市级检察院发布的典型案例。最高人民检察院负责自身子库和总库即全国检察案例数据库平台建设，各省级检察院案例数据子库之间应当做到互联互通。依托既有的案例数据库，可以结合人工智能、大数据等现代技术优势，建立科学统计模型，得出符合法律职业者（检察官、法官、律师）办案实际的分析结论。在此基础上，对指导性案例进行形式上和实质上的不适用论证判断，从而实现是否适用与案例评估、适用等机制的无缝衔接，确保检察指导性案例数据库的及时、有效、可靠。

（二）公安、法院等政法机关的刑事案例数据库互通

数字化转型的基础是庞大的数据库和算力支撑。目前的刑事指导性案例数据库仅局限于检察系统，与法院的中国裁判文书网中刑事判决数据库、公安机关的刑事案件数据库均缺乏互联互通平台。建议最高人民检察院与最高人民法院加强沟通协调，督促双方刑事指导性案例数据库互联互通。各省级检察院也可以积极与本省高级法院沟通协调，将本省的检察案例数据库与高级法院的参考性案例数据库互联互通。共商共享公安部、司法部以及其他行政执法机关的案例数据库。鉴于法律监督工作涉及其他政法机关和行政执法机关，建议最高人民检察院与有关机关进行沟通协调，打通检察案例数据库与其他机关案例数据库的壁垒，共商共享政法机关和其他行政执法机关的案例数据库，为全国检察人员提供类案检索的同时，为学习研究案例、指导办案工作提供便利。

（三）优化全国检察业务应用系统检索案卡

针对检察指导性案例在实践中运用频率不高的问题，为方便检索，建议将检察指导性案例适用情况列入全国检察业务应用系统案卡选填项目，增加“类案推送”内容，加强类案和关联案件比对检索，提醒相关指导性案例情况，作为检察官办案援引时的备选参照。探索建立类案强制智能检索系统，在目前全国检察业务应用系统版本基础上，植入智能关键词识别技术，智能推送类案，将检察官通过上传审查报告至系统平台，是否属于类案由系统进行第一次匹配筛选，将筛选的结果供检察官参考，并制作强制检索未检索的提示案卡，将检察官从手动类案检索与对比的烦琐事务中解脱出来。

第五章　民事检察指导性案例

第一节　民事检察指导性案例概述

一、民事检察指导性案例概况

民事检察指导性案例是检察案例指导制度的重要组成部分，是该制度在民事检察领域的体现，民事检察指导性案例涉及事实认定、证据运用、法律适用、政策把握、办案方法等多个方面，具有“准司法解释”的作用[①]，对高质效办好每一个民事检察案件，推动民事检察工作高质量发展，具有重要指导意义。2019 年 5 月 1 日至 2023 年 12 月 31 日，最高人民检察院共发布了五批 22 件指导性案例。其中第十四批为 5 件虚假诉讼监督指导性案例，第二十一批为 4 件保护民营经济指导性案例，第二十八批为 3 件民事执行监督指导性案例，第三十一批为 5 件民事支持起诉指导性案例，第三十八批为 4 件民事生效裁判监督指导性案例以及第四十八批知识产权检察指导性案例中的 1 件虚假诉讼监督指导性案例。

民事检察指导性案例对做大做强民事检察工作具有重要意义。首先，最高人民检察院通过发布民事指导性案例，很好地宣传了民事检察职能，增强了全社会对民事检察的认知度，提高了民事检察的社会影响力。其次，通过发挥民事检察指导性案例的示范引领作用，推广民事检察司法实践中积累的成功经验，为全国检察机关依法办理民事检察案件提供了办案指引，推动了

① 参见冯小光等:《民法典实施背景下民事诉讼精准监督研究》，中国检察出版社 2022 年版，第 174 页。

民事检察各项工作深入开展。最后，由于民事检察的有关规定相对原则，一些具体规定不太明确，一定意义上存在着规范缺失和滞后的制度困境[①]，通过发布指导性案例，可以有效弥补现有规定的不足，厘清司法实践中的争议，保障国家法律的统一正确实施。如最高人民检察院在2019年5月首次发布了民事检察指导性案例，是关于虚假诉讼监督主题的，有效地回应了社会关切，推动了此项工作持续深入开展。近年来虚假诉讼高发，严重扰乱了司法秩序，破坏了司法公信力和社会诚信，损害了国家利益、社会公共利益和人民群众的合法权益，社会危害性极大，也因此成了人民群众持续关注的法治热点问题。最高人民检察就此举行了"打击虚假诉讼、共筑司法诚信"为主题的新闻发布会，发布了检察机关虚假诉讼监督的指导性案例，通报了检察机关虚假诉讼监督的工作情况，得到社会各界的强烈反响，有效地提升了民事检察工作的社会认知度和影响力。而指导性案例中所提及的加强与公安机关、人民法院、司法行政部门的沟通协作，建立检察机关各业务部门之间的虚假诉讼线索移送、反馈、共享机制，围绕案件异常之处和捏造事实行为进行调查核实，对各级检察机关开展虚假诉讼监督工作具有很强的指导意义。指导性案例中关于虚假诉讼形成的调解书损害了国家利益和社会公共利益以及"冒名诉讼"属于虚假诉讼的界定，厘清了司法实践中有关争议，为检察机关就类似案件进行监督提供了明确的依据。

基于检察案例指导制度的上述价值，其已成为民事检察制度不可或缺的重要组成部分。与刑事检察制度相比，民事检察制度起步较晚，一直处于不断摸索和完善的过程中。有些工作是近年来刚开展的工作，关于监督重点、监督方式、监督程序等并不明确，如民事执行监督工作，通过发布指导性案例，各级检察机关可以明确诸如法院超标的查封、错列失信被执

---

① 参见阚林、兰楠、刘小艳:《最高人民检察院第二十八批指导性案例解读》，载《人民检察》2021年第14期。

行人名单、违法追加被执行人等监督重点，以指导性案例中提及的监督方式和工作方法为参照，推动民事执行监督工作深入开展。有些工作虽然开展时间较长，但法律规定相对原则，如民事支持起诉工作，各地检察机关在办理支持起诉案件过程中存在不统一、不规范的问题[①]，通过发布指导性案例可以给予办案指引，有效地规范该项工作。有些工作在新的时代背景下，对其提出了新的要求，如民事生效裁判监督工作，作为最传统最基础的民事检察业务，《民法典》的贯彻实施对该项工作提出了保障《民法典》统一正确实施，开展精准监督，深入贯彻落实“以人民为中心”的司法理念的要求，通过发布指导性案例有效地引导各级检察机关践行上述要求，推动民事生效裁判监督工作在新时代实现高质量发展。

二、民事检察指导性案例的特征

（一）注重私权救济

民事检察工作与人民群众直接打交道，直面人民群众的诉求。一方面，民事检察着力于对法院民事审判权和执行权的监督；另一方面，民事检察又注重于对当事人合法权益的救济。“从业务属性来讲，民事检察仍是对民事法律问题的判断和法律规定的适用问题，并直接涉及当事人合法权益的保护问题。”[②] 民事检察指导性案例直面人民群众的“急难愁盼”，对人民群众强烈反映、重点关注的热点、焦点问题予以回应，全面贯彻以人民为中心的发展思想，注重对人民群众合法权益的救济。如第三十一批民事支持起诉指导性案例，就是坚持人民至上，为残疾人、老年人、劳动者、家庭暴力受害者等弱势群体提供帮助，支持其依法向人民法院提起民事诉讼，

---

① 参见冯小光、朱光美：《最高人民检察院第三十一批指导性案例解读》，载《人民检察》2022 年第 1 期。

② 冯小光、腾艳军：《民法典实施背景下民事检察实现高质量发展的路径》，载《中国检察官》2021 年第 1 期。

维护其合法权益。这些群体基于自身的特殊状况，在社会中往往处于弱势地位，面对自身合法权益遭到不法侵害的状况，不愿、不敢、不会通过正当的诉讼途径来维权，检察机关践行“以人民为中心”的发展思想，通过协助调查取证、申请法律援助、制发支持起诉意见书等方式帮助这些弱势全体起诉维权，并最终解决相关问题。如“安某民等 80 人与某环境公司确认劳动关系纠纷支持起诉案”（检例第 125 号），检察机关针对某环境公司一直未与安某民等 80 人签订劳动合同、也未缴纳社会保险的问题，支持安某民等 80 人起诉确认了其与某环境公司的劳动关系，并积极协调有关行政部门和用人单位确定社会保险费筹集方案并促成资金落实到位，最终为 75 位环卫工人补缴了社会保险费。

（二）践行《民法典》精神

《民法典》的颁布实施是新时代中国特色社会主义法治建设的重大成果，也对民事检察工作提供了新的要求，习近平总书记在中共中央政治局就“切实实施民法典”进行的集体学习时指出，“要加强民事检察工作，加强对司法活动的监督，畅通司法救济渠道，保护公民、法人和其他组织合法权益，坚决防止以刑事案件名义插手民事纠纷、经济纠纷”。《中共中央关于加强新时代检察机关法律监督工作的意见》指出要“精准开展民事诉讼监督”。检察案例指导制度也深刻地体现出以贯彻实施《民法典》为契机，以精准监督为指引，做强民事检察工作的时代性特征。如第三十八批民事生效裁判监督案例，对保障《民法典》统一正确实施和实现民事检察精准监督具有重要意义。[①] 该批指导性案例针对民间借贷纠纷、借款合同纠纷、商品房买卖合同纠纷、房屋租赁合同纠纷这四种司法实践中常见的争议案件领域，践行精准监督理念，通过抗诉、再审检察建议的方式，监督

① 参见冯小光、赵格、贾文琴：《深入贯彻实施民法典　加强民事生效裁判精准监督——最高人民检察院第三十八批指导性案例解读》，载《人民检察》2022 年第 19 期。

法院纠正了错误的裁判，维护了当事人合法权益，厘清了司法实践中的争议，具有纠偏、进步、引领的时代价值。如在“郑某安与某物业发展公司商品房买卖合同纠纷再审建议案”（检例第156号）中，检察机关对法院行使自由裁量权明显失当的行为进行了监督，既回应了新时代人民群众对公平正义的关切，也彰显了新时代民事检察工作的引领进步价值。

（三）指导民事检察监督实践

检察案例指导制度是将检察官的个体办案经验总结提升为检察工作经验的重要保障机制。通过对民事检察司法实践中具有普遍性的问题、复杂疑难影响力大及监督效果好的优秀案例进行收集整理，指导检察机关找准民事检察监督规律特点，为高质效办好民事检察监督案件提供办案指引。[①]如第十四批虚假诉讼监督指导性案例，针对支付令、民事调解书、公证书执行、劳动仲裁执行以及交通事故保险理赔这些虚假诉讼案件多发领域，围绕监督工作所涉及的线索发现、调查核实、监督意见等具体环节开展，为检察机关依法履职、办理虚假诉讼监督案件的全过程提供了办案指引。[②]又如“湖北某房地产公司申请执行监督案”（检例第109号），为检察机关将对事监督和对人监督相结合，在监督纠正执行活动违法情形的同时，监督相关人员可能存在的违纪违法犯罪行为，实现深层次的监督，提供了重要办案指引。再如“福建甲光电公司、福建乙科技公司与福建丁物业公司物业服务合同纠纷合同案”（检例第80号），在《民事诉讼法》《人民检察院民事诉讼监督规则》等并未对检察和解的程序、性质等问题作出明确规定的情况下，为检察机关开展和解工作，促进案结事了人和，实现双赢多

---

① 参见冯小光等:《民法典实施背景下民事诉讼精准监督研究》，中国检察出版社2022年版，第172页。

② 参见吕洪涛、兰楠:《〈最高人民检察院第十四批指导性案例〉解读》，载《人民检察》2019年第12期。

赢共赢提供了参考依据。①

三、民事检察指导性案例的种类

根据民事检察案件的监督类型，可以将目前22件民事检察指导性案例分为民事虚假诉讼监督指导性案例、民事执行监督指导性案例、民事支持起诉指导性案例和民事生效裁判监督指导性案例四类。

需要说明的是，由于第二十一批保护民营经济指导性案例体现的是民事检察保护民营企业及其经营者合法权益的职能作用，在民事检察的各种监督案件都能够有所体现，因此不将其归为一种独立的民事检察指导性案例类型，而将其中的两个民事生效裁判监督指导性案例和两个民事执行监督指导性案例分别归入民事生效裁判监督指导性案例和民事执行监督指导性案例。

（一）民事虚假诉讼监督指导性案例

该类案例共6件，包括第十四批5件虚假诉讼监督指导性案例和第四十八批知识产权指导性案例中的1件虚假诉讼监督指导性案例。虚假诉讼是指当事人单独或者与他人串通，通过虚构事实或者伪造证据的形式，捏造民事法律关系向法院提起民事诉讼，或者以虚假的仲裁文书或公证债权文书向法院申请执行，骗取法院生效裁判文书的行为。

改革开放以来，随着人民群众越来越多地把提起民事诉讼解决民事纠纷作为维护自身权益的重要手段，也有部分不法分子通过虚假诉讼谋取非法利益。虚假诉讼严重违背了诚实信用原则，损害了社会诚信和司法秩序，对司法权威和司法公信力产生了严重不利影响，被称为“司法毒瘤”。党的十八届四中全会明确提出要加大对虚假诉讼的惩治力度。同时虚假诉讼监督是当前民事检察的亮点重点工作，检察机关通过依法履职监督虚假诉讼，有力地维护了司法秩序和司法权威。当前，检察机关已形成了以民事虚假

① 参见最高人民检察院第六检察厅办案四组:《履行民事检察职能　平等保护民院民营企业——最高人民检察院第二十一批指导性案例解读》，载《人民检察》2020年第19期。

诉讼监督指导性案例以核心的民事虚假诉讼监督制度。虚假诉讼监督指导性案例作为首批民事指导性案例，在检察机关办理虚假诉讼监督案件只有原则性规定的情况下，为检察机关把握好虚假诉讼特征，挖掘虚假诉讼监督案件线索，用足、用好调查核实权，与人民法院、公安机关、司法行政部门协助配合，形成虚假诉讼的监督合力，提供了有益的经验及范本。

（二）民事生效裁判监督指导性案例

该类案例包括第三十八批 4 件民事生效裁判监督主题指导性案例，以及第二十一批中的 2 件民事生效裁判监督指导性案例，共 6 件案例。民事生效裁判监督是检察机关最传统也是最基本的一项民事检察职能，是对法院作出的发生法律效力的判决、裁定以及损害国家利益、社会公共利益的调解书的监督。生效判决、裁定及调解书直接决定当事人实体上权利义务的归属，对当事人的利益有重大影响，检察机关民事生效裁判监督的成效直接关系到人民群众对公平正义的感知，也是检察机关贯彻实施《民法典》、践行精准监督理念最重要的发力点。

民事生效裁判监督指导性案例包括民间借贷、借款合同、商品房买卖合同、房屋租赁合同、股东损害赔偿责任、物业服务合同六种案件，皆为司法实践中常见多发的案件。既有涉及民营企业营商环境的“大案”，又有与群众日常生活息息相关的“小案”；既有当事人依申请监督的案件，又有检察机关依职权监督的案件；既有检察机关提出监督意见，纠正法院错误裁判的案件，又有检察机关依法履职，引导当事人和解，实现双赢多赢共赢的案件。民事生效裁判监督指导性案例有力地引导各级检察机关民事检察部门践行“以人民为中心”的理念，开展民事检察精准监督，保障《民法典》统一正确实施。①

---

① 参见冯小光、赵格、贾文琴:《深入贯彻实施民法典 加强民事生效裁判精准监督——最高人民检察院第三十八批指导性案例解读》，载《人民检察》2022 年第 19 期。

此类指导性案例在监督理念上，将具有公权色彩的检察监督权与作为私法集大成者的《民法典》相结合，旨在通过公权监督达致私权救济效果。在监督标准上，把握好法定性与必要性相结合的标准，做到"敢抗"和"抗准"相统一；在监督程序上，坚持依申请监督和依职权监督相结合；在监督方式上，根据案件具体情形不同，区分适用抗诉和再审检察建议；在监督效果上，注重个案办理和社会治理相结合，并积极运用检察和解化解社会矛盾，促进案结事了人和。

（三）民事执行监督指导性案例

该类案例包括第二十八批3件民事执行监督指导性案例，以及第二十一批中的2件民事执行监督指导性案例，共5件案例。民事执行监督是在2012年《民事诉讼法》修改时新增加的检察机关的监督职权。民事执行监督工作的起步相对较晚，同时大部分案件由基层检察机关办理，基层民事检察部门在人员配备和专业化建设方面仍有较大提升空间。[①]

2016年最高人民法院、最高人民检察院共同发布了《关于民事执行活动法律监督若干问题的规定》，对民事执行监督的原则、范围、方式、程序等予以明确规定，但相较于不断封堵的监督司法实践需求，仍存在制度供给不足和滞后的困境。民事执行监督指导性案例在一定意义上弥补了上述困境所带来的问题。这些指导性案例涉及错列失信被执行人名单、超标的额查封、未能区分对执行行为的异议和对执行标的的异议、执行标的物评估结果失实以及错误追加被执行人等司法实践中常见的执行违法情形。将各地检察机关在办理上述案件过程中积累的成功经验予以推广，起到了很好的示范引领作用。这些指导性案例引领各级检察机关民事检察部门注重依法履职，在监督的深度和广度上下功夫，对符合条件的案件依职权启动监督程序，注重对事

① 参见阚林、兰楠、刘小艳：《最高人民检察院第二十八批指导性案例解读》，载《人民检察》2021年第14期。

和对人的双向监督，对法院未依法采纳检察建议或者回复的，依法跟进监督。

（四）民事支持起诉指导性案例

该类案例包括第三十一批5件民事支持起诉指导性案例。民事支持起诉“作为民事检察权在社会治理领域私法关系运行过程中的一项新权能，主要通过支持弱势群体进行诉讼，实现保护弱势群体的法律效果，从本质上来看属于法律监督权的义务履行，属于社会治理性民事检察权的范畴。”[①]《民事诉讼法》第15条规定：“机关、社会团体、企业事业单位对损害国家、集体或者个人民事权益的行为，可以支持受损害的单位或者个人向人民法院起诉。”该条规定是检察机关开展支持起诉工作的法律依据，但其规定过于原则，关于检察机关民事支持起诉的范围、条件、方式、程序以及介入当事人间民事诉讼的程度等问题，均没有具体明确的规定，各地检察机关在开展民事支持起诉工作存在不规范、不统一的问题。

民事支持起诉指导性案例的发布为各地检察机关开展民事支持起诉工作提供切实有效的办案指引，促进案件办理的规范化。此类指导性案例的当事人涉及智力残疾人、老年人、进城务工人员、无劳动合同的劳动者、受家暴妇女等特殊群体，其诉讼能力偏弱，在自身权益受损时，往往不愿或者不能独立地提起民事诉讼来维权。检察机关支持起诉的对象正是这些特殊群体，从而实现扶弱济贫的价值追求，践行好社会主义核心价值观。[②]同时，指导性案例中所提及的与公安机关、人力资源和社会保障部门、残联、妇联、消费者协会等单位协助配合、为有客观困难的当事人收集证据以及提出支持起诉意见、出庭宣读支持起诉意见书等，为各单位开展支持起诉工作提供了有力的工作指引。

---

① 参见张炳生、沈丽群、贾文琴：《权利救济与义务履行：民事检察支持起诉的法律二重性》，载《民事检察工作指导》（2022年第3辑），中国检察出版社2022年版，第84页。

② 参见刘霞、刘丽娜：《新时代检察理念下民事支持起诉制度之构建》，载《人民检察》2022年第22期。

第二节　民事检察指导性案例的阐发规则

一、民事虚假诉讼指导性案例的阐发规则

（一）发布背景及意义

民事虚假诉讼，也称为虚假诉讼，“是指当事人单方或者与他人恶意串通，以谋取非法利益为目的，采取虚构事实、伪造证据等手段，捏造民事法律关系，通过提起民事诉讼或者仲裁等合法途径，规避法律法规，侵害国家利益、社会公用利益或他人合法权益，妨碍司法秩序的行为。”[①] 其实质是以谋取非法利益为目的，捏造事实提起民事诉讼，其损害客体是司法秩序和司法公信力。

民事虚假诉讼在我国民事诉讼发展初期并不突出，但随着民事诉讼在解决社会纠纷作用日益增强，对民事诉讼的滥用也日益突出，滥用的极端与典型就是民事虚假诉讼。为规制这一问题，2012 年修正的《民事诉讼法》在第 112 条、第 113 条关规定了对恶意诉讼司法制裁制度，2014 年党的十八届四中全会明确提出要加大对民事虚假诉讼的惩治力度，2015 年《刑法修正案（九）》规定了虚假诉讼罪，将虚假诉讼正式法制化。2016 年，最高人民法院制定了《关于防范和制裁虚假诉讼的指导意见》，最高人民检察院民事检察部门也将民事虚假诉讼监督列入工作要点部署落实并持续至今。2018 年 9 月 26 日，最高人民法院、最高人民检察院发布了《关于办理虚假诉讼刑事案件适用法律若干问题的解释》，对于虚假诉讼罪的适用范围作出了详细的解释。2017 年至 2019 年 3 月，也就是第十四批指导性案例发布前，全国检察机关共监督民事虚假诉讼案件 5455 件，其中提出抗诉 1140 件、提

① 吕洪涛、兰楠：《〈最高人民检察院第十四批指导性案例〉解读》，载《人民检察》2019 年第 12 期。

出再审检察建议 2787 件、提出检察建议 1528 件、移送犯罪线索 497 件。[①]

2019 年 5 月 21 日，最高人民检察院围绕民事虚假诉讼主题发布了第十四批指导性案例，包括 5 件民事虚假诉讼监督指导性案例，确立了虚假诉讼的认定和检察监督的总体规则。它的意义在于：

1. 以案例为示范，及时为法律的适用提供指导。对民事虚假诉讼进行监督是一种崭新的民事监督类型，即使有相关法律、司法解释出台，也需要相关的案例来作为示范、样板，指导检察系统怎么发现线索、如何调查，而第十四批指导性案例就是从线索发现、调查核实、监督意见全流程指导示范监督民事虚假诉讼工作的开展，并且它是在相关司法解释出台一年内就应运而生，可谓相当及时。

2. 围绕主题全面系统。第十四批指导性案例围绕民事虚假诉讼主题，针对民事虚假诉讼的高发领域民间借贷、劳动合同、保险合同纠纷、房地产权属纠纷、买卖纠纷均提供了指导，同时也包括了判决、调解书、支付令、公证书执行、仲裁等均有执行效力的各类民事法律文书，可谓全面。指导性案例除了在种类上涵盖广泛外，具体案例覆盖了按照监督工作开展的具体流程，从线索发现、调查核实到监督意见及结果，系统地为民事虚假诉讼的全过程监督提供了指导。

（二）虚假诉讼的认定规则

1. 主体的认定。民事虚假诉讼的行为主体一般是当事人双方，其通过恶意串通提起民事诉讼，损害国家、社会公共或他人合法人利益。比如，与夫妻一方恶意串通，捏造夫妻共同债务；也包括一方当事人，通过捏造事实提起民事诉讼，损害国家、社会公共或他人合法利益的情形，比如隐瞒债务已经全部清偿的事实，向人民法院提起民事诉讼要求债务人偿还债务。行为

① 参见最高人民检察院第六检察厅办案一组：《2017 年以来全国检察机关民事虚假诉讼监督工作情况分析》，载最高人民检察院第六检察厅编著：《最高人民检察院第十四批指导性案例适用指引（民事虚假诉讼）》，中国检察出版社 2019 年版，第 55 页。

主体既可能是自然人，也可能是法人等其他主体。至于参与民事虚假诉讼的主体则更为广泛，比如诉讼代理人、鉴定人员，甚至包括司法审判人员。

2. 捏造事实的认定。所谓捏造就是假造事实，完全无中生有、凭空虚构。这里的事实应当是足以对起诉能否获得人民法院受理或对人民法院裁判结果产生影响、属于民事诉讼受案范围的事实。它分为捏造法律关系、虚构民事纠纷两个方面。捏造民事法律关系，是指行为人与他人之间原本不存在特定的民事法律关系，但行为人通过伪造证据等手段凭空伪造双方存在民事法律关系；虚构民事纠纷，是指行为人利用捏造的民事法律关系的相关证据制造与此相关的民事纠纷。这种捏造一般是完全凭空捏造，对于行为人与他人存在既有民事法律关系，为谋取不法利益，故意篡改民事法律关系的部分内容，就这种情况一般不宜直接认定为民事虚假诉讼，可以根据其违法手段的性质来认定违法性，例如伪造证据等手段篡改案件事实，骗取胜诉结果，可以按照妨碍作证的违法行为来认定。

3. 提起民事诉讼的认定。民事虚假诉讼的规制对象是不具备合法诉权的行为人采用欺诈手段提起民事诉讼，致使虚假的民事诉讼进入法院诉讼程序的行为，它直接损害司法秩序和司法权威。其中，提起民事诉讼的认定应当是首次进入诉讼的程序，二审、再审程序则不属于提起民事诉讼的程序。民事虚假诉讼中的提起民事诉讼一般包括以下程序：一审程序（普通程序、简易程序），第三人撤销之诉和执行异议之诉，特别程序、督促程序、公示催告程序，企业破产程序，执行程序。特别需要指出，根据《最高人民法院、最高人民检察院关于办理虚假诉讼刑事案件适用法律若干问题的解释》第 1 条第 3 款的规定，申请执行仲裁裁决和公证债权文书和申请参与执行财产分配等三种执行程序的情形也属于虚假诉讼中的提起民事诉讼的范畴。

目前以案由为分类标准，民事虚假诉讼的高发领域主要集中在民间借贷纠纷、劳动合同纠纷、保险合同纠纷、房地产权属纠纷、买卖纠纷上。民间借贷纠纷是民事虚假诉讼的重灾区，2017 年至 2019 年 3 月全国共提出针对民事虚假诉讼的抗诉和再审检察建议3927件，其中民间借贷案件2199件，占比56%。劳动合同纠纷474件，占比12%，房屋买卖合同纠纷169件，占比4%。[①] 就第十四批指导性案例而言，“广州乙置业公司等骗取支付令执行虚假诉讼监督案”（检例第52号）、“陕西甲实业公司等公证执行虚假诉讼监督案”（检例第54号）涉及民间借贷纠纷；“福建王某兴等人劳动仲裁执行虚假诉讼监督案”（检例第55号）涉及劳动合同纠纷；“武汉乙投资公司等骗取调解书虚假诉讼监督案涉及房屋买卖合同纠纷案”（检例第53号）涉及买卖合同纠纷；“江西熊某等交通事故保险理赔虚假诉讼监督案”（检例第56号）涉及保险合同纠纷。

4. 妨碍司法秩序与严重侵害他人合法权益的认定。民事虚假诉讼侵犯的是双重客体，行为人的直接目的是谋取非法利益，侵犯的直接客体是他人的合法权益。行为人把提起民事诉讼作为牟取非法利益的手段，必然侵犯司法秩序和司法权威。虽然行为人是以谋取非法利益为目的，但是民事虚假诉讼一旦获得立案、进入审判程序，自然会产生妨碍司法秩序的危害结果。如果在案件进入执行程序或者人民法院采取保全措施之前就被识破或者中止，一般情况下并不会侵害他人合法权益，司法秩序是虚假诉讼罪侵犯的必然客体，而他人合法权益则仅属于选择客体。在刑事法律关系中是否严重侵害他人合法权益是定罪量刑的重要标准，而在民事检察监督中这一标准是无须考虑的，只要符合侵害司法秩序的标准，就构成了民事虚假诉讼，也就是只要获得人民法院受理立案达到妨碍司法秩序的程度，就可以认定是民事虚假诉讼了。

（三）虚假诉讼认定规则对司法实践的指引

于民事虚假诉讼而言，检察机关现实中面临的难点是线索发现难和证

① 参见最高人民检察院第六检察厅办案一组：《2017年以来全国检察机关民事虚假诉讼监督工作情况分析》，载最高人民检察院第六检察厅编著：《最高人民检察院第十四批指导性案例适用指引（民事虚假诉讼）》，中国检察出版社2019年版，第60页。

据的调查核实难，对此第十四批指导性案例为我们提供了范例作为参照。

1.线索发现。办理民事虚假诉讼案件遇到的首个难题是线索发现难。一方面，恶意串通的行为人之间存在特定关系（诸如亲属、关联企业等），作为共同体，其具有相对一致的共同利益，双方在诉讼中表现虽对立，但实质是串通、相互配合，从当事人的权利外观上往往无法发现其虚假性。另一方面，民事虚假诉讼的行为人通常具备并且善于利用一定的法律知识，不然其无法利用民事诉讼法律的手段来达到非法目的。以上因素决定了民事虚假诉讼的隐蔽性，通过常规的民事审查方式，往往无法直接发现其中真正的端倪。所以，线索发现是办理民事虚假诉讼的第一步，也是重点与难点之一。第十四批指导性案例中就线索发现提供了三条路径：

（1）路径一：在履职中发现。检例第52号案例：2016年4月，广东省人民检察院在办理甲农工商公司经理张某贪污、受贿刑事案件的过程中，发现乙置业公司可能存在骗取支付令、侵吞国有资产的行为，遂将案件线索交广州市人民检察院办理。广州市人民检察院依职权启动监督程序，与白云区人民检察院组成办案组共同办理该案。检例第56号案例：2016年3月，上饶市检察机关在履行职责中发现，熊某在人民法院作出生效裁判后又提起诉讼，经调阅相关卷宗，发现周某近两年来代理十余件道路交通事故责任涉保险索赔案件，相关案件中存在当事人本人未出庭、委托代理手续不全、熊某的工作证明与个人基本情况明显不符等疑点，初步判断有民事虚假诉讼嫌疑。

（2）路径二：举报。检例第53号案例：2015年，武汉市人民检察院接到案外人相关举报，经对相关案件进行审查，初步梳理出如下案件线索：一是法院受理异常。双方只签订有一份《商品房订购协议书》，甲商贸公司却拆分提出四起诉讼；甲商贸公司已支付定金1475万元，依据当时湖北省法院案件级别管辖规定，基层法院受理标的额在800万元以下的案件，本案明显属于为回避级别管辖规定而拆分起诉，法院受理异常。二是均适用简易程序由同一名审判人员审结，从受理到审理、制发调解书在5天内全部完成。三是庭审无对抗性，乙投资公司对甲商贸公司主张的事实、证据及诉讼请求全部认可，双方当事人及代理人在整个诉讼过程中陈述高度一致。四是均快速进入执行程序、快速执结。检例第54号案例：2015年11月，检察机关接到债权人不服西安市中级人民法院制定的债权分配方案，提出高某所涉部分债务涉嫌虚构的举报。西安市雁塔区人民检察院接到举报后，根据债权人提供的线索对高某所涉债务进行清查，发现7件虚假公证案件线索。

（3）路径三：检察监督专项活动。检例第55号案例：2017年8月初，武平县人民检察院在开展执行监督专项活动中发现，武平县人民法院对被执行人甲茶叶公司的拍卖款进行分配时，突然新增多名自称甲茶叶公司员工的申请执行人，以仲裁调解书为依据申请参与执行款分配。鉴于甲茶叶公司早已于2014年停产，本案存在虚假仲裁的可能性。

就实质而言，检察专项活动也属于检察机关依职权发现线索。因此，线索发现的路径就是相关人员举报、检察机关依职权发现两类，目前司法实践中的案件主要来源是检察机关依职权发现。依职权发现主要是检察机关在履行“四大检察”职责过程中发现，这就需要检察机关在内部建立线索发现的配合协作机制，也就是加强检察机关各业务部门的联动，强化民事检察部门和其他检察部门（特别是刑事检察部门）协助配合，信息共享。检例第52号案例就是检察机关在办理刑事案件过程中发现线索，移送民事检察部门。检察机关依职权发现的另一种情况是其他国家机关发现线索，提供给检察机关，检察机关需要建立一个与外部机关配合协作的机制，通过个案协商、联席会议等形成共同防范和查办民事虚假诉讼的机制，例如2017年3月重庆市检察院与重庆市高级人民法院、重庆市公安局联合印发的《关于在查处虚假诉讼中加强配合与协作的指导意见》就明确了就线索来源、相互配合协作常态化机制。

2. 调查核实。相较于其他民事检察业务，在对民事虚假诉讼进行监督过程中，检察机关应积极行使调查核实权。

（1）查询相关裁判、调阅相关案卷是调查民事虚假诉讼的出发点和基础。第十四批指导性案例中5件案例的初步调查都是查阅相关裁判与案卷卷宗。在检例第52号案例中，办案组首先调取法院支付令与执行案件卷宗，经审查发现，乙置业公司与丙实业公司、丁果园场在诉讼过程中对借款事实等问题的陈述高度一致。三方在执行过程中主动、迅速达成以物抵债的和解协议，而缺乏通常诉讼所具有的对抗性。再与张某贪污、受贿案的刑事卷宗比对，发现甲农工商公司、乙置业公司的班子成员存在合谋串通、侵吞国有资产的主观故意。在检例第53号案例中，检察机关调查的第一步是通过中国裁判文书网查询到乙投资公司作为被告或被执行人的案件在武汉市蔡甸区人民法院已有40余件，总标的额1.3亿余元，乙投资公司已经资不抵债。检例第54号案例是先取得相关当事人的口供，然后西安市雁塔区人民检察院到公证机关调取公证卷宗，再向西安市中级人民法院了解甲实业公司执行案件相关情况。在检例第55号案例中，检察人员调取了法院的执行卷宗，从13个申请执行人的住址、年龄和性别等身份信息初步判断，他们可能存在夫妻关系或其他亲戚关系，随后至公安机关查询户籍信息证实了申请执行人之间的上述亲属关系。在检例第56号案例中，检察人员经调阅相关卷宗，发现周某近两年来代理十余件道路交通事故责任涉保险索赔案件，相关案件中存在当事人本人未出庭、委托代理手续不全、熊某的工作证明与个人基本情况明显不符等疑点，初步判断有民事虚假诉讼嫌疑。

（2）调查核实的方向：民事虚假诉讼的诉讼要件和实体要件。民事案件要胜诉一般需要满足诉讼要件和实体要件两方面条件，民事虚假诉讼在形式上也同样如此。因此，只要一方面条件被查明是虚假的，就可以认定民事诉讼的虚假性。

其一，就诉讼要件而言，一般要求诉讼主体要适格，为此，调查核实的主要方法就是审核诉讼中相关身份材料及授权委托书的真伪。比如检例第 55 号案例是检察人员经对王某福进行说服教育，王某福交代了其与王某兴合谋提起虚假仲裁的事实，王某兴亦承认其与另外 12 人均与甲茶叶公司不存在劳动关系，“授权委托书”上的签名系伪造。检例第 56 号案例是检察人员向熊某本人了解情况，查明 2013 年 3 月 18 日的民事起诉状非熊某本人的意思表示，起诉状中签名也非熊某本人所签，熊某本人对该起诉讼毫不知情，并不认识起诉状中所载原告委托代理人，亦未委托其参加诉讼。

其二，就实体要件而言，要查明其虚假性，就要通过补强其基础关系来审查民事法律关系的真实性。这是因为，民事诉讼中强调并尊重当事人的处分权，对于当事人自认往往无须核实而直接认定其真实性。而自认往往成为民事虚假诉讼的温床，因此需要就当事人身份及自认的真实性进行调查。真实性的调查往往可以通过查找案件中的矛盾来入手，通过对案件中异常现象比如对于不合情理自开展的调查核实，查明民事虚假诉讼的真相。

检例第 53 号案例中，检察机关对办案中发现的异于常理现象进行了调查，这些异常既包括交易的异常，也包括诉讼的异常。例如，合同约定和合同履行明显不符合交易惯例和常识，可能存在通谋的；案件的立、审、执较之同地区同类型案件异常迅速的；庭审过程明显缺乏对抗性，双方当事人在诉讼过程对主张的案件事实和证据高度一致等。检察机关要敏锐捕捉异常现象，有针对性运用调查核实措施，还案件事实以本来面目。

检例第 55 号案例中，检察人员认真审查当事人之间的身份关系、户籍信息、经济往来等事项，分析当事人的从业、居住等情况，有步骤地开展调查工作，夯实证据基础，最终查清虚假劳动仲裁的事实。

检例第 56 号案例中，发现的异常包括：一是庭审过程的异常，“原告代理人”或无法发表意见，或陈述、抗辩前后矛盾；二是案件材料和证据异常，熊某工作证明与其基本情况、履历明显不符；三是调解结案异常，甲保险公司二审中并未提交新的证据，“原告代理人”为了迅速达成调解协议，主动提出减少保险赔偿数额，不符合常理。就此开展深入的调查核实工作，是突破案件瓶颈的关键。

（3）调查核实的措施。除了调取相关裁判和案卷以外，检察机关需要采取大量的调查核实措施，需要综合运用询问当事人或案外人，调查相关财务账目或银行金融机构的相关账目，以及委托鉴定等手段，对公安机关通过侦查手段取得的证据也可以依法采信。

询问当事人或案外人是调查民事虚假诉讼最常用的手段。在第十四批指导性案例中，通过询问当事人或案外人形成重要证据，案件从而取得重大进展的如检例第52号、第54号、第55号、第56号案例。询问当事人或案外人的优势是能够全面反映案件事实，系统化、逻辑化；缺点是其真实性往往存疑，需要通过其他措施取得的证据来验证。

（4）委托鉴定。民事虚假诉讼中，对于虚假性最为直观的证据就是相关的虚假证据，比如虚假的委托书、合同等，因此需要通过鉴定来查明其是否真实。在第十四批指导性案例中，通过委托鉴定形成重要证据，案件从而取得重大进展的就有检例第53号、第54号、第55号、第56号案例。鉴定的优势在于客观、准确性较高，缺点在于被鉴定解决的问题还需要结合案件的事实整体来看，不能片面机械地以鉴定来代替审查判断。比如，存在多份授权文书，有真、有假，既不能因为真实的而否定虚假的，也不能基于虚假而否定真实，要根据案件事实来综合审查。

（5）调取相关财务账目或银行金融机构的相关账目。民事虚假诉讼中捏造的事实主要是财产关系事实，即使是身份关系事实最终也是为了牟取财产。因此，核查涉嫌民事虚假诉讼的基础财产关系，也是调查民事虚假诉讼的常见措施，一般是调取当事人之间的相关财务账目或银行机构的相关账目。在第十四批指导性案例中，检例第52号、第53号案例是通过调取财务账目而取得重大进展，由于调查财务账目涉及调查当事人财产隐私，此类措施应当慎重行使，在程序上应加强限制，防止滥用损害当事人合法权益。

（6）对于公安机关通过侦查手段取得证据的判断和运用。民事虚假诉讼往往是刑民交叉案件，现实中二者经常脱节，比较典型的是刑事已经作出了有罪认定，但民事判决依然未被撤销，还有就是刑事无法定罪但在刑事侦查中取得的证据是否可在民事案件中适用？对于前者，检察机关可以依据刑事裁判认定的相关事实来提出抗诉，从而由法院将其撤销。对于后者，检察机关可以将侦查中取得的证据适用于民事案件的审查，当然仍然需要审查其证明力，经过必要审查后才能决定是否适用。

二、民事生效裁判监督指导性案例的阐发规则

（一）发布背景及意义

“民事生效裁判监督是指检察机关依法对法院作出的已经发生法律效力的民事判决、裁定进行监督，是民事检察的基础性工作及核心内容，也是实现精准监督的主要发力点。”① 为加强对生效裁判监督的指导，最高人民检察院先后在2020年7月30日、2022年6月28日发布了第二十一批、第三十八批两批指导性案例，检例第77号、第80号、第154号、第155号、第156号、第157号共6件案例。第二十一批指导性案例的主题是服务保障民营经济，第三十八批的主题是保障《民法典》统一正确实施。这两批指导性案例的主题看似迥异，但是由于《民法典》和保障民营经济二者存在内在契合，所以这两批指导性案例在本质上是相容的。这两批指导性案例的意义在于以下几点。

1.贯彻落实《民法典》，树立平等保护理念。《民法典》是新时代人民权利的宣言书，它构建了对于自然人、法人和非法人组织的全方位保护体系，以平等保护为理念，为公平竞争提供法治背景，不仅平等保护包括民

① 冯小光、赵格、贾文琴:《深入贯彻实施民法典　加强民事生效裁判精准监督——最高人民检察院第三十八批指导性案例解读》，载《人民检察》2022年第19期。

营经济的各类经营主体，而且为各种弱势群体提供了特殊保护。如何实现以上目的？就检察机关而言，最基本的方式就是一个个具体的监督案例，以案例为基础去拓展职能，而与落实《民法典》关联最为密切的监督方式就是对生效裁判的监督，第三十八批指导性案例正是基于此才被选用的。

2. 充分发挥指导性案例的示范作用，促进民事检察精准监督。精准监督是“检察机关开展民事法律监督工作所秉持的基本和核心工作理念”，包含三个层次：一是做到“精”，在全面监督基础上，注重选择具有引领价值的典型案例；二是做到“深”，通过类案深化研究，促进解决同类问题；三是做到“准”，做到事实清楚、法律适用正确，选择适当的监督方式。[①] 精准监督三个层次的实现，都离不开案例，而指导性案例是最具有示范引领作用的，正因如此，发布对民事生效裁判监督的指导性案例可以切实促进民事精准监督。

3. 有助于发挥检察机关在社会治理中的作用，服务于法治国家建设。法治是基础性的社会治理方式，司法是其中具有保障意义的一环，民事检察又处于民事司法这一环的末端，对维护民事司法的公正与权威具有终极性的保障意义。虽然，就数量而言，其不能与法院司法裁判相提并论，但就在司法中的价值而言，其又是独特且无法替代的。以上指导性案例，通过对生效裁判的监督，从终极意义角度维护了当事人的合法权益，体现了检察监督作为法治方式对于社会治理的无法替代的价值，并最终服务法治国家的建设。

（二）抗诉案件的阐发规则

抗诉是指人民检察院发现人民法院已经发生法律效力的民事判决、裁定、调解书符合法律规定的抗诉条件，依法要求人民法院对案件进行重新

① 参见张雪樵、万春、王轶主编：《民事检察业务》，中国检察出版社2022年版，第24页。

审理的诉讼活动，它是民事检察监督的主要方式之一。因此，抗诉的对象是已经发生法律效力的判决、裁定、调解书，提出抗诉的条件是法定的，抗诉引起的后果也是法定的，法院应当自收到抗诉书之日起30日内作出再审裁定。[①] 2018年至2022年全国共提出民事抗诉案件2.4万件，比五年前上升22.7%，法院审结1.8万件，其中改判、发回重审、调解及和解撤诉1.5万件，改变率83.5%。[②]

目前关于抗诉的民事检察监督指导性案例共4件，分别是“深圳市丙投资企业（有限合伙）被诉股东损害赔偿责任纠纷抗诉案”（检例第77号）、“李某荣等七人与李某云民间借贷纠纷抗诉案”（检例第154号）、“某小额贷款公司与某置业公司借款合同纠纷抗诉案”（检例第155号）、“陈某与向某贵房屋租赁合同纠纷抗诉案”（检例第157号）。

1. 对股东损害赔偿责任纠纷案件监督的规则。根据“深圳市丙投资企业（有限合伙）被诉股东损害赔偿责任纠纷抗诉案”（检例第77号），公司股东应以出资额为限，对公司承担有限责任。股东未滥用公司法人独立地位逃避债务并严重损害公司债权人利益的，不应对公司债务承担连带责任。

在理解与适用此案例时应注意以下两个问题：

（1）在审查涉及股东出资额的案件时，应当严格区分企业正当融资担保与恶意转移公司资产逃避债务损害公司债权人利益违法行为的界限。就本案的相关协议及其履行来看，甲公司转让股权的目的是获取丙公司贷款，并约定甲公司归还本息后，享有回购的权利，丙公司成为股东，是以公司的股权作为贷款的担保，属于正常融资的商业操作，并不是抽逃资金或是转移债务。审查此类案件的界限在于资金流向及其目的是否合理和正当。

① 参见最高人民检察院第六检察厅编：《〈人民检察院民事诉讼监督规则〉理解与适用》，中国检察出版社2021年版，第152页。

② 《2023年最高人民检察院工作报告》，载最高人民检察院网2023年3月17日，www.spp.gov.cn/spp/gzbg/202303/t20230317_608767.shtml。

（2）依法适用公司有限责任制度，保护股东合法的个人财产安全。公司作为具有独立法人格的民事主体，独立的财产是独立法人格的基础，有了独立财产也就是股东的出资，才能豁免股东经营方面的连带责任，让其对公司承担有限责任。同时，也要考虑发生未缴足出资、抽逃出资或利用法人地位逃避债务等股东滥用权利的情形。发生以上情形就要刺破法人面纱，追究股东滥用权利的责任。在具体案件中应依据特定的法律事实和法律关系，综合判断和审慎适用，依法区分股东与公司的各自财产与债务，维护经营主体的独立性和正常的经济秩序。

2. 对民间借贷纠纷案件监督的规则。根据"李某荣等七人与李某云民间借贷纠纷抗诉案"（检例第 154 号），检察机关办理民间借贷纠纷监督案件应当全面、客观地审查证据，加强对借款、还款凭证等合同类文件以及款项实际交付情况的审查，确保相关证据达到高度可能性的证明标准，并就举证责任分配是否符合法定规则加强监督。对于鉴定意见应否采信，检察机关应当统筹考虑鉴定内容、鉴定程序、鉴定资质以及当事人在关键节点能否充分行使诉权等因素，结合案件其他证据综合作出判断。

在理解与适用此案例时应注意以下两个问题：

（1）应当全面、客观地审查民间借贷案件证据，在此基础上合理分配举证责任。民间借贷案件不仅是民事虚假诉讼的高发领域，同时也是民事结果监督案件中数量最多的类型之一，对此类案件的审查是否全面、客观，对检察机关抗诉的质量具有重要影响。此类纠纷案件中，民间借贷的发生往往只有当事人知晓，而当事人用以证明交付借款或还款的书证又往往系孤证或者存在形式、内容上的瑕疵，无法形成完整的证据链条。

其一，由于民间借贷为要物合同关系，合同成立不仅需要意思表示，同时也需要交付标的物，也就是借款的交付。就出借人而言，其不仅需要证明有借贷的意思表示，也需要证明借款已经交付，因此，检察机关应当重点审查以下内容：一是对借款合同、借据、收条、阶段性汇总协议等合同类文件的形式和内容进行审查；二是结合借贷金额、款项交付方式、当事人的经济能力、当地或者当事人之间的交易方式、交易习惯等要素，运用日常生活经验判断相关证据的真实性以及是否能够达到高度可能性的证明标准。

其二，在出借人证明借款已经交付的前提下，借款人可以抗辩借款已经偿还。对此，检察机关应当重点审查：借款人主张借款已经偿还，属于对权利消灭的主张，借款人应当承担举证责任。还有一种可能是出借人尚未证明借贷关系成立，但借款人主张借款已经还清，对此可以视为借款人对于借贷事实自认，可以免除出借人的举证责任。在本案例中，李某云作为借款人主张借款已经还清，但其仅提供了存在瑕疵的还款字据，欠缺还款的相关事实，因此法院认定李某云还款事实成立证据不足。就此，检察机关也可以依职权调取相关证据，以此来查清相关的事实。

（2）不可迷信鉴定意见，应当结合相关证据对其进行综合全面审查。检察机关对鉴定意见应当重点审查以下内容：鉴定机构或鉴定人是否具有法定鉴定资质；检材是否经各方当事人质证；鉴定人对当事人提出的异议是否答复以及答复是否合理；鉴定机构是否对合理异议作出补充鉴定意见；鉴定人是否对鉴定意见适用的标准和方法作出说明；鉴定人是否出庭答疑；鉴定人出具的鉴定意见与法院委托鉴定的范围是否相符；等等。特别是在经过多次鉴定且鉴定意见存在冲突的情形下，检察机关应当统筹考虑鉴定内容、鉴定程序、鉴定资质以及当事人在关键节点能否充分行使诉权等因素，并结合案件其他证据，综合判断鉴定意见的证据价值，防止出现“以鉴代审”的情况。

3. 对借款合同纠纷案件监督的规则。根据“某小额贷款公司与某置业公司借款合同纠纷抗诉案”（检例第 155 号），检察机关在办理借款合同纠纷监督案件中发现小额贷款公司设立关联公司，以收取咨询费、管理费等名义预先扣除借款本金、变相收取高额利息的，应当按照实际借款金额认定借款本金并依法计息。检察机关在办理相关案件中应当加强对小额贷款公司等地方金融组织违规发放贷款行为的审查和调查核实，依法维护金融秩序和金融安全。

在理解与适用此案例时应注意以下两个问题：

（1）积极发挥检察作用，依法维护金融秩序。相较于法院每年审结案件的巨大数量，能够纳入民事检察监督的案件只是少数。这种办案方式容易造成检察机关只局限于个案审查，如何突破个案局限，以点带面来发挥检察监督职能，以应对社会的需求？本案例就提供了这样一个范例。检察机关在办理某小额贷公司与王某、合某等借款合同纠纷时，并未被个案所局限，而是积极依法履职，深挖案件线索，进而发现本案的线索。积极调查核实当事人订立合同的目的及资金流向等是否存在异常情况，发现小额贷款公司等存在违规发放贷款情形的，可以依法通过抗诉、制发检察建议等方式，促进规范小额贷款公司经营行为，依法维护金融秩序。

（2）在借款合同纠纷监督案中，发现小额贷款公司以设立关联公司预先扣减借款本金或其他方式收取高额利息的，应当按照借款人收到的实际金额认定借款本金。实践中，一些小额贷款公司，为违法收取高额利息，采取预扣减借款本金或者收取咨询服务费等方式，变相收取高额利息，损害借款人合法权益，扰乱金融市场秩序。从表面上看，此类小额贷款公司通过设立关联公司，要求借款人与关联公司订立咨询等服务合同，但所谓的服务并不实际存在，只是为了预先扣除减款本金、变相收取高额利息变相方式。原《合同法》第200条规定，借款的利息不得预先在本金中扣除，利息预先在本金中扣除的，应当按照实际借款数额返还借款并计算利息。《民法典》对上述内容再次予以确认并明确规定，禁止高利放贷，借款的利率不得违反国家有关规定。对小额贷款公司设立关联公司预扣借款本金、收取除利息以外服务费、咨询费等变相收取高额利息的行为作出否定性评价，符合《民法典》精神及稳定规范金融秩序的要求。

4. 对租赁合同纠纷案件监督的规则。根据“陈某与向某贵房屋租赁合同纠纷抗诉案”（检例第 157 号），出租人履行房屋租赁合同，应当保证租赁物符合约定的用途。租赁物存在权利瑕疵并导致房屋租赁合同目的不能实现时，承租人有权解除房屋租赁合同。检察机关在办案中应当准确适用关于合同解除的法律规定，保障当事人能够按照法定条件和程序解除合同。

在理解与适用此案例时应注意以下两个问题：

（1）精准适用合同解除法定条款，保障当事人能够按照法定条件和程序解除合同。本案涉及租赁合同中当事人协商解除、行使法定解除权等两种解除合同的方式。本案中，双方协商解除合同未果，后承租人诉讼求请解除房屋租赁合同未获得法院支持。承租人通过协商与诉讼已穷尽法定的解除合同手段，但仍然未能解除合同，进而申请检察监督，检察机关应当依法保障当事人依法解除合同的合法权益，通过监督权救济私权。

（2）在房屋租赁合同纠纷监督案件中，应对出租人的出租房屋权利瑕疵担保责任作出正确认定。在房屋租赁合同中，出租人应当保证租赁物符合约定用途，即要承担对租赁物的瑕疵担保责任（包括物的瑕疵担保责任和权利的瑕疵担保责任）。其中，权利瑕疵担保责任是指出租人应担保不因第三人对承租人主张权利而使承租人不能依约使用、从租赁物上取得收益的责任。检察机关对此类案件应当重点审查以下内容：第一，出租房屋权利瑕疵在签约时是否存在，如在签约时已存在，承租人有权请求出租人承担瑕疵担保责任。第二，承租人是否明知出租房屋存在权利瑕疵，如承租人在签约时不知存在权利瑕疵，则其为善意相对人，有权请求出租人承担瑕疵担保责任；如承租人明知存在权利瑕疵，自愿承担案外人主张讼争标的物权属可能带来的风险，则出租人不承担瑕疵担保责任。第三，承租人是否及时告知出租人存在权利瑕疵并要求出租人合理除去。如承租人及时告知，但出租人未能合理除去权利瑕疵，出租人应当承担权利瑕疵担保责任；如承租人怠于履行告知义务，导致出租人丧失除去瑕疵时机，应当减轻或者免除出租人的赔偿责任。

（三）再审检察建议案件的阐发规则

再审检察建议是指人民检察院对申请民事监督的案件，不采取抗诉的方式，而是向原审人民法院提出再审检察建议，由人民法院启动再审程序重新审理，它是《民事诉讼法》吸收检察机关多年探索成功经验的结晶。再审检察建议减少检察机关的审查层级，节约了司法资源，提高了司法效率，再审检察建议有抗诉所无法比拟的优越性，更有其独到之处①，它能将检察机关的外部监督形式及时转换为法院内部监督形式，减少抗诉所带来的对抗性，实现检法关系的良性互动。目前，就案件数量而言，再审检察建议已经超过抗诉，成为检察机关对于法院生效裁判监督的首要方式，例如 2022 年全国对民事裁判提出抗诉 2.4 万件，提出再审检察建议 4 万余件，采纳率 77.3%②。

根据“郑某安与某物业发展公司商品房买卖合同纠纷再审检察建议案”（检例第 156 号），在“一房二卖”民事纠纷中，房屋差价损失是当事人在订立合同时应当预见的内容，属可得利益损失，应当由违约方予以赔偿。对于法院行使自由裁量权明显失当的，检察机关应当合理选择监督方式，依法进行监督，促进案件公正审理。

在具体的理解与适用此案例时应注意以下两个方面的问题。

1. 计算违约损失时，应加强对可得利益损失的监督。损害赔偿金是违约方承担违约责任的主要方式。以赔偿金是基于当事人约定还是法律规定为标准，可分为约定损害赔偿金和法定违约赔偿金，而可得利益损失就是法定赔偿金的种类之一，它是指违约方不履行合同义务或者履行合同义务

① 参见江伟、肖建国主编:《民事诉讼法》（第七版），中国人民大学出版社 2015 年版，第 353 页。

② 参见《2023 年最高人民检察院工作报告》，载最高人民检察院网 2023 年 3 月 17 日，www.spp.gov.cn/spp/gzbg/202303/t20230317_608767.shtml。

不符合约定的行为导致守约方的在合同履行后可以获得的利益之损失。本案例为“一房二卖”，出卖人先后与不同买受人订立房屋买卖合同，后买受人办理房屋产权过户登记手续的，前买受人基于房价上涨产生的房屋差价损失，属于可得利益损失，可以依法主张赔偿。同时，在计算和认定可得利益损失时，应当综合考虑可预见规则、减损规则、损益相抵规则等因素，合理确定可得利益损失数额。

2. 检察机关应加强对法院行使自由裁量权明显失当的监督，促进案件公正审理。自由裁量权的实质是在没有法律明确规定的范围内，法官基于个人对于法律的理解而作出判断与认定。如果法官能够坚持合理审慎原则，则可以达到对既有法律漏洞的填补效果；反之，滥用自由裁量权则会导致裁判失当、合法而不合理。“一房二卖”纠纷中，涉案房屋交付使用后，签约在先的买受人出租房屋所获取的租金收益，系其履行房屋买卖合同主要义务后，基于合法占有而享有的权益，而非买受人基于出卖人违约所获得的利益，不应作为法院酌减违约赔偿金的考量因素。对行使自由裁量权失当问题，检察机关应当依法加强监督，但要从严把握监督标准，对自由采量明显不合理的案件应当积极依法提出监督意见，以实现个案公正，裁判标准的统一。

（四）检察和解案件的阐发规则

检察和解，也称为检察调处、检察院引导当事人和解，是指在民事裁判结果监督审查过程中，在检察人员的主持下，双方当事人就民事纠纷自愿平等地进行协商，以达成协议，放弃对原判决的执行，并最终解决纠纷的活动。对于检察和解的效力，它只具有当事人和解的合同效力，不具备法院判决效力。[①] 在检察和解中，检察官的身份仅仅是调解人的身份，是帮

① 参见于新民、王德良：《民事和解的理论解析及制度构建——以民事检察为视角》，载《天津法学》2011 年第 2 期。

助双方当事人正确认识法院原判的内容，分析再审与否给双方带来的各种风险，让当事人在理性的基础上作出判断；对当事人进行情绪疏导，软化对立情绪，消解误会分歧；引导当事人进行协商或在当事人合意的基础上提出解决争议的参考意见，以促进和解的达成。

相对于检察机关的抗诉，检察和解具有以下优势：（1）纠纷解决，解决纠纷可以说是和解的首要与根本功能，也是其优越于判决的根本特征；（2）节约司法资源，从国家机关角度，和解的达成使当事人息诉止访，节约了相应的资源，也避免了再审程序的启动，以及纠纷解决的延沓，节省了相应的司法资源；（3）恢复社会关系，与检察院抗诉引起的审判不同，和解首先意味着当事人的相互沟通、相互谅解、相互妥协，修复已经受到损害的相互关系，这是一种自愿的柔性恢复，而不是判决的强行恢复，其社会效果自然更好。鉴于检察和解存在以上制度优势，各级检察机关在办理民事案件过程中积极推进检察和解的进行，2018 年至 2022 年全国共促成检察和解 6847 件①。

根据“福建甲光电公司、福建乙科技公司与福建丁物业公司物业服务合同纠纷和解案”（检例第 80 号），检察机关办理民事监督案件，在不影响审判违法监督的前提下，可以引导当事人和解，但必须尊重当事人意愿，遵循意思自治与合法原则，在查清事实、厘清责任的基础上，依法促成和解，减轻当事人诉累，营造良好营商环境。

在具体的理解与适用此案例时需要注意以下三个问题。

（1）检察和解的适用范围。由于检察和解只具有当事人和解的合同效力，所以其范围也应以当事人和解的范围相当。具体而言，除确认婚姻、收养、亲子等身份案件以及其他根据案件性质不能进行和解的案件外，其

① 参见《2023 年最高人民检察院工作报告》，载最高人民检察院网 2023 年 3 月 17 日，www.spp.gov.cn/spp/gzbg/202303/t20230317_608767.shtml。

他民事案件都属于检察和解的案件范围。除对于生效判决、裁定、调解书监督的案件外，对于执行活动监督的案件，检察机关也可以纳入检察和解的范围。

（2）检察和解的基本原则。基本原则为检察和解的进行提供了行为准则，限制检察机关自由裁量权的滥用，为当事人真实合意的实现提供了制度依托。首先是自愿原则，检察和解必须以当事人双方的自愿为基础，在此基础上可以适当引导。所谓“自愿”既包括程序上的自愿，也就是调解与否应当遵循当事人的意志；也包括实体上的自愿，也就是和解协议的内容，应当是当事人真实意思的表示，而非外界的压力所致，是当事人处分原则的具体体现。其次是合法，是指检察和解应当符合法律规定，这包括程序与实体两方面，程序上应尊重当事人和解的选择权，保障当事人拥有充分发表意见的权利，遵守《民事诉讼法》关于调解的相关规定；实体上，当事人的和解不得损害国家、社会以及第三人的利益，司法红线不能逾越。最后是中立原则，其基本体现是检察院在审查案件、主持和解过程中表现出的公正中立，公正是内涵实质，而中立则是表现外延。当事人只有通过对检察院中立表现的充分观察了解，才能信任检察院，才能不会对检察院的司法权威产生质疑，所以中立是检察院进行调解的前提条件。

（3）检察和解应当加强与法院执行程序的衔接。人民检察院办理民事监督案件，引导达成和解的，要注意与人民法院执行程序的衔接。当事人达成和解协议后，检察机关应当告知当事人向执行法院递交和解协议，必要时检察机关也可以主动通知执行法院相关和解情况，由执行法院按照执行和解的法律规定办理，以实现案结事了。

三、民事执行监督指导性案例的阐发规则

（一）发布背景及意义

2012 年修正的《民事诉讼法》将人民检察院对人民法院诉讼活动实行

法律监督的范围扩大，增加“人民检察院有权对民事执行活动实行法律监督”的规定，从而将人民检察院的监督权覆盖到民事诉讼活动的全过程。2016年11月，最高人民法院、最高人民检察院发布了《关于民事执行活动法律监督若干问题的规定》，对民事执行监督的原则、监督范围、监督方式及具体程序作出了规范。2020年7月最高人民法院、最高人民检察院发布了《关于建立全国执行与法律监督工作平台，进一步完善协作配合工作机制的意见》，为建立全国执行与法律监督工作平台、加强协作配合、完善工作机制、实现信息共享、提高执行工作与法律监督信息化规范化水平进行了制度构建。2021年8月1日，最高人民检察院发布的《人民检察院民事诉讼监督规则》正式实施，进一步完善了执行活动监督的违法情形、监督程序和调查核实机制。伴随着制度的完善，各级民事检察机关认真履行民事执行监督职责，全面加强对全国法院执行活动的监督。

尽管民事执行监督在十多年里取得了长足进步，但是与人民日益增长的法治需求相比，民事执行监督依然存在监督调查核实意识不强、措施手段运用不充分、地区发展不平衡、人员力量与监督职能不匹配等问题。① 为此，最高人民检察院于2020年7月24日发布了第二十一批指导性案例，其中检例第78号、第79号为执行监督指导性案例，2021年4月1日将“江苏某银行申请执行监督案”等3件指导性案例（检例第108—110号）作为第二十八批指导性案例发布。以上两批5件案例，充分发挥指导性案例的示范作用，作为办案指引保障全国民事检察部门统一正确实施法律，有利于民事检察部门准确理解把握涉及执行工作的相关司法解释的规定，有利于推动各级检察机关进一步加强对民事执行监督工作的重视。

① 参见肖正磊：《民事执行检察的执行与发展》，载《民事检察工作指导》（2022年第1辑），中国检察出版社2022年版，第120—124页。

（二）对执行实施行为监督的阐发规则

1. 对执行担保的监督。执行担保与一般的民事担保存在不可分割的联系，也存在较大的区别。一方面，执行担保的法律关系基础依托于民事实体法的有关规定，需要根据民法上关于担保的相关规定判断执行担保是否成立，因此执行担保具有民法上的私权属性。另一方面，民事执行具有显著的公权力属性，是国家为了保障生效法律文书得到履行而采取的强制措施，执行担保的目的则在于停止或加快这一过程。同时执行担保包括被执行人自身提供担保财产和第三人提供担保财产两个方面。第三人提供担保财产，也分为物的担保和人的担保两个方面，即担保物权和保证。在第三人提供担保物的情形下，由于此处的担保物权是基于第三人的意思设立的，因此只能是抵押权或者质权，而不能是留置权，同时应当参照《民法典》的规定办理相应手续。当第三人以自身财产为法院执行提供质押时，第三人应向法院交付质物，如果是不能交付的财产权利，则应当依法办理登记手续；当第三人以自身财产为法院执行提供抵押时，则应当依法办理抵押登记手续。

在第三人提供执行保证的情形下，由于被执行人不履行生效法律文书时，执行保证人必须代为履行相应的债务，因此执行保证人必须具备相应的履行能力，而且应得到申请执行人和执行法院的认可。因此，被执行人、保证人对保证人的身份、工作单位、住所地、收入状况、资信等情况，有义务向申请执行人和执行法院如实说明和报告。人民法院应当了解核实其真实性，并告知申请执行人。同时，保证人应当出具保证书，并将保证书副本送交申请执行人。从保证书的内容来看，保证人应当有明确的、当被执行人不履行债务时自己愿意替被执行人履行债务或者承担责任的意思表示。并且此种保证方式只能是连带保证，而不能是一般保证。因为在连带保证的场合，申请执行人在被执行人到期不履行债务时，可以任意选择执行被执行人或保证人，从而使其权益得到充分保障。而在一般保证的场合，申请执行人只能在就被执行人财产执行仍不能实现或完全实现其债权时，才能就保证人的财产予以执行，否则不利于执行程序的顺利开展，也不利于保护申请执行人的合法权益。

在“江苏某银行申请执行监督案”（检例第108号）中，某银行根据法院要求，出具《承诺》一份，载明：“现我单位申请解除对该质押存单的冻结，若申请解除冻结的行为存在错误导致损失的，我单位提供反担保，对上述存单的申请解除冻结行为承担责任。”从承诺内容来看，某银行只表示了愿意对质押在该银行被执行人毛某芹存单的错误申请解除行为所致损失承担责任，没有表示愿意对被执行人毛某芹的债务承担保证责任。保证具有单务性和无偿性，只有保证人与被执行人具有特定关系时，才愿意为被执行人承担责任。某银行作为被执行人毛某芹存单的质权人，对该存单具有优先受偿权，也没有必要在该存单被冻结时为被执行人毛某芹提供债务保证。因此，某银行出具的《承诺》不能视为对被执行人毛某芹债务的执行保证，法院据此裁定执行某银行的财产错误。

2. 对明显超标的额查封执行的监督。根据“南漳县丙房地产开发有限责任公司被明显超标的额查封执行监督案”（检例第79号），查封、扣押、冻结被执行人财产应与生效法律文书确定的被执行人的债务相当，不得明显超出被执行人应当履行义务的范围。

（1）明显超出标的额执行保全措施的认定标准。执行程序中，各种保全措施不是无限度的，它要被限制在合理范围内，保持执行目的与执行手段之间的基本平衡。司法实践中，超标的额查封、扣押、冻结是执行中的常见问题，是“执行乱”的突出表现之一。如何判断执行明显超标的额？由于冻结不存在执行变现问题，冻结的超标的额应当以申请执行的债权数额为准。对于查封扣押财产的执行措施，由于存在财产变现的问题，要根据市场行情综合考虑流拍、降价等因素，通常以超过债权数额的20%—30%为标准，若被查封扣押的财产变现困难，也可以适当提高标准。[①]

（2）明显超出标的额保全措施的审查方法。对此，应当围绕保全范围和标的物价值进行审查，要查明主债权、利息、违约金及为实现债权而支出的合理费用，还要查明被执行财产的价值，同时也要结合查封财产是否为可分物、财产上是否设定其他影响债权实现的权利负担等因素予以综合考虑。

（3）对执行标的物评估结果失实的监督。在法院拍卖被执行财产的过程中，通常需要对被执行的财产进行评估。《最高人民法院关于人民法院民事执行中拍卖、变卖财产的规定》第4条第1款对此作了相应的规定："对拟拍卖的财产，人民法院可以委托具有相应资质的评估机构进行价格评估。对于财产价值较低或者价格依照通常方法容易确定的，可以不进行评估。"当拍卖财产经过评估时，评估价便为第一次拍卖的底价。就评估而言，其作为一项专业性极强的活动，通常需要法院委托具备专业资质的评估机构进行。在法院执行委托评估、拍卖过程中，由于法院执行案件中的评估、拍卖是评估和拍卖机构的一项重要业务，执行法院与评估、拍卖机构不可避免地会产生一种经常性的业务联系，这种联系也容易形成相互之间的利益输送关系，进而损害执行案件中当事人的合法权利。由于实践中法院执行过程中的拍卖机制存在运行不畅的问题，同时我国评估市场尚未成熟，评估机构良莠不齐，评估价格时常背离正常范围。某些评估机构与竞买人、拍卖机构，甚至与法院的执行人员相互串通，在评估过程中违法评估，导致评估结果明显低于市场价格，最终导致执行标的物以远低于其真实价值的价格被拍卖，严重损害了财产权利人的合法权益。

在"湖北某房地产公司申请执行监督案"（检例第109号）中，武汉市

① 参见最高人民检察院第六厅第四办案组：《最高人民检察院第二十一批指导性案例解读》，载《民事检察工作指导》（2022年第2辑），中国检察出版社2022年版，第200—201页。

中级人民法院执行局在已调取地籍资料的情况下，未将地籍资料移交给评估公司，评估人员未查实涉案土地容积率，根据自行设定的容积率进行评估，致使涉案土地评估价格明显低于实际市场价格，拍卖过程中竞买人之间恶意串通，以低价购入涉案土地，严重损害了权利人某房地产公司的合法权益。针对法院执行中的评估拍卖问题，一方面需要严格规范评估拍卖的程序，准确评估执行标的物的机制，确保拍卖程序的公开透明，使拍卖制度有效地发挥作用；另一方面需要强化执行当事人、利害关系人及检察机关对此的监督，才能有效防范此过程中的利益关联和违法犯罪行为的发生。对于可能存在的执行标的物评估结果失实的问题，检察机关应围绕关键性因素进行调查核实。执行标的物评估结果失实，特别结果明显低于市场价格，是执行监督中当事人反映比较集中的一类问题，尤以土地、房产和重大设备价值评估为多发领域。

（三）对执行裁决行为监督的阐发规则

1. 对执行异议的监督。执行异议分为对执行行为的异议和对执行标的的异议。在“江苏某银行申请执行监督案”（检例第 108 号）中，某银行对法院认定《承诺》系对毛某芹担保的债务提供保证并据此裁定执行其财产的行为不服，属于对执行行为提出的异议，而非对执行标的提出的异议，对该异议裁定不服的救济途径为复议程序，人民法院引导其提起执行异议之诉，程序指引有误。在某银行提起执行异议之诉后，人民法院认为该案应当依照审判监督程序处理，驳回起诉亦属适用法律错误。《民事诉讼法》第第 232 条和第 234 条分别从程序和实体两个方面初步构建了民事执行救济的二元体系，以维护民事执行中当事人和利害关系人的合法权益，保障民事执行程序依法顺利进行。

关于对执行行为的异议和对执行标的的异议，需要正确理解两者之间的区别，才能防止司法实践中出现对两者的混淆和误用，避免损害案件有关当事人、利害关系人以及案外人的合法权益。总而言之，两者存在以下区别。

（1）提出异议的主体不同。对执行行为的异议提出主体是当事人和利害关系人，对执行标的的异议提出主体是对执行标的主张实体权利的案外人。此处的当事人不仅包括申请执行人和被执行人，还包括上述两者权利义务的继受人，在法院执行过程中被变更、追加为当事人的公民、法人或者其他组织。本案中某银行就是在法院执行过程中被追加为被执行人，并对此不服而提出执行异议的。利害关系人的范围则更加广泛。《最高人民法院关于人民法院办理执行异议和复议案件若干问题的规定》第5条采取了“列举+兜底”的方式规定了可以提出执行行为异议的利害关系人范围。列举的利害关系人包括他案债权人、拍卖程序中的竞买人、优先购买权人和协助义务人这四类。这里特别需要关注的是对该条第5项中“其他合法权益”理解，这也是区分提出执行行为异议的利害关系人和提出执行标的异议的案外人的关键。“此处的其他权益，应是指程序性权益和不能排除执行的实体权益，如果是主张能够排除执行的实体权益，则其身份是案外人。”①

（2）提出异议的期限不同。对执行行为的异议人的目的在于使违法的执行行为得到纠正，从而使其受损的合法权益得到保护。当执行程序终结之后，需要纠正的违法执行行为已经不存在，再提出执行异议已经没有实际意义。但不同的是终结执行措施会对当事人和利害关系人的权益产生重大影响，所以在此之后上述二者仍可对其提出执行异议。对执行标的提出异议的期限需要区分两种不同的情形。一是执行标的被当事人以外的第三人取得的，应在执行标的执行终结之前提出。如执行标的为房产，第三人通过拍卖取得了该房产的所有权，为了维护司法拍卖的公信力，保护第三人的信赖利益，此时不允许案外人就该执行标的提出异议。二是执行标的

① 参见刘贵祥、范向阳：《〈关于人民法院办理执行异议和复议案件若干问题的规定〉的理解与适用》，载《人民司法（应用）》2015年第11期。

被申请执行人或被执行人取得的，则应在执行程序终结之前提出。

（3）异议指向的对象不同。对执行行为的异议指向的是法院的执行程序，主要是针对违反程序性规定的执行行为，维护当事人、利害关系人的程序性权益。对执行标的的异议指向的则是正处在法院执行过程中的执行标的，从而保护案外人私法上的实体权益。

（4）二次救济的方式不同。在对执行行为的异议中，人民法院作出执行裁定后，当事人、利害关系人不服的，可以向上一级人民法院申请复议，即其二次救济的方式是复议。在对执行标的的异议中，人民法院作出执行裁定后，当事人、案外人不服的，可以申请再审或者提出执行异议之诉，这是其二次救济方式。因为执行行为异议针对的是法院程序性的违法执行行为，因此通过复议这种便捷高效率的方式予以救济。在对执行标的的异议中，则涉及对执行标的实体权利的的审查认定，则需要通过实体审判的方式予以判断。“执行异议制度以执行裁决权来监督制约执行实施权，执行异议之诉制度以诉权来制约执行权。”①

2. 对追加被执行人的监督。根据“黑龙江何某申请执行监督案”（检例第 110 号），执行程序应当按照生效判决等确定的执行依据进行，变更、追加被执行人应当遵循法定原则和程序，不得在法律和司法解释规定之外或者未经依法改判的情况下变更、追加被执行人。在民事执行中，变更或者追加第三人为执行人，在反制规避执行、迅速实现债权、减轻当事人讼累等方面发挥着重要作用。但是在法律司法解释没有明确规定的情况下，便在民事执行中随意追加实体法上应当对被执行人债务承担责任的第三人为被执行人，会混淆审判与执行的基本界限，使生效裁判的既判力和约束力随意扩大到第三人，不利于保障当事人的实体和程序权利，也将因此导致

① 王静:《民事执行异议之诉问题研究》，载《河南财经政法大学学报》2021 年第 4 期。

司法秩序的混乱和司法公信力的丧失。变更、追加被执行人应当有明确的法律依据，对于法律或司法解释规定情形之外的，法院不能变更、追加被执行人。

根据《最高人民法院关于民事执行中变更、追加当事人若干问题的规定》（2020年修正），民事执行中变更、追加被执行人主要包括变更追加未按期足额缴纳出资有限合伙人、未依法履行出资义务即转让股权的股东及对该出资依法承担连带责任的公司发起人、违规注销企业的清算责任人、承诺对被执行人债务承担责任的主体、无偿接受行政命令调拨财产主体、财产混同的一人公司股东等现实需求迫切、法律关系简单、易于审查判断的情形。在相关法律或司法解释没有明确规定变更追加被执行人的情形下，即使存在与之法律和司法解释的规定类似的情形，也不得类推适用从而直接在执行程序中变更追加当事人，在此种情况下，应要求债权人另行对第三人提起诉讼，以获得新的执行依据。① 如本案例所涉的夫妻一方在婚姻关系存续期间对外以个人名义借债，法院判决借债一方承担还款责任的情形，由于没有法律、司法解释规定此种情形下可以追加另一方为被执行人，基于变更、追加被执行人的法定原则，法院在执行程序中也当然不得追加另一方为被执行人，否则构成对于当事人实体和程序权利的剥夺，属于程序违法，检察机关应当对此进行监督。

四、民事支持起诉指导性案例的阐发规则

（一）发布背景及意义

自1982年《民事诉讼法（试行）》颁布以来，支持起诉始终是民事诉讼的基本原则，它是为保护弱势群体或个人的合法民事权利，由机关、团体、

① 参见阙梓冰:《执行程序中变更、追加当事人制度的价值理念与具体适用》，载《人民法院报》2019年8月1日，第5版。

企业事业为其提供民事诉讼上协助支持的制度。检察机关作为法律监督机关是保护国家和社会公共利益的重要力量，通过民事诉讼手段来维护弱势群体的合法权利是检察机关的职责与义务，而支持起诉制度正是检察机关可以借助的重要诉讼手段。“检察机关支持诉讼能力偏弱的民事主体向人民法院提起民事诉讼，维护其合法权益，对于切实保障民事主体诉权平等发挥了重要作用。”① 2018 年至 2022 年全国检察机关对权益受损但不敢或不懂起诉的老年人、残疾人、农民工和受家暴妇女，支持提起民事诉讼 16.7 万件，是前五年的 11.5 倍。②

为了向各地检察机关办理支持起诉案件提供路径指引，也为了提升和规范支持起诉工作能力，最高人民检察院于 2021 年 12 月 23 日发布第三十一批 5 件支持起诉指导性案例，分别是“李某滨与李某峰财产损害纠纷支持起诉案”（检例第 122 号）、“胡某祥、万某妹与胡某平赡养纠纷支持起诉案”（检例第 123 号）、“孙某宽等 78 人与某农业公司追索劳动报酬纠纷支持起诉案”（检例第 124 号）、“安某民等 80 人与某环境公司确认劳动关系纠纷支持起诉案”（检例第 125 号）、“张某云与张某森离婚纠纷支持起诉案”（检例第 126 号）。2022 年 3 月 22 日最高人民检察院发布了《民事检察部门支持起诉工作指引》。该指引共 24 条，从原则、管辖、案件来源、申请条件、审查程序等方面对支持起诉制度作出全面的程序指引。

（二）支持起诉的构成要件规则

结合指导性案例和《民事检察部门支持起诉工作指引》，民事检察部门支持起诉构成要件如下。

其一，在适用条件方面，当事人平等是民事诉讼的基本原则，既指当

① 冯小光、朱光美：《最高人民检察院第三十一批指导性案例解读》，载《民事检察工作指导》（2022 年第 2 辑），中国检察出版社 2022 年版，第 224 页。

② 参见《2023 年最高人民检察院工作报告》，载最高人民检察院网 2023 年 3 月 17 日，www.spp.gov.cn/spp/gzbg/202303/t20230317_608767.shtml。

事人的诉讼地位平等，也指当事人享有平等的诉讼权利，平等对抗，法院平等保障当事人的诉讼权利，它体现了民事诉讼构造的基本特征。当然，这种平等只是一种理想状态的拟制，现实中存在大量由于当事人自身能力不足，不仅不能平等对抗，甚至无法利用民事诉讼手段保护自身利益的情形，为此产生了支持起诉制度。

由于这一制度是对当事人平等原则的修正，所以其适用的范围要有严格的限制。支持起诉制度的目的是维护国家和社会公共利益以及社会弱势群体的正当利益。为国家和社会公共利益支持起诉属于民事公益诉讼中的支持起诉制度，不属于本批次指导性案例涉及的范围，本批次指导性案例只涉及民事诉讼中的私益诉讼，也就是为了维护弱势群体的正当利益的案件。

就主体而言，主要是自然人起诉的案件，自然人因为其自身的客观原因——常见的是因为年龄、疾病等原因——无法正常行使权利。就维护的正当利益而言，主要是维持生活所涉及的利益，一般包括劳动报酬、赡养费、抚养费以及人身损害的赔偿等。具言之，检例第122号案例被支持起诉的主体是智力残疾人，支持的事由是监护人侵害智力残疾被监护人的财产权，智力残疾人诉请赔偿损失存在障碍而请求检察机关支持起诉。检例第123号案例被支持起诉的主体是老年人，支持的事由是老年人依法起诉要求成年子女履行赡养义务，但是其缺乏起诉维权能力。检例124号案例被支持起诉的主体是78名进城务工人员，支持的事由是劳动报酬。检例125号案例被支持起诉的主体是80名劳动者，支持的事由是确认劳动关系，为其办理社保登记、补缴社会保险费提供帮助。检例第126号案例被支持起诉的主体是家庭暴力的受害者，支持的事由是离婚维权。以上案例基本涵盖了被支持起诉主体的类型和支持起诉的事由，为支持起诉的开展提供了全面系统的范本。

其二，在程序方面，一是前置程序。支持起诉对于检察机关而言只是一种手段，检察机关的最终目的是维护当事人的合法权益。因此，在支持起诉前，如果通过其他方式或渠道能够保护当事人利益，那么检察机关应当积极履职，督促有关行政机关、社会组织等负有履职责任的主体依法履职以维护当事人合法权益。只有以上主体怠于履职或是履职后仍未实现维护当事人利益的目的，才能通过诉讼解决问题，才属于检察机关支持起诉的案件范围。

二是支持起诉的措施。支持起诉为了保护弱势群体的利益而设立，因此检察机关支持起诉的措施也是由弱势群体的需求所决定的。民事诉讼需要法律方面的支持、证据的证明和与之相关的费用支出，对此检察机关就需要为其提供法律咨询与援助、相关证据的协助调查，以及诉讼费用减免或司法援助律师等。对于法律知识相关帮助，应以维护当事人利益为限，而且需要充分尊重当事人的自主意志，特别是涉及人身关系的案件，人身关系是否解除应当完全由当事人自主决定。在5件指导性案例中，检察机关均为当事人提供法律知识的帮助。对于调查取证，原则上应当由当事人自行收集或者检察机关通过法律释明引导其收集，只有当事人因客观原因无法收集的，检察机关可以依职权收集。在本类5件指导性案例中，在第122号、第123号、第125号、第126号案例中，检察机关行使了收集证据的调查核实权。其中，第122号案例是因为当事人智力残疾无法提供证据，第123号案例是因为当事人年老体衰无法提供证据，第125号案例是因为相关证据由国家机关保管，当事人无法自行调取，第126号案例是因为公安机关收集保管了当事人遭受家暴的相关证据。以上基本涵盖了基于当事人自身内在原因无法取证，以及因证据来源等外在原因无法取证的类型。

三是支持起诉的决定。支持起诉作为一项具体的程序制度，无论是当事人申请或是检察机关依职权启动，检察机关审查后，决定支持起诉的，应当制作《支持起诉意见书》，决定不支持起诉的应制作《不支持起诉决定书》。不论之前检察机关是否提供了法律帮助或是协助取证，《支持起诉意见书》《不支持起诉意见书》是支持起诉程序的结论性文书。检察机关决定支持起诉的应当向法院出具《支持起诉意见书》，否则应当向申请人出具《不支持起诉意见书》，在上述5件指导性案例中检察机关均出具了《支持起诉意见书》。决定支持起诉的案件，检察机关一般不参加法院的庭审活动，但有以下例外：其一，为加强法治宣传，对具有重大社会意义的案件，经与法院会商，检察人员可以出庭宣读《支持起诉意见书》；其二，为了协助当事人举证，对于检察机关协助收集的证据，经与法院会商，检察人员可以出庭对证据予以出示说明；其三，为了协助法院调解，经与法院会商，检察人员可以派员出庭。

第三节　民事检察指导性案例的发展和完善

民事检察指导性案例作为民事检察制度的重要组成部分，对指导各级检察机关民事检察部门践行精准监督理念，高质量办理好每一个民事检察案件，依法履职参与社会治理，推动民事检察工作高质量发展，具有重要意义。由于民事检察制度正处在以精准监督为指引，以做强民事检察工作为目标的发展完善过程中。民事检察指导性案例也需要适应新时代民事检察工作的变化，不断地发展完善以构建出具有自身特色的案例指导制度，从而更好地服务于做强民事检察工作这一目标。

一、进一步覆盖民事检察工作的全过程

民事检察监督是对法院民事诉讼的全过程监督，主要包括民事生效裁判监督、民事执行监督和民事审判程序中审判人员违法行为监督三项基本监督工作，还有民事虚假诉讼监督和民事支持起诉两项专项工作。除了民事审判程序中审判人员违法行为监督工作外，最高人民检察院对上述各项

工作都专门发布过以该项工作为主题的指导性案例。

作为2012年《民事诉讼法》修改后新增加的监督工作，民事审判程序中审判人员违法行为监督工作起步较晚，全国各地检察机关民事检察部门在积极开展此项监督工作的过程中，办理了一批典型案件，积累了一些有益的做法。如对法院送达程序违法（特别是公告送达程序违法）的监督，最高人民检察院就此还向最高人民法院提出了检察建议。但总体而言，对民事审判程序中审判人员违法行为的监督质效不高，主要停留在对浅层次违法行为的监督层面，对深层次违法行为的监督力度不够，有影响力的典型案件较少。此种监督案件大量分布在基层检察机关，基层民事检察部门在工作人员配备和专业化建设方面，仍然有较大提升空间。而对审判程序中审判违法行为监督的有关规定比较原则，难以满足复杂多变且日益丰富的司法实践需求，存在着规范相对滞后及缺失的制度困境。

与上述问题形成鲜明对此的是，审判程序中审判违法行为监督工作日趋重要，这也是民事检察工作今后的一个重要发力点。2021年《人民检察院民事诉讼监督规则》修改，增加了关于审判人员违法行为监督情形的指引性规定。针对《民事诉讼法》的规定过于原则，而原民事诉讼监督规则中所规定的具体情形存在列举不完整、指引性不够强的问题，新监督规则在参考2019年修订的《法官法》以及最高人民法院关于审判人员工作纪律规定的基础上，新增加了一条指引性规定，即第101条“人民检察院发现同级人民法院民事审判程序中审判人员有《中华人民共和国法官法》第四十六条等规定的违法行为且可能影响案件公正审判、执行的，应当向同级人民法院提出检察建议”的规定。要树立检察机关的监督权威，就需要对深化对深层次违法行为的监督，将对事监督和对人监督相结合，既纠正程序违法行为，又惩戒违纪违法的审判人员。在现有制度供给不足的情况下，发布针对审判程序中审判违法行为的监督指导性案例，总结对实践中典型、多发的违法行为监督经验，启发检察机关工作人员如何用足用好检察机关的调查核实权，强化与职务犯罪侦查部门和纪检监察部门的协助联动，拓展监督的深度和广度，为监督实践提供办案指引，确有必要，也非常具有指导意义。

二、进一步适应新时代民事检察工作的需要

“习近平法治思想是全面依法治国的根本遵循和行动指南，也是引领民事检察工作高质量发展的理论灯塔。”[①] 习近平总书记在中共中央政治局就“切实实施民法典”进行集体学习时指出“要加强民事检察工作，加强对司法活动的监督，畅通司法救济渠道，保护公民、法人和其他组织合法权益，坚决防止以刑事案件名义插手民事纠纷、经济纠纷。”[②]《中共中央关于加强新时代检察机关法律监督工作的意见》指出，要“精准开展民事诉讼监督”。“在以习近平法治思想作为全面依法治国指导思想的大背景下，精准监督理念是民事检察部门贯彻落实习近平法治思想的重要保障。”[③] “精准监督的主要内涵是：尊重民商事审判、执行规律，尊重民事检察活动规律，运用体系化思维方式，对法院审结的海量的民商事、执行案件，按照讼争法律关系性质划分为不同类型案件。对类案存在的法律适用标准不统一等问题，在区分是否具有指导、引领、纠偏等公共价值基础上，以抗诉形式实施‘以点带面’式的重点监督，旨在放大监督效果，引领公共价值。对其他个案存在的错误，以检察建议方式予以监督。”[④]

---

① 冯小光、刘昀：《以习近平法治思想引领民事检察工作高质量发展》，载《中国检察官》2022 年第 13 期。

②《习近平在中央政治局第二十次集体学习时强调　充分认识颁布实施民法典重大意义　依法更好保障人民合法权益》，载《人民日报》2020 年 5 月 30 日，第 1 版。

③ 冯小光等：《民法典实施背景下民事诉讼精准监督研究》，中国检察出版社 2022 年版，第 53 页。

④ 冯小光：《民事检察精准监督的基本要求和工作思路》，载《民事检察工作指导》（2022 年第 3 辑），中国检察出版社 2022 年版，第 3 页。

从现有的指导性案例看，虽然最高人民检察院发布了以贯彻实施《民法典》为主题的第三十八批指导性案例，但适用的均是《合同法》等民法典生效前的法律规定，缺乏直接适用《民法典》相关规定进行精准监督的案例，关于《民法典》弘扬社会主义核心价值观，强化对公民人格权保护等新增的人格权篇及“好意同乘”等相关规定，也亟须在民事检察指导性案例予以体现。此外，现有的民事检察指导性案例主要体现在对个案的监督，缺乏对类案的监督。而针对办案中发现的同类性问题，注重深化类案办理，统一民事检察监督标准[①]，是检察机关民事检察部门落实习近平法治思想，践行精准监督理念，保障《民法典》统一正确实施的题中之义。就此，亟须强化对民事检察类案监督指导性案例的收集、整理和发布，以更好地指导司法实践，适应新时代民事检察工作高质量发展的需要。

三、进一步强化对民事检察工作实践中复杂疑难问题的回应

就检察指导性案例而言，根据其功能定位和发挥作用方式的不同，可以分为重申规则型案例、解释法律型案例和工作指导型案例三种类型。随着精准监督理念的深入，以及民事检察工作高质量发展的要求，势必要加强解释法律型指导性案例编发力度，以适用司法实践的需要。指导性案例是对制定法的弥补，是制定法对司法实践中的问题，在缺乏明确的规定或者规定有争议的情况下，以案例的形式为此类问题的审理提供指导性依据。案例指导制度的核心是旨在通过指导性案例模本或标本作用，解决“同案不同判”问题。[②]

新时代的民事检察司法实践过程中，有众多亟待解决的新型疑难复杂

---

① 参见腾艳军、刘丽娜：《民法典实施与民事检察类案监督实证研究》，中国检察出版社2023年版，第96页。

② 参见冯小光等：《民法典实施背景下民事诉讼精准监督研究》，中国检察出版社2022年版，第172页。

问题，如虚假诉讼的证明标准问题，部分虚假是否构成虚假诉讼，法院生效判决、裁定及调解书损害国家利益、社会公共利益情形的界定等，都需要解释法律型指导性案例的回应。在民事检察指导性案例的选择上，更应面向民事检察办案一线，加强对法律适用中新型疑难复杂问题的研究，加大围绕前瞻性、苗头性、倾向性案件以及民事诉讼监督中新情况、新问题制发民事检察指导性案例的力度。[①]

四、进一步加强对民事检察指导性案例的参照适用

《最高人民检察院关于案例指导工作的规定》第15条规定："各级人民检察院应当参照指导性案例办理类似案件，可以引述相关指导性案例进行释法说理，但不得代替法律或者司法解释作为案件处理决定的直接依据。"但指导性案例参照适用的具体条件、方式和效力尚没有明确规定，违反案例指导制度也没有明确的法律后果。从司法实践来看，无论是刑事检察指导性案例，还是民事检察指导性案例，整体援引参照情况并不多，大部分检察官办理案件过程中没有援引检察指导性案例。[②] 就此，应当明确民事检察指导性案例的准司法解释地位，其对同类案件具有事实及法律上的约束力，要求检察官在案件办理过程中，应当检索与所办理案件相类似的指导性案例，并在审查报告中阐明是否予以参照适用并说明理由，进一步落实提交检察委员会讨论的复杂疑难案件主动检索指导性案例报告制度。对于当事人、律师提交指导性案例并建议检察官作为案件审查依据的，检察官应当就此作出回应。对参照指导性案例作出决定的案件，所制作的法律文书属于《最高人民检察院关于加强检察法律文书说理工作的意见》（2017年修订）所规定的重点说理范围的，检察官应当在法律文书中援引指导性案

① 参见万春：《检察指导案例效力研究》，载《中国法学》2018年第2期。

② 参见雷娜：《刑事指导性案例裁判援引的考察与反思》，载《政法学刊》2020年第1期。

例进行释法说理。[①] 同时，为了方便检察官援引检察指导性案例，应当积极利用信息网络技术，建立包括指导性案例在内的案例数据库，并在检察业务应用系统上实现指导性案例的类案推送。为提高检察官参照适用检察指导性案例的积极性，可以将推荐、入选、参照适用指导性案例纳入员额检察官绩效考核体系，在检察官晋级晋职、评选检察业务人才等方面予以优先考虑，提升检察官创制、应用指导性案例的成就感和积极性。

① 参见张杰、苏金基:《检察指导案例的实践应用效果》，载《国家检察官学院学报》2018 年第 4 期。

第六章　行政检察指导性案例

第一节　行政检察指导性案例概述

一、行政检察指导性案例的品格特征

（一）行政检察指导性案例的独立品格

行政检察指导性案例以行政检察履职为主要内容，对检察机关办理行政检察案件具有指导意义。从底层逻辑和司法实践来看，行政检察指导性案例并非检察案例指导制度在行政检察业务领域的简单应用和具体呈现，而是在伴随新时代行政检察监督转型升级和检察案例指导制度拓展完善相互融合发展过程中产生的。因此，行政检察指导性案例有其独立品格。

行政检察不是一项新业务，早在 1990 年《行政诉讼法》实施之时，该项业务就随着行政诉讼制度的建立开展起来，主要是对诉讼活动实行法律监督。党的十八届四中全会以来，随着司法体制改革深入推进，特别是 2018 年，最高人民检察院以深化内设机构改革为契机，主动适应形势发展变化，审时度势提出刑事、民事、行政、公益诉讼“四大检察”全面协调充分发展，最高人民检察院成立行政检察厅专司行政检察职能。随着“四大检察”法律监督新格局的形成，行政检察得以摆脱原有发展路径依赖，寻求自身独特价值和作用，在行政诉讼监督职责基础上不断延伸，形成相对开放的职能体系。党的二十大报告首次专章部署“坚持全面依法治国，推进法治中国建设”工作，专门强调“加强检察机关法律监督工作”，赋予检察机关更加明确、更高标准的使命和任务。2021 年 6 月，中共中央首次

就加强检察机关法律监督工作专门印发文件，《中共中央关于加强新时代检察机关法律监督工作的意见》对“全面深化行政检察监督”提出新的更高要求，为推动行政检察高质量发展指明了前进方向和基本遵循。行政检察抓住历史机遇，从理论到实践均有了长足进步，近5年来，行政检察监督案件数量急剧增加，监督效果显著提升，切实维护了司法公正，有效监督了人民法院公正司法和行政机关依法履职，实质化解了许多“陈年旧案”，保护了公民、法人和其他组织的合法权益。经过先后两个阶段的开创性发展，行政检察作为“四大检察”中的重要一环已然成为检察机关的亮点业务。

行政检察在蓬勃发展过程中逐步构建起诉讼内监督和诉讼外监督并举，以行政诉讼监督为基石，以行政争议实质性化解为牵引，以行政非诉执行监督和行政违法行为监督为新的增长点，上下级院各有侧重、上下联动、全面履职的新格局。为进一步落实《中共中央关于加强新时代检察机关法律监督工作的意见》中关于“健全行政执法和刑事司法衔接机制”“健全检察机关对决定不起诉的犯罪嫌疑人依法移送有关主管机关给予行政处罚、政务处分或者其他处分的制度”的要求，最高人民检察院于2023年7月14日印发《关于推进行刑双向衔接和行政违法行为监督　构建检察监督与行政执法衔接制度的意见》，明确行刑反向衔接工作由行政检察部门牵头负责，以强化构筑行刑双向衔接完整链条和监督闭环的目标，进一步充实行政检察职能。行政检察监督范围由过去较为单一的行政诉讼监督逐步延伸扩展至实质性化解行政争议、行政非诉执行监督、行政违法行为监督、行刑反向衔接；监督对象由对法院生效裁判、审判人员违法及执行活动的监督，拓展至对在诉讼监督中发现的行政机关违法行使职权或者不行使职权的行为进行监督；监督方式也由行政抗诉发展为集行政抗诉、再审检察建议、检察建议、检察意见等监督手段于一体的多元监督方式。行政检察深刻揭示了检察权融司法属性与监督属性于一体、二者不可偏废的复合多重属性。

近年来，行政检察职能持续充实、监督成效显著提升、整体发展迅猛。但是，由于行政检察底子薄、工作开展难度大，实践中也暴露出很多与检察高质量发展不相符合的问题，例如基层行政检察职能发挥不充分、检察人员业务素能亟待提升等，行政检察还需要经历一段磨合发展时期。如何进一步深化做实行政检察仍然是当前和今后一个时期的重要任务。为落实强化履职、有力监督的任务要求，破解行政检察发展不充分的困境，广大行政检察人员在新时代“四大检察”法律监督格局下主动担当作为，各地办理了一大批取得良好效果的行政检察监督案件，在监督审判机关公正司法、促进行政机关依法行政、助推国家治理体系和治理能力现代化建设等方面发挥了积极作用。最高人民检察院通过案例指导制度及时将全国各地办理的优秀案件上升为指导性案例或典型案例，充分发挥了其对检察工作的示范引领作用。

2019 年 9 月，最高人民检察院首次发布行政检察指导性案例，为全国行政检察工作打开了新的思路。此后，行政检察工作与案例指导制度持续深度融合。截至 2023 年 12 月 31 日，最高人民检察院共发布 5 批 18 件行政检察指导性案例，突出检察监督对公正司法、依法行政、社会治理的促进作用，总结实践中成熟的行政检察监督经验，提炼符合行权特质的规则，引领各级检察机关把握行政检察监督的内在规律，指导日常监督办案实践，为行政检察高质量发展注入源源不断的活力。同时，注重强化对行政检察指导性案例的深度应用，例如在最高人民检察院出台的《人民检察院行政诉讼监督法律文书格式样本（2021 年版）》中，“监督生效判决、裁定、调解书用”审查终结报告模板的“审查意见”部分明确要求“写明对指导性案例、典型案例和关联案例检索和参照适用情况”，案例指导制度已然融入行政检察日常办案环节，成为做实行政检察工作、提升案件办理质效的重要支撑。

（二）行政检察指导性案例的主要特征

除了从检察案例指导制度和行政检察工作融合发展的溯源过程中探究

制度内涵外，我们也可以从行政检察指导性案例与其他类型案例的对比中分析其表象特征，明晰行政检察指导性案例的基本内涵。

一是区别于行政审判指导性案例。行政检察指导性案例与行政审判指导性案例同为指导性案例，具有一致性内涵，但也存在一定差异性特征。检察机关与审判机关的案例指导制度除了在解释法律规范、统一法律适用标准、指导下级司法机关办案等功能上具有相似性之外，检察案例指导制度还具有进一步完善宪法法律赋予的检察机关法律监督与司法救济双重职能的功能。简言之，行政审判指导性案例基本上都是围绕案件事实认定和法律适用展开，为司法办案提供客观具体的法律适用参照标准，而行政检察指导性案例侧重于指导法律监督履职的方式方法，这是两者最大的区别。此外，差异性特征主要体现为以下两个方面：其一，在司法效力上略有不同。《最高人民检察院关于案例指导工作的规定》（2019 年修订）第 15 条第 1 款规定，各级人民检察院应当参照指导性案例办理类似案件，可以引述相关指导性案例进行释法说理，但不得替代法律或者司法解释作为案件处理决定的直接依据。此处采取的“应当参照”“可以引述”的要求。而审判指导性案例在适用上与其表述略有不同，强制指导的效力似乎更强。《〈最高人民法院关于案例指导工作的规定〉实施细则》（2015 年）规定，各级人民法院正在审理的案件，在基本案情和法律适用方面，与最高人民法院发布的指导性案例相类似的，应当参照相关指导性案例的裁判要点作出裁判。各级人民法院审理类似案件参照指导性案例的，应当将指导性案例作为裁判理由引述，但不作为裁判依据引用。两者都具有一定适用上的封闭性，分别仅对检察机关和审判机关系统内部适用作出严格规范要求。其二，在功能作用上有所区别。行政检察监督被当事人视为行政诉讼权利法律救济的“最后一根稻草”，因此，以行政检察为内容的指导性案例更倾向于发挥司法补充和保障作用，案例中的要旨、指导意义是检察机关在法律监督办案中发现、归纳、总结形成的，天然具有司法补充性，这是由诉讼监督的事后救济性、滞后性和司法被动性、谦抑性所决定的。此外，检察指导性案例更加注重通过对检察官履职过程的展现，突出检察机关运用调查核实、公开听证、实质化解等手段开展行政检察的具体工作方法的总结，深刻阐释案例中蕴含的法、理、情，彰显了行政检察指导性案例的独特风格。与行政审判指导性案例侧重法律规范解读、规则适用不同，行政检察指导性案例的编写还注重个案之外对法治价值、司法政策的引导，凸显了以人民为中心的精准监督理念。

二是区别于刑事、民事、检察公益诉讼指导性案例。近年来，行政、民事、检察公益诉讼指导性案例相关主题发布频次、数量明显上升，涉及内容越发注重彰显检察工作新理念、新思路、新方法。同为检察指导性案例，四类案例之间也存在较大差异，这种差异本质上是由“四大检察”不同理念价值、办案模式、工作方法等决定的，所谓四者的区别实际上就是“四大检察”具体业务上的区别。相较刑事检察指导性案例，其他三大检察指导性案例起步晚、精细化不够、覆盖领域较小。刑事检察指导性案例侧重于证据认定标准、刑事法律解释、弥补法律漏洞、统一法律适用标准等法规范层面的指导意义，而行政检察指导性案例则更侧重于政策掌握、工作指导和理念引领等方面的指导意义；民事检察指导性案例侧重于诉讼内监督，而行政检察伴随着职能发展进一步延伸至诉讼外监督和类案监督、社会治理等；与检察公益诉讼指导性案例相比，行政检察指导性案例涉及行政执法管理领域更多、更广，更加注重一般性、普遍性问题的解决。在案例编写技巧上，行政检察指导性案例编写应区别于刑事、民事、公益诉讼等，刑事检察指导性案例立足审查起诉、证明犯罪事实等关键环节，载明举证、质证、证据认定等内容，检察公益诉讼指导性案例往往从立案、审前、诉中、检察建议等方面沿着办案经过逐步展开，行政检察指导性案例则应当根据不同职能作用下的检察履职特征，突出不同行政管理领域或案件类型的特性而有所区别。

二、行政检察指导性案例的类型体系

按照一定的标准对行政检察指导性案例进行分类，开展类型化研究，从而形成科学合理、逻辑清晰的指导性案例类型体系，对于系统把握指导性案例的全貌，深化案例指导制度的认知具有重要意义，也能够方便司法人员查询适用，助推援引的自觉性和积极性，实现司法质量和效率“双提升”。特别是最高人民检察院在指导性案例的编发上十分注重案例功能的多元性和丰富性，力争以多种多样的案例回应办案实践中的不同需求，这为案例分类研究赋予了更为丰富的价值，有助于探究指导性案例产生背后的深层原因，提升指导性案例运用的本领和监督办案的能力。一般来讲，为增强指导性案例归集、整合的科学性，方便案例在司法实践中的援引适用，指导性案例的分类应当遵循“便宜业务开展”的原则，类型体系的构建需要与业务工作开展的总体思路保持一致，符合司法人员检索案例的逻辑。

结合行政检察特质，行政检察指导性案例有以下几种分类方法和标准。

一是以监督职能为标准。根据新时代行政检察工作格局，行政检察指导性案例可分为诉讼内监督和诉讼外监督两大类，包括行政裁判结果监督类、行政诉讼执行监督类、行政审判人员违法行为监督类、行政非诉执行监督类、行政违法行为监督类等。

二是以监督方式为标准。行政检察指导性案例主要可分为抗诉类、再审检察建议类、检察建议类、公开听证类、促成和解类、司法救助类等。

三是以指导意义为标准。行政检察指导性案例可分为事实认定、证据运用、法律适用、政策把握、办案方法等类型。

四是以行政管理领域为标准。《行政处罚法》（2021 年修订）确立了七大领域建立综合行政执法制度，由此可以按照行政执法管理领域，将行政检察指导性案例分为城市管理、市场监管、生态环境、文化市场、交通运输、应急管理、农业等多种类型，可以辅以被诉行政行为和行政主体的职责确定。

五是以行政案件案由为标准。根据最高人民法院2021年起施行的《关于行政案件案由的暂行规定》，行政案件的一级案由为“行政行为”，是指行政机关与行政职权相关的所有作为和不作为。目前我国法律、法规对行政机关作出的行政行为并无明确的分类标准，二、三级案由主要是按照法律法规等列举的行政行为名称，以及行政行为涉及的权利内容等进行划分。二级案由包括行政处罚、行政强制措施、行政强制执行、行政许可、行政征收或者征用、行政登记、行政确认、行政给付、行政允诺、行政征缴、行政奖励、行政收费、政府信息公开、行政批复、行政处理、行政复议、行政裁决、行政协议、行政补偿、行政赔偿及不履行职责、公益诉讼。仅用以划定行政检察指导性案例的分类，我们只需要使用二级案由即可，无须分类过细。这是一种相对规范的，可以和行政审判相衔接的分类标准，能够较为精细准确地将某个案例进行分类。我们也可以发现，行政检察指导性案例在名称确定上即使用了行政案件案由这一标准。

目前，最高人民检察院和最高人民法院并未明确对各自发布指导性案例的分类标准，只是采取编号命名的方式逐一归集罗列，因此没有官方公认的分类标准。最高人民检察院采取“主题”的形式发布指导性案例，实质上也并非指导性案例的分类标准，截至2023年12月31日，最高人民检察院共发布49批199件指导性案例，其中有5批18件涉及行政检察，分别为第十五批3件（行政抗诉1件、行政非诉执行监督2件）、第三十批“行政争议实质性化解”主题6件、第三十六批“行政检察类案监督”主题4件、第四十二批深入推进社会治理相关主题4件和第四十八批“知识产权检察综合保护”主题1件。如果按照发布的主题，可以将行政检察指导性案例分为实质性化解行政争议、行政检察类案监督、推进社会治理等类别。

三、行政检察指导性案例的功能价值

一般来说，检察指导性案例具有以下五个功能：一是解释法律、统一法律适用标准；二是弥补制定法规则的漏洞；三是规范司法人员的司法行为；四是强化司法决定的理由、证成司法决定；五是法治宣教。行政检察指导性案例所具备的独立品格以及基本内涵衍生出其区别于一般检察指导性案例的突出功能价值，从而展现出案例指导制度的强大优势。立足行政检察工作特质，行政检察指导性案例现阶段的特定功能价值主要体现为以下几个方面。

（一）巩固检察理念变革，落实司法政策

行政检察工作进入蓬勃发展的新时期，得益于持续更新监督理念，坚持以理念变革引领检察工作创新发展。最高人民检察院明确提出“做实行政检察”的基本要求和“案结事了政和”的基本目标，努力让人民群众在行政检察工作中有实实在在的获得感，在目标定位明确的基础上，开创性地提出了“为大局服务、为人民司法”“双赢多赢共赢”“在监督中办案、在办案中监督”“精准监督”“智慧借助”等检察监督新理念，办理了一批在司法理念方面有纠偏、创新、进步、引领性的案件。当这些优秀案件经法定程序上升为指导性案例时，就可以借助案例这一生动载体将行政检察新理念固定下来、传递出去，通过一个个鲜活的行政检察实践，让广大行政检察人员将新理念内化于心，外化于办理的每一起案件当中。行政检察案例指导制度也是落实司法政策、指引检察实践的有效途径，《中共中央关于加强新时代检察机关法律监督工作的意见》对行政检察监督提出了更高要求，案例能够直观地阐释司法政策、法律规定的精神内涵，对于指导办案实践，推动行政检察高质量发展具有重要意义。案例看似是一件件普通的“小”案，背后蕴含着行政检察牢记“国之大者”、依法履职，为大局服务、为人民司法的“大”情怀。从已

发布的行政检察指导性案例、典型案例来看，行政检察的办案方向聚焦于“两违”等社会热点，以及“行政争议实质性化解”“类案监督推动社会治理”等新时代行政检察的新任务。对于全国检察机关更好贯彻落实党中央要求、践行以人民为中心监督理念、提升行政检察监督能力和水平具有引领和指导作用。在检察办案中，重大、复杂、疑难和新类型案件的处理是检察机关所面临的最为棘手的问题，也是最容易出现司法政策偏差的领域，指导性案例可以为司法实践提供相应指引。

（二）凝结重点工作任务，指导监督履职

行政检察监督综合性强、难度大，行政检察理论基础又较为薄弱，缺乏强有力的独立理论予以支撑，这样的反差也给我国行政检察工作的发展带来诸多问题。为有效推进全国范围内行政检察职能重塑性变革，最高人民检察院坚持以专项活动为抓手，先后部署开展行为非诉执行监督、加强行政检察监督促进行政争议实质性化解、土地执法查处领域行政非诉执行监督、全面深化行政检察监督依法护航民生民利、行政检察护航法治化营商环境等专项活动。指导性案例凝结了新时代行政检察工作的发展足迹和经验，更直接快捷地提炼归纳办案规则，既是对阶段性重点工作的归纳总结，推动行政检察工作逐步实现规范化运行，也为今后检察机关行政检察部门更准确把握行政检察的职能定位，充分发挥行政检察多元职能优势提供了重要方向，更为检察人员监督办案提供工作思路和方法典型示范。通过对各批次案例的主题进行统计，指导性案例的发布呈现出紧抓法治热点和行政检察重点工作任务的特点，既及时回应了社会需求，又满足了行政检察办案需要。

以行政争议实质性化解为例，司法实践中存在一些行政案件反复纠缠于法院是否应当受理、立案，“案结事不了”“程序空转”问题突出，当事人的合法正当诉求得不到重视和满足。检察机关在履行监督职责中推动实质性化解行政争议起步于2019年，当时并无成规可循，为推动该项职能快速运用和行政争议实质性解决，最高人民检察院结合实践中办理效果较好的案件具体情况总结提炼了一系列办案方法，采取了一些创新举措，取得了良好的实践效果。第三十批指导性案例是以“行政争议实质性化解”为主题的指导性案例，从多个角度回答了检察机关推动行政争议实质性化解的大致范围、基本方法。修订后的《人民检察院行政诉讼监督规则》第 2 条新增了“推动行政争议实质性化解”的目标任务，并将好的经验做法以立法的形式固定下来，其中行政检察指导性案例作出了积极贡献。此外，最高人民检察院适时推出大数据赋能行政检察典型案例专刊，引导检察人员在实践中加强“数据监督”意识，推动办案模式从“个案为主、数量驱动”向“类案为主、数据赋能”转变，学会运用大数据筛查、数据分析比对、数据碰撞、数据挖掘等方式，精准捕捉监督线索，为行政检察履职提质增效按下“快进键”，帮助行政检察人员更好理解、掌握、运用大数据法律监督的内涵和办案方法。

（三）助推法治政府建设，促进社会治理

行政检察指导性案例具有推动法治政府建设的功能。依据现有法律规定，检察机关在履行职责过程中既审查行政诉讼的合法性，也监督涉诉行政行为的合法性，借此行政检察实现了由监督行政审判活动穿透至监督行政机关的行政行为，打破以往过分倚重书面阅卷的监督方式，充分运用调查核实权对违法行政行为进行监督。最高人民检察院以发布指导性案例的方式，向被监督对象传递正确的行政执法、司法理念，推动审判机关、行政机关尊重法律、严格依法办事，促进社会整体法治水平的提升，为法治国家、法治政府、法治社会一体建设营造良好环境。习近平总书记强调：“法治建设既要抓末端、治已病，更要抓前端、治未病。”[①] 做实新时代行

① 习近平：《坚定不移走中国特色社会主义法治道路 为全面建设社会主义现代化国家提供有力法治保障》，载《求是》2021 年第 5 期。

政检察工作以树牢依法监督、类案监督理念，主动融入社会治理大格局为重要目标，检察机关由个案监督穿透至类案监督从而促进社会治理，在具体行政诉讼监督个案的纠偏中化解行政争议，发现行政机关的履职疏漏以及社会治理漏洞，充分发挥检察建议在类案监督工作机制中的关键作用，从末端治理向促进前端治理转变，助推国家治理体系和治理能力现代化。发布相关指导性案例就是指导检察人员对履行法律监督职责中发现的社会治理存在的普遍性问题，以办理个案为切入点，开展类案监督，并把类案监督转化为社会治理效能，通过制发检察建议的方式，督促相关责任主体改进工作、规范管理，从而推动解决一个地区、一个行业、一个领域的突出问题，减少内生、次生案件发生，实现综合治理。如第三十六批指导性案例中的 4 件案例（检例第 146—149 号），是专门作为“行政检察类案监督主题”发布的，总结出检察建议、专题报告、情况通报、行政检察年度报告、行政检察白皮书等类案监督方式，以案例形式生动体现了当前行政检察注重通过个案监督与类案监督相结合的办案方式，既推动了行政检察监督层次的提升，又促进了社会治理水平的提高。

（四）讲好行政检察故事，回应社会关切

行政检察专业性强，涉及的行政管理领域广泛、行政行为类型多样，与人民群众生活密切相关，履职范围涵盖行政许可、行政处罚、行政强制、行政征收、行政复议、信息公开等关系群众切身利益的多个领域，是贯彻落实习近平法治思想、积极回应人民群众法治新需求的生动实践。指导案例制度有着法律、司法解释等成文法律并不具备的具体、生动、灵活等特点，是与成文法互相补充、并行不悖的司法制度，是在我国大力推进法治建设中应运而生的，一定程度上可以说是一种动态的法律。用恰当精准的笔墨展示检察环节履职情况，形成中国特色检察工作的生动印记，既起到了解释法律、弥补制定法规则的漏洞及规范司法行为的作用，又起到良好的法治教育和普法宣传效果。通过案例进行有关法律规定、法治精神的教育和宣传，对于并非以法学研究或法律实务为职业的普通公民来说，无疑更通俗易懂、易于接受，讲好案例故事，宣传行政检察理念与职能，向社会传递更多的检察正能量。维护民生民利彰显的是行政检察关注民生、解决民难、维护民权的为民情怀，是以人民为中心的发展思想在检察工作中的具体体现，也是检察机关的法定职责和时代使命。检察机关以人民群众反映强烈的热点、难点问题为切入点，聚焦减税降费政策落实、国土领域违法占地和违法建设、农民工追索欠薪等相关领域，充分发挥行政检察监督职能，以实实在在的成效回应群众关切。透过指导性案例可以有效指导检察机关在促成行政争议实质性化解的过程中，学会综合运用调查核实方法查清事实、公开听证辨明是非，进行充分释法说理等手段，推动行政争议实质性解决，回应人民群众对获得感、幸福感、安全感的追求和期待，突出行政检察指导性案例制度对公正司法、依法行政规范和促进作用。从实然层面来看，已发布的行政检察指导性案例基本涵盖主要行政管理领域，均与人民群众的生产生活联系紧密，体现了行政检察坚持以人民为中心，主动服务党和国家工作大局，与民同行的特点。

（五）反哺检察理论研究，提升业务素能

现阶段，检察指导性案例具有反哺检察理论研究、及时回应行政检察发展方向、提升检察人员业务素能的独特作用，可以充分展现行政检察工作职能多元化、手段创新化的发展方向。习近平总书记强调：“要加强对我国法治的原创性概念、判断、范畴、理论的研究，加强中国特色法学学科体系、学术体系、话语体系建设。”[①] 这要求行政检察不仅要在实践中做实，为理论研究提供素材和样本；还要在理论研究上做实，为检察实践提供引领和支撑，从而在理论与实践的相互证成中共同促进、共同提高。案例是

---

① 习近平：《坚持走中国特色社会主义法治道路　更好推进中国特色社会主义法治体系建设》，载《求是》2022 年第 4 期。

最好的法律教科书，指导性案例正是理论与实践深度融合的典范样态，可以为行政检察理论研究提供较为成熟的司法实践素材。依托学科专业优势、研究力量优势，充分发挥检察系统内外专家学者“外脑”智慧，设立行政检察专业委员会和行政检察研究基地等研究平台，努力破解行政检察高质量发展难题。行政检察研究基地以案例评选、研讨和讲授工作为基础，以评促建、以评促研，一体推动行政检察理论研究与实践创新，围绕全面深化行政检察监督的重大基础理论和实务问题开展研究，取得丰硕成果，为推动行政检察工作高质量发展提供有力理论引领与支撑。不断提升检察人员的素质能力水平，是决定更好发挥行政检察监督职能的重要因素。2019年是行政检察分设后的开局之年，作为法律监督新格局“四轮驱动”中的重要一轮，常被称为“短板中的短板，弱项中的弱项”，有些地方还存在有职能、有机构、无业务、无案件的情况。面对新的形势，行政检察人员着力探索办案方向，亟须教授监督方法的案例来指导办案实践，助力检察机关找准服务党和国家工作大局的结合点、发力点，案例指导制度生动诠释了“一个案例胜过一打文件”功能，促进各级检察机关行政检察监督能力与水平再提升。就北京地区而言，各级检察院充分利用指导性案例和典型案例，通过优化内设机构、加强队伍建设、积极探索新职能等方式，快速补齐行政检察短板和不足，办案类型结构更加合理，职能得以较为充分发挥。这些成绩的取得也得益于机关充分运用行政检察指导性案例的优势作用，教育、培训和激励检察人员全面提升专业素能和监督视野。

第二节　行政检察指导性案例的阐发规则

一、法律适用型

（一）邮寄送达非受送达人本人签收时，签收人是否依法具有代收权限是判断送达有效性的关键

根据我国《民事诉讼法》等相关法律规定，送达是指人民法院依照法定的方式，将诉讼文书送交给当事人或者其他诉讼参与人的一种诉讼活动。在我国，依法送达的方式主要有七种，即直接送达、留置送达、电子送达、委托送达、邮寄送达、转交送达和公告送达。在上述七种送达方式中，人民法院根据案件的具体情况，结合客观条件和实际可能，灵活选择，因地制宜，但应该以直接送达为原则，当受诉法院在直接送达诉讼文书确有困难时，受诉法院既可以选择委托送达，也可以选择邮寄送达等其他送达方式。由于邮寄送达具有便捷、成本低等优点，实践中大多选择邮寄送达。

邮寄送达，是指在人民法院直接送达有困难时，通过邮政机构将诉讼文书挂号寄给或者专递方式交给受送达人的方式。邮寄送达的，以受送达人在挂号回执或者专递回执上注明的收件日期为送达日期。邮寄送达应当附有送达回证。挂号信回执或者专递回执上注明的收件日期与送达回证上注明的收件日期不一致的，或者送达回证没有寄回的，以挂号信回执或者专递回执上注明的收件日期为送达日期。因当事人提供的送达地址不准确、拒不提供送达地址、送达地址变更未书面告知人民法院，导致诉讼文书未能被受送达人实际接收的，邮寄送达的，文书被退回之日为送达之日。但受送达人能够证明自己向人民法院提供的送达地址准确无误，自己在送达过程中没有过错的，被退回的诉讼文书不能视为送达，亦不能产生送达的法律效果，受送达人也不承担送达不能的不利后果。受诉法院应将需要送

达的诉讼文书向受送达人重新进行送达。实践中，邮寄送达非受送达人本人签收时，准确判断送达的有效性，关键看签收人是否依法具有代收权限。根据规定，除受送达人本人签收外，下列情况可以视为有效送达：（1）受送达人是无民事行为能力或者限制民事行为能力的自然人，其法定代理人签收的；（2）受送达人是法人或者其他组织，法人的法定代表人、该组织的主要负责人或者办公室、收发室、值班室的工作人员签收的；（3）受送达人的诉讼代理人签收的；（4）受送达人指定的代收人签收的；（5）受送达人的同住成年家属签收的。

依照法定程序送达，是法律文书发生法律效力的必要条件之一。送达不规范对当事人的诉讼权利和实体权利都会产生重大的影响，涉及当事人权利义务的取得或者丧失，甚至会引发新的矛盾纠纷和关联案件。因此，检察机关在开展法律监督过程中，应重点调查核实法律文书送达的方式、内容及程序是否符合规范要求。特别是邮寄送达中，应重点查明除本人外的签收人是否依法具有代收权限，切实保障当事人合法权益。在“糜某诉浙江省某市住房和城乡建设局、某市人民政府信息公开及行政复议检察监督案”（检例第 149 号）中，糜某预留送达地址所在小区普通快递代收点依法不具有代收权限，故其签收不能视为有效送达。

（二）法律未赋予行政机关对相关事项的强制执行权是申请人民法院强制执行的前提

我国《行政强制法》规定的行政强制执行，包括行政机关直接强制执行和行政机关申请人民法院强制执行两种类型。原则上，法律规定行政机关具有强制执行权的，由行政机关实施强制执行；法律没有规定行政机关具有强制执行权的，则由行政机关申请人民法院强制执行。法律赋予某些行政机关以直接强制执行权的主要目的是提高行政效率，及时执行行政决定。如果行政机关有直接强制执行权，又向人民法院申请执行，不但浪费司法资源，而且容易引起相互推诿，降低行政效率。检察机关办理行政非诉执行监督案件，应当查明行政机关是否具有直接强制执行权，对具有直接强制执行权的行政机关向人民法院申请强制执行、人民法院不应受理而受理的，依法进行监督。“湖北省某县水利局申请强制执行肖某河道违法建设处罚决定监督案”（检例第 59 号）一案中，《水法》第 65 条第 1 款规定，“在河道管理范围内建设妨碍行洪的建筑物、构筑物，或者从事影响河势稳定、危害河岸堤防安全和其他妨碍河道行洪的活动的，由县级以上人民政府水行政主管部门或者流域管理机构依据职权，责令停止违法行为，限期拆除违法建筑物、构筑物，恢复原状；逾期不拆除、不恢复原状的，强行拆除……”根据上述规定，对河道管理范围内妨碍行洪的建筑物、构筑物，水行政主管部门具有直接强行拆除的权力。但在本案中，水利局本应直接强制执行，却向人民法院申请执行，人民法院不应当受理而受理、不应当裁定准予执行而裁定准予执行，致使两个单位相互推诿，河道安全隐患长期得不到消除，人民检察院依法提出检察建议，推动问题得以解决。

（三）受行政机关委托从事行政事务的组织或者个人在行使受托行政权力时，侵犯公民、法人和其他组织的合法权益造成损害的，由委托机关承担法律责任

在土地征收、补偿这一行政检察案件较为集中的领域，行政机关以规范性文件或者其他方式委托乡镇基层政府、征地公司等主体从事土地征收补偿具体事项的情况并不少见。此外，行政委托也被广泛运用于行政处罚、行政强制、行政检查、行政许可等各类行政管理和执法活动中。一般来说，行政委托是行政机关在其职权范围内依法将其行政职权或行政事项委托给有关行政机关、社会组织或者个人，受委托者以委托机关的名义实施管理行为、行使行政权力，最终由委托机关承担法律责任。行政委托一般要满足委托事项有法定依据、委托机关有法定权限、受托主体符合法律要求和遵循委托程序等四个方面要件，特别是受托主体往往受到法律较为严格的限定，如行政处罚的受托主体限定为“依法成立的管理公共事务的事业组

织”、行政许可的受托主体限定为《行政许可法》第24条规定的“其他行政机关”、行政强制的委托则被明令禁止。此外，国家工作人员与国家之间的法律关系也可以理解为一种委托代理关系。因此，从广义上讲，辅警等行政编制外人员与行政机关间通常也被看作是行政委托关系。此外，在行政委托程序方面，现阶段缺乏国家法律层面的统一详备规定，《行政许可法》中仅规定了委托机关具有将委托事项及内容予以公告的义务；2021年修订的《行政处罚法》第20条规定行政处罚委托应当采取书面形式，委托书应当载明委托的具体事项、权限、期限等内容，委托行政机关和受委托组织要将委托书向社会公布，其余程序未作明确规定。

如何判断行政委托关系是否成立，原则上应当以是否符合行政委托的构成要件为标准，特别是需要关注行政委托的实质要件，即案涉行为是否具有履行行政管理职责的性质和满足公共利益的目的，符合以上两点要求往往即可认定为存在行政委托关系，而不应以行政机关书面或口头明确表示委托为必要条件。根据《最高人民法院关于适用〈中华人民共和国行政诉讼法〉的解释》规定，行政机关组建并赋予行政管理职能但不具有独立承担法律责任能力的机构，以自己的名义作出行政行为，当事人不服提起诉讼的，应当以组建该机构的行政机关为被告；没有法律、法规或者规章规定，行政机关授权其内设机构、派出机构或者其他组织行使行政职权的，属于法律规定的行政委托，当事人不服提起诉讼的，应当以该行政机关为被告。根据行政法上的职权法定原则，受委托组织和个人并不具有行政主体资格，受委托主体在受委托事项权限范围内应当以委托机关的名义实施行政行为，该行为应当视为委托行政机关的行为，并由委托机关承担法律责任。在“陈某诉江苏省某市某区人民政府强制拆迁及行政赔偿检察监督案”（检例第117号）中，受托房屋拆迁公司以自己的名义与拆迁户签订补偿协议也是不妥的。如果接受委托一方超出委托权限范围实施行为给当事人造成损害的，委托机关应当在其承担相应法律责任后，依照法律规定或者协议约定向受托方追偿，避免由国家承担本不应承担的损失。实践中，还应注意区分受委托主体在委托权限范围内实施的行为和其按照自身意志实施的民事和刑事法律行为。

二、检察理念型

（一）“依申请”和“依职权”并重，依法履行法律监督职责

根据《人民检察院行政诉讼监督规则》的相关规定，检察机关“发现”行政诉讼监督案件的途径可以分为两种：“依申请”和“依职权”。在行政检察发展之初，“依申请”是启动行政诉讼监督的主要方式，一定程度上限制了行政诉讼监督职能的发挥，制约了行政检察工作的发展。目前，行政检察牢牢抓住人民检察院是国家法律监督机关这一宪法定位，将行政检察的启动方式由“依申请”为主转变为“依申请”和“依职权”并重，由“等案上门”转变为“发现线索”，以更加积极的方式履行法律监督职责。如“某实业公司诉某市住房和城乡建设局征收补偿认定纠纷抗诉案”（检例第57号），原审判决确认市住建局复函违法，责令其对争议部分建筑按非住宅房屋的补偿标准给予安置补偿或者货币补偿，该市人民检察院在处理当事人来函信件中发现该案判决可能存在错误，非住宅补偿标准（每平方米约3万元）与建安成本（每平方米约2000元）差距巨大，如果按照判决进行补偿，不仅放纵违法建设行为，而且政府将多支付补偿款1000余万元，严重损害国家利益，因此决定依职权启动监督程序。检察机关充分开展调查核实，查明实业公司提交的案涉大厦规划许可证件等文件中是经涂改后的面积，不仅纠正了法院的判决，也为国家挽回了巨额损失。

（二）秉持“穿透式”监督理念，强化行政检察的诉讼监督职能

“穿透式”监督是立足于我国行政检察以行政诉讼监督为核心职能的基础，根据行政检察的职能定位而提出的一种监督理念和实践方式，着眼于如何在加强和创新社会治理中更好发挥法治保障作用，力图把行政检察制

度优势转化为参与社会治理效能。

“穿透式”行政检察监督主要有四个层次的含义：一是行政诉讼监督，是行政检察监督的基石和本权，也是进行“穿透”的突破点；二是促进依法行政，从监督法院行政审判和执行活动穿透至监督行政机关作出的行政行为，运用调查核实权对行政行为进行监督；三是化解行政争议，从“行政检察监督”穿透至“在监督中化解争议”；四是参与社会治理，从个案向类案进行穿透，通过检察建议等方式参与社会治理。树立“穿透式”监督理念，对于促进司法公正、提升依法行政、保障公民合法权益具有重要意义。如“广东省某市人民检察院督促住房和城乡建设行政主管部门依法履行监管职责检察监督案”（检例第170号），广东省某市人民检察院通过办理个案，发现建设工程竣工验收备案制度落实不到位，这既是当地住建领域行政执法中存在的普遍性问题，也是引发商品房买卖纠纷的重要诱因，还是人民群众向市民热线投诉的热点问题，于是决定启动涉住建领域竣工验收备案专项行政检察监督。在向当地住建部门制发检察建议并通报专题分析报告后，为促进系统治理，将相关监督情况向上级检察院报告，最终推动省住建厅在全省范围内对房屋建筑和市政基础设施工程竣工联合验收不规范行为进行专项整治并制定出台了相关配套制度机制。

（三）立足行政检察监督职能，在履行法律监督职责中开展行政争议实质性化解

2021年8月修订的《人民检察院行政诉讼监督规则》以司法解释的形式，对开展行政争议实质性化解的任务、原则、方式予以确定。检察机关实质性化解行政争议，是指检察机关办理行政诉讼监督案件，在坚守法治底线的前提下，以当事人各方认可的方式，实现法律程序终结或将行政争议导入新的处理程序，达到自然消解案涉行政争议，实现案结事了政和的履职目标。检察机关开展实质性化解工作，要从以下两个方面着力。

一是精细化审查。这是开展实质性化解行政争议的基础与保障。通过

加强调查核实权的运用、加大公开听证力度、坚持智慧借助和案例检索制度等方式，既为提出抗诉、再审检察建议、检察建议等监督纠正意见奠定基础，又在法律责任明晰后，加强对各方当事人的释法说理，有助于各方凝聚共识、化解纠纷。

二是区分争议类型。这是实质性化解行政争议的关键。对于因法院裁判确有错误导致的争议，检察机关依法审查后可以通过提出抗诉或再审检察建议化解争议；对于法定可以调解的案件，检察机关可以通过促成和解实现争议化解；对于法院裁判并无不当但行政行为违法所引发的争议，检察机关通过督促行政机关自行纠正或改变行政行为，实现争议化解；对于当事人诉求不合法且不合理的，综合运用公开听证、司法救助等手段，促使当事人服判息诉。如“魏某等 19 人诉山西省某市发展和改革局不履行法定职责检察监督案”（检例第 118 号），抗诉后双方当事人均向检察机关表达和解意愿，检察机关研判后认为申请人魏某等 19 人虽然提起的是履行职责之诉，但实质诉求是退还已缴纳的供水、供气、供暖初装费，即使在抗诉再审后赢得诉讼，但要实现实质诉求仍需向对方当事人主张权利，即提起给付之诉，同时，案涉小区还有未提出诉讼的 189 户安置户存在同类问题，因此决定跟进推动行政争议实质性化解，通过召开公开听证会，促成各方签订和解协议，行政争议得到实质性化解。

（四）突出“检察一体化”优势，释放行政检察法律监督效能

检察一体化，既是检察权运行的基本原则，也是检察机关组织原则的重要内容，在规范检察权运行、强化法律监督职能等方面发挥着重要作用。纵向上，检察机关上下级之间是上命下从的领导关系，具体体现为上级检察院监督指挥下级检察院依法履职。在行政检察中主要体现为：一是提请抗诉案件中的审核把关。在行政生效裁判结果监督案件中，下级检察院认为法院的裁判活动存在违法情形，会提请上一级检察院抗诉，而上一级检察院在审查的过程中会对抗诉必要性进行判断，从而起到审核把关的作用。

二是统筹协调办理案件。对于重大疑难复杂案件或者跨行政区域案件，由上级检察院统一协调下级检察院共同办理。三是共同开展行政争议化解工作。上级检察院在争议化解中加强组织协调、充分调动资源，下级检察机关利用熟悉当地情况、就近开展工作的优势充分调查核实，共同做好行政争议实质性化解工作。横向上，检察机关内部各部门之间建立协作机制。在行政检察中主要体现为线索的移送，当前行刑双向衔接工作中的不刑不罚、应移未移、应罚未罚问题成为突出短板，对行政机关违法行使职权或者不行使职权的法律监督质效需要进一步提升，这需要充分发挥刑事检察部门和行政检察部门之间的线索移送机制，使反向衔接的线索成为行政违法行为监督的重要案件来源。如"某材料公司诉重庆市某区安监局、市安监局行政处罚及行政复议检察监督案"（检例第116号），针对此案涉及民营企业和多方责任、社会影响较大且争议化解难度较大的情况，重庆市人民检察院请示最高人民检察院后，最高人民检察院领导赴重庆与承办检察官共同接待申请人，对其开展释法说理，促使其撤回监督申请，达到了案结事了政和的良好效果。

三、工作方法型

（一）对行民交织案件加强分析研判，促进民事纠纷和行政争议一并化解

随着公法与私法不断的渗透与融合，行民交织案件日益多发，也愈益纷繁复杂。由于现行立法和司法解释仍缺乏系统性规定，实践处理方式也不统一，此类案件面临诉讼周期长、诉讼程序随意、行政与民事判决矛盾、"程序空转"等一系列问题。作为法律监督者，检察机关既有时间上纵览案情发展的视野，又有空间上横观行、民纠纷的广度。在行政诉讼监督环节，实质性化解争议，具有很强的现实意义。行民交织案件是指因在法律事实上相互联系，在处理上互为因果或互为前提、相互影响的一种案件形式。

目前司法实践处理行民交织案件主要有并行模式、先决模式和附带诉讼模式。而检察机关实质性化解行民交织争议的优势在于立足法律监督的定位，从司法程序的最后一个环节全方位综合研判个案，从而一并解决涉案行、民争议。实质性化解的前提是对纠纷进行实质性审查，即全面审查申请人诉求、证据材料、法律适用和裁判结果。在此基础之上，通过判断行民交织案件的形态，确定基础诉讼，层层递进完成化解工作。

首先，交织形态决定案件类型。明确案件类型是检察机关办理此类案件要解决的首要问题。实践中，明确案件类型需要考量两种法律关系之间是否互相影响，如果没有影响，检察机关仅须依法办理行政案件；如果有影响，则检察机关还要进一步确定基础诉讼，从而采取更为合理的办案策略。其次，对于两种法律关系之间互相影响的案件，检察机关需要对基础诉讼进行确定。基础诉讼的确定，根本上要解决的是基础法律关系的判断问题。行、民纠纷相互交织的诉讼中，一种诉讼所确定的法律关系是另一种诉讼中法律关系确定的前提，那么前者就是基础诉讼，后者是关联诉讼。对于两种法律关系互相影响的案件，检察机关需要进一步确定基础诉讼，优先处理基础诉讼所涉纠纷。最后，根据基础诉讼开展化解工作。对于基础诉讼是民事诉讼的，行政检察部门应当遵循谦抑性原则办理行政案件，一般应当尊重民事生效判决的既判力，不宜作出与已经确定的法律关系相矛盾的处理。如果经审查发现民事判决在事实和责任认定方面存在明显错误，或者该民事生效判决正在申请检察机关监督的阶段，则行政检察部门应当中止行政案件，并联合民事检察部门就本案的争议化解开展工作；对于基础诉讼是行政诉讼的，行政检察部门应当依法对行政生效判决进行审查和处理。经检察机关处理后，如果行政案件的最终结论（即法院的生效判决）与民事判决相矛盾，则行政检察部门应当联合民事检察部门就化解争议开展工作。如“王某凤等 45 人诉北京市某区某镇政府强制拆除和行政赔偿检察监督系列案”（检例第 120 号），检察机关正是抓住了案件的实质问题，以民事和解推动行政争议化解，才解决了案涉各方长达十余年的矛盾纠纷，取得了127件行政诉讼系列案件全部化解的监督效果。该案为各地检察机关实质性化解涉众型行政、民事争议交织案件提供了有益的司法指导。

（二）运用好公开听证、专家论证等方式，借助“外脑”提升监督办案质效

行政检察涉及面广、专业性强，对于重大、疑难、复杂问题，强化智慧借助意识，向专家咨询、组织专家论证、听取专家意见建议、举行听证等办案方法，实现精准监督，有助于检察机关优化法律监督布局，促进监督办案专业化、精细化。目前，检察办案借助“外脑”、举办公开听证已较为普遍，以检察听证专题形式发布典型案例，涉行政裁判结果监督的案件已有4件。如“天津张某、付某申请行政诉讼检察监督案”，通过公开听证的形式，查明行政争议背后的民事争议，找准产生矛盾纠纷的根源，搭建当事人沟通了解的平台，让争议解决可触可感，以听证促公正赢公信。在“姚某诉福建省某县民政局撤销婚姻登记检察监督案”（检例第121号）中，检察机关邀请人大代表、政协委员、法学专家、政府法律顾问等参与公开听证。听证员多数意见认为县民政局应主动撤销婚姻登记。针对“冒名登记婚姻”应否撤销的法律适用问题，检察机关又邀请法学专家召开论证会。专家认为，1994年《婚姻登记管理条例》规定，婚姻登记机关发现申请婚姻登记的当事人弄虚作假、骗取婚姻登记的，应当撤销婚姻登记，并宣布婚姻无效。虽然此后颁布的《婚姻法》（2001年）和《民法典》均未再将“冒名结婚”“假结婚”等明确规定为当事人可请求撤销婚姻的情形，但在检察机关充分调查核实认定骗婚事实的基础上，民政部门主动纠正错误的颁证行为符合立法精神。

行政检察听证还应注意以下几个方面：一是坚持“应听证、尽听证”，对在事实认定、法律适用、案件处理等方面存在较大争议和重大疑难复杂

的案件，应当举行公开听证。二是准确把握当事人诉求，听证前要听取当事人意见，把准当事人的思想“脉搏”，有针对性开展工作；准确选择听证员，结合案情和听证拟解决的问题，精准选择听证员。比如，对涉及一些专业知识的疑难案件，邀请相关领域专家作为听证员的说服力更强；对需要解开当事人心结的申诉案件，邀请群众工作能力强的社区干部、心理专家作为听证员沟通效果更好。三是注重听证程序，严格落实《人民检察院审查案件听证工作规定》有关听证申请、听证公告、听证回避、听证步骤、听证纪律以及听证席位设置等规定；注重听证准备工作，主要包括确定听证方向和重点问题、将相关案件材料送听证员审查、确定听证时间及地点等相关事项；注重听证善后工作，听证结束后，需要调查核实的，要依法予以核实，需要帮扶救助的，要积极开展帮扶救助等。

（三）以个案为突破口，将监督触角延伸至类案监督，以“我管”促“都管”，推进系统治理

系统治理是国家推进社会治理体系和治理能力现代化的重要内容，要求通过多元化路径从源头上消除潜在争议，预防矛盾风险的产生。作为社会多元共治的重要参与主体和监督主体，履行好法律监督职责促进系统治理是新时代检察机关的重要职责和使命。从系统治理的手段来讲，通过检察建议积极参与社会治理是我国检察制度的一项重大创新。《人民检察院组织法》第21条第1款规定，“人民检察院行使本法第二十条规定的法律监督职权，可以进行调查核实，并依法提出抗诉、纠正意见、检察建议。有关单位应当予以配合，并及时将采纳纠正意见、检察建议的情况书面回复人民检察院”。检察机关在办理案件过程中，个案监督是传统行政诉讼监督的主要方式，但个案监督往往属于被动监督，也难以形成规模效应。检察工作高质量发展要求检察人员在监督办案中贯彻“以人民为中心”“双赢多赢共赢”等新理念，充分发挥检察机关作为法律监督机关的优势，加强类案监督。即在个案监督中发现问题，并通过审查类案，研究总结法院在同

类行政案件的处理中，是否存在同类违法情形，以及是否存在同类案件在同等条件下不同处理的情形，以期通过类案监督，带动解决某些共性、普遍性的问题以及机制、体制问题，促进系统治理。

同时，检察机关在履行法律监督过程中应当坚持个案监督与类案监督相结合，依法治理与系统治理相结合，用活“检察建议”推动系统治理，做好监督办案的“后半篇文章”。以检察建议方式参与系统治理要树牢“三个意识”。一是秉持全局意识。制发系统治理检察建议要有“居一隅而谋全局”的大局意识以及处理一般性问题的法律智慧，要坚持“双赢多赢共赢”理念，努力为涉案行政机关或其他单位的专业化管理注入必要的法治思维，共同防患于未然。二是坚持程序意识。按照有关规定，制发检察建议应当严格遵循法定程序，包括扎实的调查核实办理程序，法律政策研究部门对其必要性、合法性、说理性的审核程序，向被建议单位的征询意见程序等，对于影响较大、效果突出的检察建议，必要时可以增加向同级党委、上级检察机关的报请、备案程序。三是把握效果意识。检察建议应当以注重实效为导向，处理好质量、数量和效率、效果的关系，不应过分强调对制发数量的考核，而应当更加注重建议内容是否能够有效把握诉源本质，是否提出了解决相关问题的针对性、制度化建议。在“姚某诉福建省某县民政局撤销婚姻登记检察监督案”（检例第121号）中，最高人民检察院主动牵头，代拟《关于妥善处理以冒名顶替或者弄虚作假的方式办理婚姻登记问题的指导意见》稿，并加强与最高人民法院、公安部、民政部的沟通，推动联合出台指导意见。

（四）数字赋能行政检察监督，打通检察机关与行政机关等的数据壁垒，提升社会治理效能

近年来，我国法律监督以数字化改革赋能新时期的司法监管，并利用检察机关大数据思维，促进了司法监管模式的重塑性转变，由“总量推动、个案主导、案卷审核”的个案受理式监管向“质效主导、类案主导、数据

赋能”的类案治理型监管过渡，探索出一条大数据法律监督新路径。畅通数据来源是大数据法律监督的根本。经过实践探索，大数据法律监督的核心内容是通过对办理个案的系统总结，归纳类型化要素，对政法、政务、社会等所涉数据进行采集梳理，经过数据碰撞和分析，得出具有高度盖然性的监督线索，经查实后开展法律监督，并由此发现执法司法及社会经济领域中的突出问题，进而推动社会治理。

这一“个案办理—类案监督—系统治理”路径面临的首要难点即“数据从何而来”，这正是大数据法律监督有别于传统法律监督之处，也是实现法律监督模式重塑性变革的关键之举。大数据赋能行政检察监督是落实《中共中央关于加强新时代检察机关法律监督工作的意见》的重要体现，是做实行政检察的重要抓手，也是助推社会治理法治化能力的重要举措。

大数据赋能行政检察主要有以下几种途径：一是加强检察业务与检察数据的融合。检察数据是检察机关自身在办案过程中获取、形成、记录、存储的相关案件信息及数据资源。行政检察监督应充分利用其他检察业务数据，挖掘行政检察监督线索，充实自身数据资源。行政检察要注重在个案办理中发现类案监督的规律特点，在类案监督中提炼执法司法、体制机制、社会管理等方面存在的问题，提出检察建议、形成专题报告，促进社会治理。二是加强检察业务与检察技术的融合。行政检察类案监督的数字化，必须依托于行政检察人员与检察技术人员的深度融合，将类案监督规律通过数字化手段转化为类案监督应用场景，提高大数据赋能办案的质效和生命力。三是加强检察数据与外部数据的融合。依托大数据开展行政检察监督，所依托相关办案数据越多，数据赋能的成效就越明显。检察机关不仅要对检察业务数据进行深度挖掘利用，还要积极向相关部门调取数据，主动搜集已公开的执法、审判信息，为实现大数据赋能监督，提升数据分析的精准度提供了保障。检察机关应借助调查核实、“两法”衔接、政法协同以及与相关单位达成的信息共享机制等途径延伸触角，获取所需的数据。

四是加强行政检察监督与社会治理的融合。大数据赋能行政检察剔除了个案的偶发性原因，将类案背后存在的制度、机制问题挖掘出来，推动检察监督向社会治理延伸。一方面，运用大数据监督促进深层治理。利用大数据对问题成因进行深层次分析，以专题报告的形式向党委政府反映问题、提出建议，协同推进社会治理。另一方面，运用大数据监督实现系统治理。通过数据比对、碰撞，发现类案背后存在的系统性问题，向有关单位提出监督纠正、堵塞漏洞、建章立制的检察建议，实现系统治理。在“浙江省杭州市某区人民检察院督促治理虚假登记市场主体检察监督案”（检例第169号）中，检察机关充分利用大数据赋能优势，打通检察机关与行政机关的数据壁垒，提升社会治理效能。

第三节　行政检察指导性案例的发展完善

一、行政检察指导性案例的实践需求

通过对行政检察指导性案例进行理论和实证分析，可以发现，由于行政法所规范的行政管理活动极其广泛且变动迅速，行政法律法规、规范性文件纷繁复杂，专业性日益突出，给行政法治带来诸多挑战。作为行政法治建设重要一环的行政检察工作仍处于积极探索、职能拓展和深化做实的重要阶段，行政检察理念持续转型，指导案例制度的重要意义在行政检察领域更加凸显。然而，当前行政检察指导性案例的供给，无论数量质量或是涵盖范围，客观上都与行政检察高质量发展要求存在一定差距。

（一）指导性案例应实现更高水平供需平衡

随着检察履职的不断深入，现有行政检察指导性案例面临着供需不平衡的客观情况。案例编发数量少，相较庞杂的行政法律法规和复杂多样的行政法律关系而言，还未形成与之相对应的系统完善的体系，无法涵盖行

政检察职能的各个方面。对于将行政检察纳入国家法律监督总体布局，强化行政检察与其他三大检察职能有机融通、协调充分发展等工作思路和要求，实践中已经进行了有益探索，亟待发布相关案例予以指引。此外，行政检察案例在地区、行政管理领域以及检察职能等方面发展不均衡，从案例指导制度长期发展的更深层次考虑，各地区、各领域分布不均衡反映出全国统一编发适用的指导性案例难以顾及各地实际和独特需求，如何缓解案例供需不平衡问题应予重视。

（二）指导性案例功能有待全面彰显

行政检察指导性案例应当充分体现检察权运行规律及行政检察监督办案特点，充分发挥对司法实践的指导作用，强化行政检察履职的统一性和协调性。目前，已编发的行政检察指导性案例，对指导各级检察机关正确适用法律解决疑难复杂问题的聚焦不明显，对统一法律认识和司法实践的指向性不足。在案例内容凝练方面，对行政检察一般规律、工作理念和方法的提炼也比较有限，个案的典型性较好，但普遍适用性有待提升。同时，通过案例反哺法学理论研究和完善立法功能需要加强。现阶段行政检察指导性案例仍集中于自上而下的指导作用，对案例本身以及实践经验进行总结的学术研究较少，以案释法宣传行政法律规定、宣扬行政检察职能、宣示行政检察工作重点的效果需要进一步释放。

（三）指导性案例选编标准仍有完善空间

尽管行政检察指导性案例选编的实体要件和程序要件已经规定得较为全面，但实践中依然受到具体操作的不确定因素影响，容易“失灵”或“失控”。各地区、各级检察机关对选编标准可能存在不同认识，对哪些案件具有成为指导性案例的潜力识别不足，可能导致很多有价值的案件没有引起足够重视，极易混淆优秀案件、典型案例和指导性案例的认定标准。实践中经常以案件影响力、办理效果为依据错误认为三者存在层次上的递进关系，即在同一评价维度内指导性案例必然优于典型案例、也强于优秀案例，这就会导致在案例选推标准上存在“同一口径”下的模糊化处理，从而对指导性案例的认定标准在具体把握上出现偏差。此外，还应强化聚焦案例的规则属性，避免偏离制度内核，降低案例在司法实践中的可用性。

（四）案例编写体例应予规范和加强

已发布的行政检察指导性案例整体水平较高，对司法实践有较强的指导意义。但受形式化体例影响，也存在部分对案件原始材料进行提炼加工后形成的案例材料论述性不强，对争议问题的梳理不够清晰，加大了实践中办案人员准确理解、精准把握案例要旨的难度。同时，部分案例编写重点不够突出，与体例要求时有偏差，仍需提出更为丰富的理由予以佐证。例如，个别案例的“指导意义”偏重“包装”，存在实体和程序双轨申引不足，多中心、弱重心等形式表现，明显忽视案例本身应当具有的检察监督履职可参照性的实质目的。案例的关键词、要旨及指导意义之间的法律关联性问题也是一大难题，容易使呈现出的案例不符合案例指导制度的内在机理，导致实践运用中出现无所适从的困境。

（五）指导性案例的应用深度亟待强化

检察案例指导工作，选是基础，编是核心，用是关键。但实践中行政检察案例应用状况并不理想，对案例效力的理解及应用方法上都存在一定争议，加之案例的参照适用机制不健全、办案人员理解不准确，使得指导性案例的司法效力并不明晰，成为影响案例指导制度效果发挥的关键因素。由于未明确应当检索而没有检索、应当援引而没有援引的责任后果，对如何援引等也未作规定，使得案例拘束力不强等问题日益突出。行政检察指导性案例援引率较低问题需要引起足够重视。

二、行政检察指导性案例发展完善建议

（一）构建以功能为指引的行政检察指导性案例体系

案例指导制度在完善法律规范体系、弥补成文法漏洞、推动社会治理、

指引和规范检察官依法履职等方面发挥了重要的作用。案例指导制度功效如何，取决于其能否以一种相对独特的符合中国案例规律的方式运行。当前我国行政检察指导性案例正处于发展初期，可以考虑遵循以功能价值为导向的思路，构建起符合中国特色的行政检察案例指导体系，注重发挥探索办案方式、指导办案实践，明确法律适用、促进立法完善，宣传法治理念、回应社会需求三个方面的作用。

一是“规则提炼型”案例。编发行政检察指导性案例的首要目的和初衷在于规范法律适用标准，为各级检察机关监督办案提供方向性参考和法律适用指引。作为司法机关办案的重要方式，案例指导制度天生应具备阐释法律含义、统一法律适用、填补立法空白的规则属性。因此，行政检察案例应当强化规则属性，运用法律思维，形成具备指导价值的完整法律逻辑和全部规范表达，对于解决重大、疑难、争议、新出现的问题，以及统一全国检察机关乃至司法机关对某一法律问题的理解认识和适用标准以处理同类案件上起到一定的参考作用。同时，行政检察案例——特别是指导性案例——应当对于司法理论更新和立法完善具有一定的推进作用，以个案为契机，解剖“麻雀”，深挖案件办理中理论创新灵感、论证或者纠偏现有理论，为法律法规完善提供实践经验，实现“小切口、大视角”。

二是“工作指导型”案例。强化行政检察指导性案例的办案指引功能，充分依托行政检察实践提炼总结工作经验，发挥案例指导监督方式及工作方法的作用。实践中存在行政检察指导性案例与审判指导性案例相比明显缺乏法律规则属性、案例质量不高、实际作用不大等质疑，这种观点显然没有看到检察工作的特殊性和行政检察案例突出的工作指导功能。行政检察案例均来源于各级检察机关监督办案实践，生发于行政检察一线工作实际，反映并着重解决实践中面临的各种复杂疑难问题，其中必然蕴含着案件办理过程中创新的监督手段、综合运用的多种监督方法和制定的符合个案需求的具体监督方案，这些都是案例区别于法律法规、司法解释等规范独有的珍贵价值。典型案例的这一功能则更为凸显，有效克服指导性案例编发的滞后性和僵化性，能够及时采取相对灵活的选编程序对新情况、新问题进行指导。

三是“政策引导型”案例。将宣传类、政策解读类案例与指导性案例进行区分，进行单独编发。人民群众对检察机关履行法律监督职责维护司法公正的热切期盼，要求检察机关在编撰行政检察案例时，同时应当兼顾政策解读推介、普法宣传教育功能，积极落实“谁执法谁普法”的普法责任制，提升人民群众法治理念，形成全社会法治信仰。此类案例的选题应当贴近人民群众需要，侧重司法政策宣传与推广，文字以通俗易懂为主，为人民群众提供可理解、可借鉴的案例支持。检察机关主动对具有一定的社会影响力的典型案例、优秀案例进行编发，既可以起到引领社会法治思想的作用，又可以推动某些特定行政管理领域的普法宣传，提高群众法治意识，同时指引各级检察机关通过依法履职实现案件办理的政治效果、法律效果和社会效果的有机统一。

（二）健全案例逐级选编制度，保障案例选育质量

健全行政检察指导性案例逐级选编标准和程序，是将具有代表性、典型性、指导性的行政检察案件遴选至指导性案例和典型案例等的重要途径，具有举足轻重的地位。

一是针对行政检察指导性案例特征，完善并细化案例要素规定。能否最大限度地发挥行政检察指导性案例的编撰、选育功能，仍有赖于各级检察机关遵循行政检察案例指导工作的基本理念，对规则进行完善和细化。“案件处理结果已经发生法律效力”“办案程序符合法律规定”是指导性案例的最基本要求，以保证指导性案例的合法性和权威性。“在事实认定、证据运用、法律适用、政策把握、办案方法等方面对办理类似案件具有指导意义”以及“体现检察机关职能作用，取得良好政治效果、法律效果和社会效果”明确了指导性案例的实质要素。可以根据案例的不同功能，选取

某一方面或某几方面更加突出的指导意义，按照对类案办理的法律适用具有参考作用，或者体现行政检察工作履职特色、创新，取得了良好的政治效果、法律效果、社会效果等几方面要求进行重点论述，区分行政检察法律适用类案例、普法宣教类案例和工作指导类案例，从而达到细化选编标准的目的。

二是将精品案例、典型案例同指导性案例进一步区分。三者在功能上具有根本区别，发挥不同的指导作用。上文已经提及，指导性案例仍应侧重于解决普遍性案件中面临的重大、疑难问题，统一全国检察机关执法办案尺度，起到案件标杆作用。典型案例则应当突出政策适应功能和工作指导功能。而优秀精品案例，则应侧重于其在社会影响力、办案方式、办案效果方面取得突出的成绩，可以起到宣传、表彰的意义，但体现案件的普遍性和疑难复杂性不足。因此，在选育之初就对优秀精品案例、典型案例与指导性案例等进行区分，防止出现行政检察案例功能、选编标准和最终成效上的混乱。

三是扩大行政检察案例选育基础，明确案例的选育、编撰、报送工作操作规范。结合行政检察职能规划和工作实际，省、市两级检察机关是行政检察案例最主要的来源，基层检察机关的办案质量直接决定案例的指导效果。因此，基层检察机关应不断扩展办案视野，增强行政检察案例“种子”发掘意识，提高自身办案素养，为行政检察案例打下坚实的基础，上级检察机关也要主动服务基层，对基层检察机关办案做到心中有数。各级检察机关在案件办案过程应当关注对案件的培育，选育中“选择”仅仅是程序性的事后工作，更要抓住案例选育中“培育”的这个关键侧面，上级检察院也应当协调配合挖掘下级检察院办理的有潜力的案例，对实际办案进行全程跟踪指导，共同解决案件中疑难复杂问题，培育优秀的行政检察案例。同时，在选育、报送方面，上级检察机关应从严把握案例编制标准，突出法律思维和逻辑，增强案例法律属性。基层检察机关直至最高人民检察院，应当按照要求从易到严，制定不同的选育标准，发挥不同程度和效力的案例指导作用。

（三）丰富完善案例编写体例，提升案例编撰水平

《最高人民检察院关于案例指导工作的规定》中对指导性案例的一般体例提出了要求，对指导性案例的基本形式构成进行了明确。行政检察工作相对于其他检察业务工作，具有政策性强、法律关系复杂、法律主体矛盾深刻等显著特征。在案例编写时应当关注到这一特点，以一般体例要求为基础，结合办案工作实践，突出行政检察特征，形成贴近行政检察工作实际的优秀案例，加强案例对办案实践的示范、引领和指导作用。

一是突出行政检察指导性案例的指导特征。指导性案例的一般体例存在固化要求，诚然完全按照体例要求进行案例编撰，确实可以编写出质量不错的检察案例，但是行政检察业务本身有别于其他检察业务，指导性案例的指导作用多集中于对政策的理解、对法律关系的梳理以及对深刻矛盾的社会性化解工作。将上述重要的指导特征通过体例进行编撰时，多数案例将呈现出按检察工作的时间顺序进行记录的形式，对工作开展的必要性和背后的法律思考难以有效清晰展现。行政检察指导性案例之所以能够起到指导作用，不仅仅是因为其所具备的程序要件，更多的是用案例背后的法律理解和适用等诸多方面的逻辑思维方式指导类似案件的办理。因此，行政检察指导性案例在检察机关履职过程的部分应当调整现有编撰思路和表述方式，对履职过程中适用不同法律政策的思考、不同法律关系的确认以及如何化解矛盾背后的考量进行重点描述。

二是准确提炼案例的指导内涵，规范案例编撰用语。行政检察案例的数量正在不断增加，指导效果不断增强，但是目前已发布的指导性案例在内涵的提炼、编撰用语的规范上，仍存在较大的问题。第一，应当规范提取“关键词”。“关键词”是案例的核心词汇，最能够表达该案例在检索中的位置和重点，以能够协助案件承办人最快速、最准确地查找到行政检察

指导性案例为目的，应当规范关键词的凝练，包含案件类型、主要案由和争议问题、检察工作开展、重要理论辨析等方面，实现案例的快速检索。第二，“要旨”是案例的中心思想。“要旨”的精确表述是对案件的高度概括，也是案例所具有的最核心精简的指导部分。在编撰行政检察案例中，“要旨”应当精简、准确、明了，对案例核心要义进行反复提炼，描述出案件的前因、过程、后果，凸显案例所包含的真正价值和指导意义。第三，“案件事实”和“检察机关履职情况”是对案件事实的整体描述。行政检察案件的复杂性着重体现在对该部分内容的编撰，经常存在难以完全按照时间顺序进行叙述的困难，往往各类问题、矛盾互相杂糅，调查取证、公开听证、实质性化解多层反复，增大了案例编撰难度。因此，该部分有必要在坚持案件本身事实的前提下，以时间轴为中心展开，结合案例表述重点进行适当调整，考虑使用二级标题的方式对案件办理的各项程序及经过进行分类描述，以提高“案件事实”和“检察机关履职情况”的准确性和完整性。第四，“指导意义”是对“要旨”的扩充表述，是案件指导性的提炼和完整表达。“指导意义”应是对案例中最精彩、最核心部分的凝练和体现，反映出对事实、法律、政策、办案方法等方面突出的指导方向和参考价值。第五，应当规范行政检察案例编撰用语，专业、精准、完整、严谨地描述案例想要表达的各种内涵。在案例编撰中，规范法律术语的表达和适用，减少适用简称，防止出现用词异议。对于普遍存在的问题，如案件名称、案由、省市县等属地表述等可以统一的事项，可通过编撰规范予以固定。针对已经发布的案例，必要时或时机成熟时可以考虑通过集中汇编的形式对案例表述予以规范。

三是提升选育案件的办案质量，巩固好行政检察案例的编撰基础。行政检察案件编撰质量的优劣，核心基础是检察机关的办案质量。一般而言，优秀的行政检察案例的出现，首先，需要有敏锐的案件发掘能力，准确判断案件中可能面临的复杂疑难问题，以及问题所具有的普遍性；其次，需要有高超的办案技巧，对法律问题的理解和适用、对复杂疑难问题的解决方法具有突出的典型意义，能够成为其他类案办理的标杆；最后，借助文字编撰水平实现对案例的最终呈现。因此，各级检察机关应当努力提升行政检察业务水平，不断学习先进法学理论和办案技巧，善于总结办案经验，将优秀的理念和方法进行提炼总结，从根本上实现行政检察案例编写质量不断提升。

（四）稳步增加案例数量，发挥各类案例协调优势

坚持“数量是基础，质量是关键，结构调整是重点”的基本理念，充分发挥指导性案例、典型案例、参考案例和优秀精品案例等类型案例的各自功能，在数量和质量上同时发力，促进行政检察案例协调发展，推动案例体系不断完善。

一是稳步提升行政检察案例数量，发挥类案标杆作用。压实各级检察机关选育、编报行政检察案例的主体责任，及时总结办案经验和工作成效，提炼案件办理的指导意义，规范开展选育、编写、报送、编发工作，增大各种类型案例特别是典型案例、参考性案例数量，充分发挥它们在数量上的优势，扩宽案件指导范围，尽快实现对行政检察业务主要方面问题的全覆盖。针对行政非诉执行监督、行政争议实质性化解、行政违法行为监督等新职能面临的疑难复杂问题，充分发挥案例的功能作用，对共性问题进行剖析，通过行政检察案例完善对各级行政检察工作的指导。

二是增强行政检察案例的灵活性。由于我国领土幅员辽阔、社会人文环境千差万别、经济水平参差不齐，最高人民检察院统一发布行政检察案例不免具有滞后性和原则性，存在“覆盖全面”和“发布效率”之间的内生矛盾，各省、自治区、直辖市确有编发本地区具有较强指导意义的行政检察案例的必要性，以适应不同地区的检察履职的实际情况和工作需求。因此，也应当适应地方需要，针对区域中高发、频发的疑难复杂问题，编发具有区域指导意义的行政检察指导性案例，可以突出“参考性案例”的

地位和作用。考虑到案例发布的现实需要、严肃性及权威性，应当以省级检察院为主体，结合各省、自治区、直辖市不同人文环境、经济发展阶段，针对办案中发现的区域共性、疑难、复杂问题，制发辖区内有效的行政检察参考性案例，并有计划逐步扩大案例体量，将全国统一编发指导性案例、典型案例与省级院编发参考性案例、优秀精品案例相结合，更有助于提升案例的灵活性和针对性，缓解供需不平衡、地区发展不均衡等问题。

（五）明确案例司法效力，提高案例援引应用率

案例的生命在于应用，价值在于指导。如何将行政检察指导性案例应用于类似案件办理的指导过程中，是编发案例的最终目的。[①] 目前，我国检察案例指导制度不同于普通法上的判例制度，无法直接创制或代替法律规则，仅仅作为法律规范的补充，其适用效力介于司法解释和典型案例之间，但具体如何适用，仍存在一定的争议。一定要确保行政检察指导性案例能被真正用起来，不然检察案例指导制度将仅仅是“空架子”，案例选育编发工作也将仅仅是“无用功”。

一是进一步明确行政检察案例的司法效力。各级检察机关应当参照指导性案例办理类似案件，但不得代替法律或者司法解释作为案件处理决定的直接依据。我们应当首先以指导性案例为突破口。一方面，要明确指导性案例的法律效力。通过法律层面进行立法确认，使其成为司法解释的有效补充，用以填补法律漏洞，指导检察实践；另一方面，要明确指导性案例的借鉴方式。明确如何对指导性案例进行参考，对哪一部分进行参考，明确案例中强制参考引述部分和可以参考引述部分，如指导性案例中办理某案时开展的公开听证工作，是否需要在类案办理中均必须开展公开听证，又如指导性案例中某案件开展了实质性化解工作，是否其他类案均需要以

① 参见陈长均：《让检察指导性案例进入“课堂”——指导性案例是鲜活、生动的法治教材，是最好的法治教科书》，载《检察日报》2022年5月9日，第3版。

实质性化解进行结案，是否可以适用抗诉等其他方式办案等。明确参考范围和参考效力，可以让检察人员办理类似案件中，真正做到有“法”可依、有“法”必依，切实发挥类案的指导作用。作为数量更加庞大、使用效率更高的行政检察典型案例、参考性案例等，其司法效力更需要得到明确，明确案例引用的强制性和规范性。

二是规范行政检察案例援引制度和应用格式。明确行政检察案例中应当对哪一部分进行引述，明确如何在办案中表述应当参照适用并引述的部分和可以引述的部分，如上文所述，可以采取“最高人民检察院指导性案例+案件标题+（检例第某某号）”的规范援引表述，凸显案例应用的强制力和“仪式感”。同时，亟须培养办案人员应用案例的法律逻辑和思维方式，实现案例与类案的对比，增强类案适用的准确性。应当注重行政检察案例中对事实、法律的分析和适用方式，注重将案例体现出的分析方式和法律适用转化运用到监督办案当中，并加强论证说理，提出科学合理的法律意见。

三是加强法律职业共同体的案例认同，提升行政检察案例适用的专业性。应当明确检察机关和审判机关指导性案例、典型案例等案例的适用效力，特别是最高人民检察院发布的典型案例在审判机关中的关注度及应用率还比较有限，有必要以司法解释或联合出台规范性文件的形式予以明确。研究建立统一的行政检察案例数据库，条件成熟时可以考虑建立法检行政案例联合数据库，提高案例检索的便捷性，助推提升案例适用的可能。此外，在法学教育方面，积极推进行政检察案例进高校，各大院校法学专业要充分培养提升行政检察案例制度教学，培养法律人才案例规范检索、适用，为案例指导制度的进一步发展提供人才储备。

第七章　检察公益诉讼指导性案例

第一节　检察公益诉讼指导性案例概述

检察公益诉讼指导性案例在指导各级检察机关依法办理公益诉讼案件、促进法律统一正确实施，解决司法工作中疑难复杂问题等方面发挥了重要作用。

一、检察公益诉讼指导性案例的发布情况

截至 2023 年 12 月 31 日，最高人民检察院共发布了公益诉讼相关的检察指导性案例 33 件[①]。同一时期，最高人民检察院单独或联合最高人民法院、水利部、国铁集团、中国残联和退役军人事务部等以专题形式发布了检察公益诉讼典型案例 300 余件。从公益诉讼涉及的案件领域看，生态环境案件占比最高，共 18 件，占全部检察公益诉讼指导性案例的 54.5%，这与公共利益保护现实需求基本相当。已颁布的生态环境检察公益诉讼指导性案例也充分关注细化的分支领域，如土壤、大气、流域、农村生活环境、古村落保护和自然遗迹保护等。指导性案例涉及的其他领域还包括食品药

① 检例第 28 号、检例第 29 号、检例第 30 号、检例第 31 号、检例第 32 号、检例第 49 号、检例第 50 号、检例第 51 号、检例第 63 号、检例第 86 号、检例第 88 号、检例第 89 号、检例第 98 号、检例第 111 号、检例第 112 号、检例第 113 号、检例第 114 号、检例第 115 号、检例第 136 号、检例第 141 号、检例第 142 号、检例第 143 号、检例第 144 号、检例第 145 号、检例第 162 号、检例第 163 号、检例第 164 号、检例第 165 号、检例第 166 号、检例第 183 号、检例第 184 号、检例第 185 号、检例第 186 号。

品安全2件、英烈保护2件、安全生产1件、未成年人保护（含个人信息保护）5件、国财国土保护4件。从案件类型看，行政公益诉讼案件20件，民事公益诉讼案件（含刑事附带民事公益诉讼）11件，民事监督案件2件。虽然发布的案件数量不高，但由于检察公益诉讼在“四大检察”中属于后起之秀，加之指导性案例审查条件和程序严格，检察公益诉讼指导性案例发布数量已较为可观。

二、检察公益诉讼指导性案例的重要作用

检察公益诉讼指导性案例的发展是随着案例指导制度的发展完善而不断进步的。基于现实需求，检察公益诉讼作为一个较新的检察业务领域，其指导性案例面世后，开始向着解决统一法律适用标准、弥补法律的不周延性、强化案件说理论证等实际问题方面发展，取得了显著成效。

（一）统一法律适用标准

检察公益诉讼指导性案例的典型性、示范性特征可以帮助统一法律适用标准，维护法制统一。检察公益诉讼指导性案例面世后，检察官在办理公益诉讼案件时可以找到合适的指引，从而确保类似案件类似处理。因此必须保证检察公益诉讼指导性案例本身是正确适用了方法论的结果，在事实相同或相似的情形中，其可以作为全国各级检察院办理同类案件的参考，保障司法尺度的统一。比如，在“江西省浮梁县人民检察院诉A化工集团有限公司污染环境民事公益诉讼案”（检例第164号）中，对于侵权人故意实施污染环境行为，并对公共利益造成严重侵害后果的情形，检察机关重视运用惩罚性赔偿制度追究侵权人的赔偿责任，浮梁县人民法院依法判决，支持检察机关全部诉讼请求。判决生效后，被告主动将赔偿款缴纳到位。为修复被污染的环境，浮梁县人民法院将被告缴纳的环境修复费用委托第三方依法公开招标确定修复工程施工主体，并邀请当地政府、环保部门和村民进行全程监督，被倾倒点生态环境修复治理工作顺利完成。该案件系

《民法典》实施后全国首例生态环境领域民事公益诉讼适用惩罚性赔偿的案例，对于办理环境民事公益诉讼案件有着指导意义。

（二）弥补法律的不周延性

检察公益诉讼指导性案例多是针对新情况、新问题的现实案例，能够有效解决法律规定抽象和不周延的特点。检察公益诉讼指导性案例能有效回应我国转型时期社会对司法的需求。在社会转型时期，立法虽然加快步伐，但是各种新问题、新矛盾层出不穷，纠纷具有复杂性突发性和易变性的特征。在解决纠纷的时间维度上，要求现代司法对转型社会的纠纷解决及时性、准确性等正当诉求给予充分的关注，以发挥现代司法回应性的功能。而成文法具有滞后性，为了维护其稳定性、权威性和可预期性，不可能频繁被修改。在存在法律空白的情形下，检察官难免通过法的续造方式来寻找大前提，但此时检察官的主观性、随意性很可能会介入法律适用过程中，因而也难以保证最终实现类似问题类似处理，实现案件办理的妥当性。但是检察公益诉讼指导性案例大多是针对实践中提出的新情况、新问题而作出的司法对策，所以其可以为检察官填补法律空白提供有效的指导和规范。检察公益诉讼指导性案例中充分展示了检察智慧。这种智慧不仅体现在事实的认定方面，而且还体现在运用法律解释弥补法律本身不周延性等方法，努力消除法律之间的矛盾，弥补法律不周延性，进而通过法律推理对案件作出正确的处理。比如在“吉林省检察机关督促履行环境保护监管职责行政公益诉讼案”（检例第162号）中，针对具备“监督管理职责”的行政部门是否承担垃圾清理责任的问题，现行行政诉讼法律体系对环境治理中行政机关的“监督管理职责”未做任何限定和划分，二审法院将行政机关的法定监管职责区分为治理职责和对违法行为的监管职责，否定相关行政部分对辖区内垃圾的清理责任。吉林省人民检察院向吉林省高级人民法院提出抗诉，最后案件裁判结果表明，负有“监督管理职责”的行政部门应当对辖区内垃圾承担清理责任。

（三）强化案件说理论证

检察公益诉讼指导性案例向注重说理论证的方向发展。法谚说，正义不仅应得到实现，而且要以人们看得见的方式加以实现。整个法律适用过程最终是通过大前提和小前提的运用，得出妥当的处理结果的过程。法律论证也是法律职业者内心判断外在化的过程，它通过外在的说理，将其内心的判断表达出来，而这个过程就是一个说理的过程。说理越充分，司法活动就越公开透明，并能以严密的逻辑和情理使案件处理结果不仅在当事人之间呈现法律的公正价值立场，而且能够使社会大众对案件处理结果及背后法律的公正性得以理解。在中国的司法实践中，因未实行判例法制度，检察公益诉讼指导性案例并不可以作为论证的法律依据。一般认为，考虑到检察公益诉讼指导性案例是最高人民检察院发布的，具有解释法律、指导司法的性质和作用。因此，至少可以作为案件说理来引用，虽然它不可以作为法律依据来援引，但是其可以成为检察官说理论证的重要素材。若某个检察公益诉讼指导性案例与所办理案件具有同一性或高度的相似性，检察官要改变指导性案例的结论，则须进行充分的论证，否则将违反类似案件类似处理的原则。因此，对于检察公益诉讼指导性案例本身，也应强化其说理论证，以此发挥其作为检察官办案指引的作用。

三、检察公益诉讼指导性案例的种类

检察公益诉讼指导性案例的分类标准体现在指导性案例的遴选标准中，《最高人民检察院关于案例指导工作的规定》第 2 条规定:“指导性案例应当符合下列条件:（一）案件处理结果已经发生法律效力;（二）办案程序符合法律规定;（三）在事实认定、证据运用、法律适用、政策把握、办案方法等方面对办理类似案件具有指导意义;（四）体现检察机关职能作用，取得良好政治效果、法律效果和社会效果。”以上对指导性案例遴选标准的规定中，“案件处理结果已经发生法律效力”和“办案程序符合法律规定”这两点属于程序性特征，其他两点属于实体性特征。检察公益诉讼指导性案例遴选与其他类型的检察指导性案例遵循同样的规则，因此我们可以对检察指导性案例整体特征进行归纳，大体能分为以下四种类型。

（一）影响性案例

影响性案例是指社会广泛关注，群众反映强烈的案例。比如，“最高人民检察院督促整治万峰湖流域生态环境受损公益诉讼案”（检例第 166 号）。2021 年初，万峰湖流域生态环境受损公益诉讼专案被列为“2020 年度十大法律监督案件”之首；中共中央庆祝建党 100 周年大型文献专题片《敢教日月换新天》第 17 集《法安天下》重点介绍万峰湖流域生态环境受损公益诉讼专案的办案目标——打造“绿水青山就是金山银山”的经典样本。影响性案例具有社会影响力，但并非所有具有社会影响力的案件都能成为指导性案例，关键还是在于这些影响性案件是否存在产生规则的可能性，也就是是否存在从社会影响力转化为法治影响力的可能性。有些案件虽然社会影响力很大，在一个时期社会广泛关注，但关注的重点并不在于这些案件所涉及的法律问题，而是社会的其他问题，那就不能成为指导性案例。

（二）细则性案例

细则性案例是指在法律规定较为原则的情况时，将法律原则性规定予以细则化的案例。就这些案例本身而言，并没有重大的社会影响，但由于法律规定不够明确具体，因而通过这些案例对法律规定起到细则化的作用。比如在“防止未成年人滥用药物综合司法保护案”（检例第 171 号）中，对附条件不起诉考验期监督管理规定的设定，以最有利于教育挽救未成年人为原则，体现帮教考察的个性化、精准性和有效性。该案例起到了良好的示范作用，对未成年人作出附条件不起诉决定时，充分考虑涉罪未成年人发案原因和个人需求，细化矫治教育措施，对存在滥用药物情形的涉罪未成年人，检察机关会同未成年人父母或其他监护人，要求其督促未成年人接受心理疏导和戒断治疗，并将相关情况纳入监督考察范围，提升精准帮教效果，落实附条件不起诉制度的教育矫治功能，帮助涉罪未成年人顺利回归社会。

应该指出，细则性案例是指导性案例的主体部分，其所确立的虽然只是细则，但对于此后处理同类型的案件具有指导作用。

（三）疑难性案例

疑难性案例是指疑难复杂的案例。某些案件在法律适用上疑难复杂，往往存在较大争议，因此需要通过颁布疑难性案例加以指导。比如，根据《民法典》第 1232 条规定，有权请求惩罚性赔偿的主体为“被侵权人”，这里“被侵权人”的范围存在两种解释：狭义上来说，指环境侵权行为的直接受害人；广义上说，还包括了代表环境公共利益的检察机关和相关的社会组织。在“江西省浮梁县人民检察院诉 A 化工集团有限公司污染环境民事公益诉讼案”（检例第 164 号）的环境污染侵权中，检察机关依据《民法典》的规定提起惩罚性赔偿的诉讼请求并获得法院支持，有观点认为，从该条的文义解释出发，“被侵权人”是指明确且具体的被害人，而公益诉讼中没有具体的被害人，因此由检察机关作为代表提起生态环境惩罚性赔偿并不合适。但该观点过度割裂了公法与私法之间的关系，本案明确检察机关作为公共利益和不特定群体代表提起生态环境惩罚性赔偿并无不当，当群体利益受损难以统一进行救济，恶劣的环境侵权行为无法受到惩罚时，向检察机关和环保组织配置惩罚性赔偿请求权既是理论自洽的选择，也是《民法典》法律框架下的最优解。疑难性案例作为指导性案例的一种类型，为解决疑难案件提供统一的法律尺度，因而具有现实意义。

（四）新类型案例

新类型案例是指新出现并且具有一定典型性的案例。在司法活动中，随着社会生活的演变，往往出现一些不同于以往的案件，对于处理这些案件缺乏司法经验，也缺乏司法规则，因此需要通过司法案例指导制度明确和统一司法裁判。比如在“江苏省宿迁市人民检察院对章某为未成年人文身提起民事公益诉讼案”（检例第 142 号）中，现行相关规定对文身行业的归类管理不尽完善，对为未成年人文身也没有明确的禁止性规定，但是根据《未成年人保护法》关于“保护未成年人，应当坚持最有利于未成年人的原则”，以及法律对未成年人给予特殊、优先保护的规定，可以通过履行民事检察公益诉讼职能，禁止文身场所经营者继续向未成年人提供文身服务，切实保护未成年人身心健康。通过这类检察公益诉讼指导性案例，可以在新行业生态中起到弥补法律不周延性的作用。

第二节 检察公益诉讼指导性案例的阐发规则

截至 2023 年 12 月 31 日，最高人民检察院共发布了检察公益诉讼指导性案例 33 件，具体见表 6。

表 6 2016—2023 年检察公益诉讼指导性案例发布情况

案例编号	案例名称	案例类型	发布时间
检例第 28 号	江苏省常州市人民检察院诉许建惠、许玉仙民事公益诉讼案	民事公益诉讼	2016 年 12 月
检例第 29 号	吉林省白山市人民检察院诉白山市江源区卫生和计划生育局及江源区中医院行政附带民事公益诉讼案	行政附带民事公益诉讼	2016 年 12 月
检例第 30 号	湖北省十堰市郧阳区人民检察院诉郧阳区林业局行政公益诉讼案	行政公益诉讼	2016 年 12 月
检例第 31 号	福建省清流县人民检察院诉清流县环保局行政公益诉讼案	行政公益诉讼	2016 年 12 月
检例第 32 号	贵州省锦屏县人民检察院诉锦屏县环保局行政公益诉讼案	行政公益诉讼	2016 年 12 月
检例第 49 号	陕西省宝鸡市环境保护局凤翔分局不全面履职案	行政公益诉讼	2018 年 12 月
检例第 50 号	湖南省长沙县城乡规划建设局等不依法履职案	行政公益诉讼	2018 年 12 月
检例第 51 号	曾云侵害英烈名誉案	民事公益诉讼	2018 年 12 月

续表

案例编号	案例名称	案例类型	发布时间
检例第63号	湖北省天门市人民检察院诉拖市镇政府不依法履行职责行政公益诉讼案	行政公益诉讼	2019年12月
检例第86号	盛开水务公司污染环境刑事附带民事公益诉讼案	刑事附带民事公益诉讼	2020年12月
检例第88号	北京市海淀区人民检察院督促落实未成年人禁烟保护案	行政公益诉讼	2020年12月
检例第89号	黑龙江省检察机关督促治理二次供水安全公益诉讼案	行政公益诉讼	2020年12月
检例第98号	邓秋城、双善食品（厦门）有限公司等销售假冒注册商标的商品案	社会组织提起公益诉讼	2021年2月
检例第111号	海南省海口市人民检察院诉海南A公司等三被告非法向海洋倾倒建筑垃圾民事公益诉讼案	民事公益诉讼	2021年8月
检例第112号	江苏省睢宁县人民检察院督促处置危险废物行政公益诉讼案	行政公益诉讼	2021年8月
检例第113号	河南省人民检察院郑州铁路运输分院督促整治违建塘坝危害高铁运营安全行政公益诉讼案	行政公益诉讼	2021年8月
检例第114号	江西省上饶市人民检察院诉张某某等三人故意损毁三清山巨蟒峰民事公益诉讼案	民事公益诉讼	2021年8月
检例第115号	贵州省榕江县人民检察院督促保护传统村落行政公益诉讼案	行政公益诉讼	2021年8月
检例第136号	仇某侵害英雄烈士名誉、荣誉案	刑事附带民事公益诉讼	2022年2月
检例第141号	浙江省杭州市余杭区人民检察院对北京某公司侵犯儿童个人信息权益提起民事公益诉讼 北京市人民检察院督促保护儿童个人信息权益行政公益诉讼案	民事公益诉讼 行政公益诉讼	2022年3月
检例第142号	江苏省宿迁市人民检察院对章某为未成年人文身提起民事公益诉讼案	民事公益诉讼	2022年3月
检例第143号	福建省福清市人民检察院督促消除幼儿园安全隐患行政公益诉讼案	行政公益诉讼	2022年3月
检例第144号	贵州省沿河土家族自治县人民检察院督促履行食品安全监管职责行政公益诉讼案	行政公益诉讼	2022年3月

续表

案例编号	案例名称	案例类型	发布时间
检例第145号	江苏省溧阳市人民检察院督促整治网吧违规接纳未成年人行政公益诉讼案	行政公益诉讼	2022年3月
检例第162号	吉林省检察机关督促履行环境保护监管职责行政公益诉讼案	行政公益诉讼	2022年9月
检例第163号	山西省检察机关督促整治浑源矿企非法开采行政公益诉讼案	行政公益诉讼	2022年9月
检例第164号	江西省浮梁县人民检察院诉A化工集团有限公司污染环境民事公益诉讼案	民事公益诉讼	2022年9月
检例第165号	山东省淄博市人民检察院对A发展基金会诉B石油化工有限公司、C化工有限公司民事公益诉讼检察监督案	对社会组织提起民事公益诉讼中达成的和解协议提出书面异议	2022年9月
检例第166号	最高人民检察院督促整治万峰湖流域生态环境受损公益诉讼案	行政公益诉讼 民事公益诉讼	2022年9月
检例第183号	浙江省嵊州市人民检察院督促规范成品油领域税收监管秩序行政公益诉讼案	行政公益诉讼案	2023年6月
检例第184号	江苏省扬州经济技术开发区人民检察院督促整治闲置国有土地行政公益诉讼案	行政公益诉讼案	2023年6月
检例第185号	湖南省长沙市检察机关督促追回违法支出国有土地使用权出让收入行政公益诉讼案	行政公益诉讼案	2023年6月
检例第186号	浙江省杭州市拱墅区人民检察院督促落实电价优惠政策行政公益诉讼案	行政公益诉讼案	2023年6月

从涉及的案件领域看，生态环境资源保护领域18件，食品药品安全2件、英雄烈士保护2件、安全生产1件、公共安全1件、未成年人保护（含个人信息保护）5件。从案件发布日期看，《人民检察院公益诉讼办案规则》于2021年7月1日施行之后发布的案件为20件。从案件类型看，行政公益诉讼案件（包括审前和起诉案件）为20件，民事公益诉讼案件（含刑事附带民事公益诉讼）为11件，另有2件民事监督案件。

指导性案例对检察公益诉讼案件的办理具有积极引导作用，其案例规则提供了多方面的司法经验，包括在办案中如何认定事实、解释和适用法律，以及如何遵循双赢多赢共赢司法理念，实现政治效果、法律效果、社会效果有机统一等价值权衡。[①] 下文将按照功能、“程序—实体”问题或办案领域来梳理、解析公益诉讼指导案例中的规则或新措施的概念、内涵以及规则适用时需要注意的问题。

一、按照规则功能划分

检察公益诉讼指导性案例规则按照功能划分，涵盖法律复述型、法律解释型和填补法律型。其中，法律复述型案例规则在检察公益诉讼指导性案例中占比不高。包括检例第 28 号、检例第 29 号、检例第 51 号等。比如 2018 年 5 月 1 日起施行的《英雄烈士保护法》第 25 条规定，对侵害英雄烈士的姓名、肖像、名誉、荣誉的行为，英雄烈士没有近亲属或者近亲属不提起诉讼的，检察机关依法对侵害英雄烈士的姓名、肖像、名誉、荣誉，损害社会公共利益的行为向人民法院提起诉讼。检例第 51 号再次复述这一规定。法律解释型案例在检察公益诉讼指导性案例中占大部分。法律解释型案例规则为案件办理提供了对法律规范的解释证成，对案件的办理具有实践指导意义。包括检例第 28 号、检例第 30 号、检例第 31 号、检例第 32 号、检例第 49 号、检例第 50 号、检例第 63 号、检例第 114 号、检例第 115 号、检例第 136 号、检例第 141 号、检例第 142 号、检例第 143 号、检例第 144 号、检例第 145 号等。例如检例第 63 号，解释了检察机关不仅可对行政机关具体的法定职责进行监督，也可以对行政机关抽象、普遍意义上的监管职责进行监督。填补法律型案例规则，是对法律漏洞的填补。包括检例第 29 号、检例第 63 号、检例第 86 号、检例第 88 号、检例第 89 号、检例第 111 号、检例第 112 号、检例第 113 号、检例第 162 号、检例第

---

① 参见刘辉、胡婷婷:《检察公益诉讼指导性案例应用实务与原理》，载《人民检察》2022 年第 24 期。

163 号、检例第 164 号、检例第 165 号、检例第 166 号等。[①] 例如，检例第 89 号案对于重大民生问题涉及侵害公共利益的情形，检察机关应当积极发挥公益诉讼职能。检例第 112 号案，针对行政执法与刑事司法衔接中涉案物品不及时处置可能导致公益受损的情况，检察机关通过公益诉讼程序督促行政机关及时处置。检例第 186 号案，拓展了传统国有财产领域的案件类型，明确了检察机关对公共政策实施过程中有关组织和个人套取、骗取、截留、挪用各类助企惠民红利等情形，可以依法开展公益诉讼。

二、按照程序规则与实体规则划分

（一）程序规则

1. 检察一体化工作机制。《人民检察院公益诉讼办案规则》第 11 条规定，人民检察院办理公益诉讼案件，实行一体化工作机制，上级检察院根据办案需要，可以交办、提办、督办、领办案件。检察公益诉讼指导性案例规则对检察一体化工作机制启动的情形予以举例。一是在办案中发现具有共性或潜在普遍性的问题的，应发挥一体化办案机制的功能，上级院引导下级院开展调查工作，视情况组织各类专项监督活动。如检例第 89 号案，鸡西市人民检察院分析认为，辖区内供水公司的泵站工作人员未取得健康证直接上岗，加压站水箱未按规定进行定期清洗消毒等问题可能具有更大范围的普遍性，将情况上报黑龙江省人民检察院。经研判，全省二次供水行政监管领域存在治理疏漏，推动协调全省范围内城市二次供水系统的完善。二是涉案问题范围跨多个行政区划，涉及监督对象较多、行政层级较高、法律关系复杂的，可以启动检察一体化办案机制。如检例第 166 号案，万峰湖流域生态环境受损公益诉讼专案由最高人民检察院统一部署，指挥

① 参见刘辉、胡婷婷:《检察公益诉讼指导性案例应用实务与原理》，载《人民检察》2022 年第 24 期。

贵州、云南、广西三个省区检察机关，充分发挥了四级检察机关一体化办案的优势。

2. 管辖。一是可以指定管辖的情形。对于跨行政区划的公益诉讼案件，综合考虑案件性质、领域、公益损害程度、需协调部门等因素确定管辖检察机关。如检例第 32 号案，生态环境保护领域公益诉讼案件采取集中管辖模式，避免跨行政区划环境污染分段治理、各自为政，治标不治本的问题。又如检例第 113 号案，指定铁路检察院专属管辖，发挥铁检院在涉铁案件中的优势。再如检例第 141 号案，未成年人网络保护公益诉讼案件，由于网络案件通常具有企业注册地、主要营业地、服务覆盖地、侵权行为地、侵权结果地分离的特点，涉及多个行政区划，多个检察院均有管辖权情形下，民事公益诉讼案件层报共同上级检察院指定。

二是可以由上级院管辖的情形。对于跨两个以上省或者市、县级行政区划的公益诉讼案件，可以由共同上级人民检察院管辖。如检例第 166 号案，因万峰湖生态环境公益损害跨两个以上省、市、县级行政区划，治理难度大，各地执法标准不一，治理进度和力度不同，具有管辖权的各基层检察院直接办案难度大，对此所涉行政区划共同的上级人民检察院可以直接立案。又如检例第 185 号案，对于基层检察院管辖可能存在干扰和阻力的，上级检察院可以提级办理，符合提起行政公益诉讼条件的，可以指定基层检察院向同级法院提起诉讼。

3. 调查。一是围绕专业技术问题，检察机关可以引入专家辅助人员。如检例第 28 号案涉及土壤的污染、非法排污、因果关系、环境修复等大量的专业技术问题。该案中通过甄选环境专家作为专家辅助人员，厘清关键证据中的专业技术问题，并且出庭就鉴定人作出的鉴定意见等涉案专门环境问题作出说明，经质证后作为认定事实的根据。二是综合运用各类调查手段，查明公益损害事实。检察机关可利用无人机航拍、卫星遥感图片等科技手段充分履行调查职能，还可以与行政机关联合调查，完成特定现场取证。如检例第 111 号案针对海洋生态损害后果，检察机关与海洋行政执法人员共同出海，联合开展特定海域调查行动。又如检例第 163 号案，检察机关利用无人机航拍、卫星遥感图片查实恒山风景名胜区及周边露天开采矿企底数、生态破坏面积等基本情况。三是依托大数据发现调查案件线索。如检例第 183 号案，以油罐车运行轨迹数据为突破口，将监督视野从终端消费市场延伸至前端销售市场。监督模型依据“非标油”物流运输规律计算出加油站实际应税销售收入，与税务部门监管数据进行碰撞分析，从而锁定偷逃税款违法线索。

4. 立案。对于案情复杂、一时难以确定监督对象的公益损害线索，可以基于公益损害事实立案。如检例第 166 号案，万峰湖流域生态环境受损，涉及多个侵权违法主体、多地多层级多个行政机关，一时难以确定具体监督对象，如查证清楚再行立案，难免迁延时日，使公益损害继续扩大，影响公益保护，故检察机关以事立案。《人民检察院公益诉讼办案规则》第 29 条对此作了明确规定。

5. 起诉前程序。检察机关在办理侵害英雄烈士等的姓名、肖像、名誉、荣誉的民事公益诉讼案件，起诉前应当征询英雄烈士等的近亲属意见。如检例第 51 号案中，检察机关在提起诉讼前确认英雄烈士近亲属是否提起诉讼，并区分情况处理。对于英雄烈士有近亲属的，检察机关应当当面征询英雄烈士近亲属是否提起诉讼；对于英雄烈士没有近亲属或者近亲属下落不明的，检察机关可以通过公告的方式履行告知程序。现《人民检察院公益诉讼办案规则》第 90 条、第 92 条对此也有明确规定。

6. 听证。发挥听证作用，评估办案成效，凝聚治理共识，提升办案效果。如检例第 166 号案，由于万峰湖流域生态环境受损涉及三省五县，管理主体分散，利益诉求多元，各方认识不一，为了评估整改效果，最高人民检察院办案组对该案公开听证，邀请全国人大代表、专业人员作为听证员参加，邀请生态环境部、水利部、农业农村部相关代表列席听证会，推动形成万峰湖流域生态环境持续向好的共识。

7. 检察公益诉讼制度的重要创新——行政附带民事公益诉讼。如检例第29号案是检察公益诉讼试点后全国首例行政附带民事公益诉讼案。检察机关在履行职责中发现负有监督管理职责的行政机关存在违法行政行为，导致发生污染环境，侵害社会公共利益的行为，且违法行政行为是民事侵权行为的先决或者前提行为，在履行行政公益诉讼和民事公益诉讼诉前程序后，违法行政行为和民事侵权行为未得到纠正，在没有适格主体或者适格主体不提起诉讼的情况下，可以参考《行政诉讼法》第61条第1款的规定，向人民法院提起行政附带民事公益诉讼。这有利于节约诉讼成本，提高诉讼效率。需要注意的是，适用行政附带民事公益诉讼时范围有一定限制。一是违法行政行为是民事侵权行为的先决或前提行为。二是《行政诉讼法》第61条中规定，可以附带提起民事诉讼的行政诉讼受案范围，包括行政许可、登记、征收、征用和行政机关对民事争议所作的裁决。

8. 提起民事公益诉讼适用调解。检察机关提起民事诉讼可以遵循自愿、合法和最大限度保护公共利益的原则，积极参与调解。如检例第86号案，调解过程中，检察机关提出“现金赔偿 + 替代性修复”调解方案。经过多次磋商，被告认同检察机关提出的该案环境损害赔偿标准、赔偿总额、赔偿方式等问题主张。《最高人民法院关于审理环境民事公益诉讼案件适用法律若干问题的解释》（2020年修正）第25条对环境领域民事公益诉讼案件中开展调解工作作出了相应规定。民事公益诉讼案件的调解不同于传统民事诉讼案件。检察机关应以维护公共利益为根本目的，不能任意处置权利，对于调解后的情况也要跟进式监督。

9. 二审中检察机关诉讼权利。《最高人民法院、最高人民检察院关于检察公益诉讼案件适用法律若干问题的解释》（2018年）第11条规定，人民法院审理第二审案件，由提起公益诉讼的人民检察院派员出庭，上一级人民检察院也可以派员参加。2021年8月最高人民检察院发布的检例第111

号案指导意义包括，公益诉讼案件二审开庭，上一级人民检察院应当派员出庭，与下级检察机关共同参加法庭调查、法庭辩论、发表意见等，积极履行出庭职责。该案于 2020 年 8 月 13 日二审开庭，由海南省人民检察院指派 2 名检察官，与海口市检察院检察官共同参加庭审活动。现《人民检察院公益诉讼办案规则》第 63 条亦规定，人民法院决定开庭审理的上诉案件，提起诉讼的人民检察院和上一级人民检察院应当共同派员出席第二审法庭。因此，检察机关对于二审案件应当提起诉讼的人民检察院和上一级人民检察院共同派员出席，但对于出席人数尚无明确规定。

10. 社会组织提起公益诉讼。人民检察院发布民事公益诉讼公告后，社会组织提起民事公益诉讼的，人民检察院应当继续履行法律监督机关和公共利益代表职责。发现社会组织与侵权人达成和解协议，可能损害社会公共利益的，人民检察院应当依法开展调查核实，在人民法院公告期限内提出书面异议。人民法院不采纳书面异议而出具调解书，可能损害社会公共利益的，人民检察院应当依法提出抗诉或者再审检察建议。如检例第 165 号案，检察机关公告期限内，A 发展基金会依法提起诉讼，后与被告达成和解协议，检察机关在和解协议公告期间内得知协议内容，从合法性、可行性、有效性等方面对和解协议进行审查，认为该和解协议未达到有效修复受损生态环境的目的，跟进监督。

（二）实体规则

1. 行政公益诉讼监督对象的确定。在行政公益诉讼中，检察机关一般会选择对涉案问题负有专门监督职责的行政机关作为监督对象，督促其对侵害公益的情形予以监管。一是涉及多个监管主体的问题。（1）涉及跨行政区划、多部门职能交叉或不同层级人民政府等情形，共同的上级行政机关具有统筹协调职责，可以作为被监督对象。如检例第 113 号案中，因铁路安全问题的成因和整改较为复杂，涉及的负有监督管理职责的行政主体较多。检察机关以跨行政区划的上级人民政府为监督对象，督促其统筹协调相关职能部门，高效解决高铁沿线安全隐患。（2）涉及多个职能部门，检察机关可以分别对相关职能部门制发检察建议，促进形成执法合力。但在提起诉讼时，可以对最能解决公益受损问题的行政机关提起行政公益诉讼。二是乡镇级人民政府的监督管理职责可以纳入行政公益诉讼监督范围。如检例第 63 号案，检察机关查明镇政府具有履行农村环境综合整治职责，对于辖区内垃圾填埋场污染环境的问题未充分履职，就其整改不到位提起行政公益诉讼。在实际办案中，一般不仅以抽象的职权依据作为基础启动监督程序。该案中检察机关在判断镇政府具有履行农村环境综合整治职责时还查阅了《村庄和集镇规划建设管理条例》等具体法规，结合行政不作为与公益受损的关联度、实施公益修复的有效性、履职尽责情况等综合因素确定了监督对象。

2. 行政机关是否履职尽责的判断标准。对行政机关是否依法履行职责的判断，是检察公益诉讼办案中的一个核心问题。《人民检察院公益诉讼办案规则》第 82 条规定了行政机关未依法履职的常见情形。检例第 30 号、第 32 号、第 49 号、第 137 号案等归纳总结了行政机关未依法履职的判断标准，即行政机关是否具有监督管理职责、是否依法全面履行职责、国家利益和社会公共利益是否得到有效保护。可将之归纳为“职权要件 + 行为要件 + 结果要件”[①] 三要件标准。

首先，行政机关是否具有监督管理职责应以行政执法机关的法定职责为依据。认定法定职责的依据除了法律、法规、规章等规范外，还可以参考“三定”方案、权力清单等。其次，对行政机关是否全面依法履职的判断，需从国家利益和社会公共利益受到侵害或可能受到侵害威胁时起，判断行政机关是否依法、充分全面、及时采取法定监管措施。判断标准一是

① 参见张雪樵、万春主编:《公益诉讼检察业务》，中国检察出版社 2022 年版，第 72 页。

以法律法规规定的行政机关职责为依据，以行政机关是否已全面运用或者穷尽法律法规等规定的行政监管手段、措施制止违法行为为标准。二是以行政相对人违法行为是否停止为标准，如检例第 32 号案。再次，国家利益和社会公共利益是否得到有效保护是以公益是否恢复到被侵害之前的状态或者已符合法律，国家、地方、行业规定，技术规范等专业性规范标准的状态判断。对于专业技术可以邀请专家学者作出意见或委托第三方评估机构出具意见。最后，“监督管理职责”不仅包括行政机关对违法行为的行政处罚职责，也包括行政机关为避免公益损害持续或扩大，依据法律、法规、行政规章和规范性文件相关授权，运用公共权力，使用公共资金等对受损公益进行修复等综合性治理职责。

实践中，行政先行行为亦会致使公益受损。如检例第 30 号案，行政机关对侵权人作出行政处罚后，怠于履行法定职责，既未依法履行后续监督、管理职责，也未申请人民法院强制执行，导致国家和社会公共利益未脱离受侵害状态。如检例第 31 号案，清流县环保局扣押危险废物电子垃圾转移到不具有贮存危险废物条件的九利公司仓库存放。又如检例第 112 号案，针对行政执法与刑事司法衔接中涉案物品不及时处置可能导致公益受损的情况，检察机关通过公益诉讼程序督促行政机关及时处置。

三、按照规则涉及领域划分

检察公益诉讼指导性案例规则按案件涉及领域划分，分为生态环境和资源保护、食品药品安全、国财国土、英雄烈士保护、公共安全和安全生产、未成年人保护等领域。

（一）生态环境和资源保护领域

生态环境和资源保护领域共 18 件，占发布案例的 54.5%。细化分支领域，包括土壤、大气、海洋、林业、古村落以及自然遗迹保护等。检察公益诉讼指导性案例规则具体如下。

1. 围绕侵权构成要件调查核实。主要包括侵权人实施了污染环境的行为、侵权人的行为已经损害社会公共利益、侵权人实施的污染环境行为与损害结果之间就具有关联性。虽然污染环境侵权案件因果关系适用举证责任倒置原则，但为保证依法准确监督，检察机关仍应充分开展调查核实。实践中，因果关系具有关联性一般是从时间牵连性、空间牵连性、特征污染物的一致性等方面予以证明。

2. 生态环境和资源保护领域公益诉讼的诉请是以修复生态环境为原则。《人民检察院公益诉讼办案规则》第 98 条规定了人民检察院可以向人民法院提出停止侵害、排除妨碍、消除危险、恢复原状、赔偿损失等诉讼请求。针对生态环境和资源保护领域案件，可以提出要求被告以补植复绿、增殖放流、土地修复等方式修复生态环境的诉讼请求，或者支付生态环境修复费用，赔偿生态环境受到损害至修复完成期间服务功能丧失造成的损失、生态环境功能永久性损害造成的损失等诉讼请求，被告违反法律规定故意污染环境、破坏生态造成严重后果的，可以提出惩罚性赔偿等诉讼请求。实践中，常见的替代性修复方案类型还有劳务代偿、购买碳税等。

关于赔偿损失相关问题：一是明确侵权人因同一行为应当承担行政责任或者刑事责任的，不影响依法承担民事责任。罚款或罚金不属于民事侵权责任范畴，不能抵销损害社会公共利益的侵权损害赔偿金。如检例第 28 号案。二是围绕生态环境修复实际，确定赔偿费用。生态环境修复费用包括制定、实施修复方案的费用和检测、监管等费用。《民法典》第 1235 条明确规定了公益诉讼适格原告有权请求侵权人赔偿损失和费用，包括生态环境受到损害至修复完成期间服务功能丧失造成的损失、生态环境功能永久性损害造成的损失、生态环境损害调查、鉴定评估等费用、清除污染、修复生态环境费用、防止损害的发生和扩大所支出的合理费用。三是环境损害计算方式采用“虚拟治理成本法”和“条件价值法”。两种方法都参考了原环境保护部制定的《环境损害鉴定评估推荐方法》。其中“虚拟治理成本法”是在环境污染所致生态环境损害无法通过修复工程完全恢复的，修复成本远大于收益的，缺乏生态环境损害修复评价指标、生态环境修复费用难以确定等情形下，在虚拟治理成本基数的基础上，根据受污染区域的环境功能敏感程度与对应的敏感系数相乘予以合理确定。如检例第28号案，运用上述方法计算出侵权行为人擅自从事废树脂桶和废油桶清洗业务致使地下水、土壤污染的损害数额。“条件价值法”是因独特的环境资源、自然景观缺乏真实的交易市场，其环境资源和生态服务的价值难以用常规的市场方法评估，损害赔偿数额无法通过司法鉴定予以确定。在假想市场情况下，直接调查和询问人们对某一环境效益改善或资源保护的措施的支付意愿，或者对环境或资源质量损失的接受赔偿意愿。以人们的支付意愿或受偿意愿来估计环境效益改善或环境质量损失的经济价值。如检例第114号案，专家组依照“条件价值法”对三清山巨蟒峰的受损价值进行评估，分析得出侵权行为人对巨蟒峰生态服务价值造成损失的数额。

关于惩罚性赔偿相关问题：一是检察机关提起环境民事公益诉讼时，对于侵权人违反法律规定故意污染环境、破坏生态致社会公共利益受到严重损害后果的，有权要求侵权人依法承担相应的惩罚性赔偿责任。《民法典》第1232条规定，侵权人违反法律规定故意污染环境、破坏生态造成严重后果的，被侵权人有权请求相应的惩罚性赔偿。二是惩罚性赔偿金数额的确定应当以生态环境受到损害至修复完成期间服务功能丧失导致的损失、生态环境功能永久性损害造成的损失数额作为计算基数，同时结合具体案情，综合考量侵权人主观过错程度，损害后果的严重程度，生态修复成本，侵权人的经济能力，对案件造成危害后果及承担责任的态度、所受行政处罚和刑事处罚等因素，提出请求判令赔偿的数额。如检例第164号案。三是因同一污染环境、破坏生态行为已经被行政机关给予罚款或者被人民法院判处罚金，侵权人主张免除惩罚性赔偿责任的，人民法院不予支持，但在确定惩罚性赔偿金数额时可以综合考虑。

3. 发挥第三人参与诉讼对公益保护的作用。在办理环境污染民事公益诉讼案件中，造成环境污染公司的控股股东自愿加入诉讼，愿意承担连带责任并提供担保的，检察机关可以依申请将其列为第三人，让其作为共同赔偿主体，督促其运用现金赔偿、替代性修复等方式，承担生态损害赔偿的连带责任。如检例第 86 号案。办案中，对于公司的股东是否可以第三人身份参与诉讼，检察机关需审查其是否对损害发生有法律上的义务和责任。

4. 生态环境损害赔偿诉讼与生态环境检察民事公益诉讼的联系与区分。对于生态环境损害，行政机关履职不能有效维护公益，又未提起生态环境损害赔偿诉讼的，检察机关可以依法提起民事公益诉讼。如涉及海洋生态环境受损害的检例第 111 号案，检察机关建议海口市自然资源和规划局依法启动海洋生态环境损害赔偿程序，但其因处于机构改革中、缺乏诉讼经验，请求检察机关提起民事公益诉讼。生态环境损害赔偿诉讼和生态环境民事检察公益诉讼在适用领域、诉讼请求等方面高度重合。两者之间主要区别在于，一是目的不同。生态环境损害赔偿主要是请求侵权行为人对其造成的生态环境损害结果予以赔偿，从而修复生态环境。生态环境民事检察公益诉讼是针对损害公共利益的情形，请求恢复被污染的生态环境，使公共利益得到有效保护。二是权利主体不同。生态环境损害赔偿权利人一般是法律法规授权的行政主体，生态环境检察民事公益诉讼起诉主体是检察机关。参考《最高人民法院关于审理生态环境损害赔偿案件的若干规定（试行）》中的相关规定，检察机关提出生态环境民事公益诉讼也应以生态环境损害赔偿诉讼为优先。对于人民法院在生态环境损害赔偿公益诉讼中作出的已生效的判决或裁定，检察机关依法进行监督。

5. 生态环境公益诉讼案件范围。一是自然遗迹、风景名胜属于环境组成部分，可以纳入到检察公益诉讼中的“生态环境和资源保护”办案领域予以保护。如检例第 114 号案，三清山巨蟒峰的世界级地质地貌意义承载着特殊的遗迹价值和广泛的公利益。对生态环境公共利益的侵害除了自然环境价值外，也应关注其特有的美学、人文及科学等方面价值。二是纳入《中国传统村落名录》的传统村落属于《环境保护法》所规定的“环境”范围，是影响人类生存和发展的人文遗迹。传统村落具有丰富的历史、文化、科学、艺术、社会、经济价值和独特的民族地域特色，是国家利益和社会公共利益的重要组成部分，如检例第115号案。实践中，检察机关可以根据传统村落的实际属性，从环境保护、文物和文化遗产保护、国有财产保护中选择适合的切入点开展公益诉讼保护。

（二）食品药品安全领域

检例第98号案明确，在办理侵犯注册商标犯罪案件中，检察机关对于商品可能涉及危害食品药品安全、社会公共安全的，应当引导公安机关通过鉴定检验等方式就产品质量进行调查取证，查明假冒商品是否符合国家产品安全标准。对于侵害众多消费者利益，涉案金额大，侵权行为严重的，检察机关可以建议有关社会组织提起民事公益诉讼，也可以自行提起民事公益诉讼。检例第144号案指出，对校园周边食品安全等易发多发反弹的未成年人保护顽疾问题，检察机关发出公益诉讼检察建议后，要持续跟进落实。

办理食品药品安全领域的案件时，一要注重公益诉讼办案领域相交叉的情形，如在种植的蔬菜中使用国家禁止使用的农药、兽药或者其他化合物，不仅是食品安全领域的问题，使用禁止的化合物等也可能对土壤生态环境造成损害。二要关注刑事犯罪线索，是否涉及生产销售有毒有害食品罪等情形，及时移送相关线索。最高人民检察院发布了多批食品药品安全领域典型案例，但检察公益诉讼指导性案例中食品药品安全领域的案件占比较少。食品药品安全领域惩罚性赔偿适用等缺乏统一明确的标准，导致各地检察机关对公共利益保护力度不一致。检察机关应持之以恒落实“四个最严”要求，依法履职，推动系统治理，切实提升工作质效。

（三）国财国土领域

检察公益诉讼指导性案例中涉及国财国土领域的案件为检例第 183 号至第 186 号案，是最高人民检察院以“守护国财国土、助推惠民政策落实”为主题发布第四十六批指导性案例，引导各地检察机关在办案中发挥检察公益诉讼职能，保护国有财产、国有土地使用权以及保障国家惠民政策有效执行。一是倡导对国有财产领域偷逃税款类案件通过构建大数据法律监督模型，以法律监督助力依法行政。如检例第 183 号案。二是提示在国有土地闲置类案件时，对于违法情形复杂的国有土地闲置问题，检察机关可采取不同办案方式分类处置。如检例第 184 号案。三是提示在办理国有土地使用权出让领域公益诉讼案件时，需关注国有土地出让收入缴纳后是否及时入库问题，防止土地出让收入不当滞留、坐支、挪用造成国有财产损失。如检例第 185 号案。四是明确检察机关对公共政策实施过程中有关组织和个人套取、骗取、截留、挪用各类助企惠民红利等情形，可以依法开展公益诉讼。如检例第 186 号案。国财国土领域案件违法行为具有隐蔽性，实践中存在案件类型不丰富，工作开展不平衡等问题，检察机关可通过构建大数据法律监督模型，加大办案力度，提升办案质效。对于具有一定普遍性的问题，检察机关可以通过专项监督推动综合治理、系统治理，加强与行政机关的长效协作机制。

（四）英雄烈士保护领域

检例第 51 号案和检例第 136 号案涉及英雄烈士保护领域。

“曾云侵害英烈名誉案”（检例第 51 号）系《英雄烈士保护法》施行后由检察机关提起的首例英烈保护民事公益诉讼案。该案一是明确了英雄烈士的姓名、肖像、名誉、荣誉等不仅属于英雄烈士本人及其近亲属，更是社会正义的重要组成内容，承载着社会主义核心价值观，是民族精神的体现，具有社会公益性质。侵害英雄烈士名誉就是对公共利益的损害；二是针对侵害英烈人格利益民事公益诉讼与一般民事侵权诉讼的区别在于损害事实中增加了损害社会公共利益的内容。对此，检察机关调查取证时，应重点收集微信成员数量、微信群组的私密性、进群验证方式、不当言论被阅读数、转发量等方面的证据，证明侵权行为产生的不良社会影响及其严重性。

“仇某侵害英雄烈士名誉、荣誉案”（检例第136号）系《刑法修正案（十一）》增设侵害英雄烈士名誉、荣誉罪后由检察机关提起的英烈保护刑事附带民事公益诉讼案。一是厘清了英雄烈士的内涵外延。烈士的评定有着严格的法律规定，国务院《烈士褒扬条例》（2024年修订）第8条第1款规定了评定为烈士的情形。侵害英雄烈士名誉、荣誉罪中的“英雄烈士”是指已经牺牲、逝世的英雄。侵害健在英雄模范人物，构成犯罪的，适用侮辱罪、诽谤罪追究刑事责任。对于被侵权人既有已牺牲的烈士又有健在的英雄模范人物时，整体评价为侵害英雄烈士名誉、荣誉的行为。二是对于侵害英雄烈士名誉、荣誉罪中“情节严重”的认定，明确可以参照《最高人民法院、最高人民检察院关于办理利用信息网络实施诽谤等刑事案件适用法律若干问题的解释》第2条的规定或者虽未达到上述数量、情节要求，但在特定时间节点通过具有公共空间属性的网络平台和媒介公然侵害英雄烈士名誉、荣誉，引起广泛传播，造成恶劣社会影响的，也可以认定为“情节严重”。对于只在相对封闭的网络空间，如在亲友微信群、微信朋友圈等发表不当言论，没有造成大范围传播的，可以不认定为“情节严重”。检例第136号案在检例第51号案基础上补充增加了损害结果严重性的判断标准。

办理这类案件需要注意以下问题：一是证据的收集问题。从英烈保护领域公益诉讼的特殊性出发，侵权行为人通常在公共场合（如脱口秀）或者利用微博、微信、视频以及在公共信息平台留言等新型方式实施侵权行为。这些电子证据或者视听资料存在被删除和修改的可能，就要求检察机关依法向公安或其他行政机关、平台企业、个人调取相关视听资料、电子证据等。对于技术性强的专业问题，委托专业鉴定机构提取、固定证据，从而确保证据收集过程的真实性、合法性。二是注意选择适用行政公益诉讼或民事公益诉讼。《英雄烈士保护法》(2018年)第26条规定，公安机关对于以侮辱、诽谤或者其他方式侵害英雄烈士人格权的违法行为人，构成违反治安管理行为的，应依法给予行政处罚。行政机关作为维护公共利益第一责任人，若未充分履职的情况下，检察机关作为监督者，应优先考虑选择督促行政机关依法履职，维护社会公共利益。

(五)公共安全和安全生产领域

“黑龙江省检察机关督促治理二次供水安全公益诉讼案”(检例第89号)明确对于重大民生问题涉及侵害公共利益的情形，检察机关应当积极发挥公益诉讼职能。值得注意的是，检例第89号案是已发布检察公益诉讼指导性案例中首次出现“安全隐患”一词。检察机关查明供水公司未取得卫生许可证擅自进行供水，从事供水的人员未取得健康证明直接上岗，加压站水箱未按规定进行定期清洗消毒，违反相关法律规定，居民生活饮用水卫生存在安全隐患，遂向相关职能部门发出检察建议。检例第30号“湖北省十堰市郧阳区人民检察院诉郧阳区林业局行政公益诉讼案”中认为违法行为造成国家和社会公共利益受到的侵害是实然侵害。检例第89号案实际已突破检例第30号案的规则，但该案尚未阐明水质存在安全隐患与侵害公共利益之间的关系，未释明检察机关可以对社会公共利益存在重大侵害危险进行监督。

“河南省人民检察院郑州铁路运输分院督促整治违建塘坝危害高铁运营安全行政公益诉讼案”(检例第113号)相较检例第89号案，进一步明晰涉案问题为高速铁路沿线安全隐患而非具体的侵害后果。检察公益诉讼监督对象从“已造成公益损害的”拓展到“损害尚未发生但存在损害公益重大风险的”。现《安全生产法》(2021年修正)第74条规定，因安全生产违法行为造成重大事故隐患或者导致重大事故，致使国家利益或者社会公共利益受到侵害的，检察机关可提起公益诉讼。该案还明确了公益存在受到损害重大风险情形的调查方式：一方面，可询问相关监管部门、企业及沿线村民的意见；另一方面，可邀请相关领域专家学者进行研讨论证。

近年来，司法实践中不断拓展了公益诉讼案件范围。从“治已病”到“治未病”，充分发挥了检察公益诉讼的预防功能，推动系统治理。预防性公益诉讼逐渐被认可，它是为了克服事后救济无法及时有效保护公益的问题，防止出现不可逆的公益损害而设计的防患于未然的制度。[①] 2020年9月，《最高人民检察院关于积极稳妥拓展公益诉讼案件范围的指导意见》明确了新领域案件立案条件之一即国家利益或者社会公共利益遭受严重侵害或者存在重大侵害危险。值得注意的是检察机关通过“提前介入”的方式来保护公益时，需以“国家利益和社会公共利益遭受严重侵害或者存在重大侵害危险”作为前提条件。目前判断“严重侵害”和“重大侵害危险”的标准尚未明确，在办案过程中，检察机关要坚持以必要为原则，以国家利益和社会公共利益确实存在受到侵害的可能性为前提，进行充分论证；恪守检察权与行政权的边界，多运用行政公益诉讼磋商程序，加强与行政机关的沟通协调，以防止因自己判断的失误而导致监督错误或不当干预行政权行使的现象。

（六）未成年人保护领域

检例第88号案和第三十五批指导性案例（检例第141号至检例第145号）都是未成年人保护领域案件，其中检例第144号涉及食品安全领域不在此赘述。这些案例一是明确未成年人的身心健康、健康成长是社会公共利益，将未成年人特有的权益保护上升到社会公共利益的高度。如为未成年人提供文身服务，不利于未成年人身心健康，侵犯未成年人合法权益；又如不适宜未成年人活动场所违规接纳未成年人进入，损害未成年人身心健

① 参见胡卫列、孙森森：《完善公益诉讼制度推动公益诉讼检察高质量发展——2022年公益诉讼检察研究综述》，载《人民检察》2023年第2期。

康。二是明确检察机关可以运用公益诉讼的方式，依法保护未成年人的权益。如检例第88号、第144号、第145号案，检察机关针对校园周边存在售卖烟、酒制品，销售彩票，售卖不合格食品，不审查未成年人身份即允许未成年人进入网吧等常见的侵犯未成年人权益的问题，依法运用公益诉讼的方式，提出行政公益诉讼检察建议，督促行政机关依法履职，切断未成年人获取烟酒等的途径，防止未成年人沉溺网络，实现社会问题的前端治理。在法律规定不明确具体、未成年人合法权益亟待保护的情况下，基于“最有利于未成年人”的原则，检察机关可以提起公益诉讼。三是明确针对网络侵犯未成年人个人信息权益的情形，检察机关可以综合开展民事公益诉讼和行政公益诉讼，并注重加强两种诉讼类型的衔接。检察机关在办理未成年公益诉讼案件中需要关注、加强与相关行政机关和社会组织的沟通协作工作，以公益保护促家庭、学校、社会、网络、政府保护落实落地，搭建多部门配合协作的保护机制，引入社会力量多方参与，合力护航未成年人健康成长。

四、其他规则

（一）争取各方支持与建立长效机制

检察机关通过办案发现本地普遍存在类似环境污染行为的，可以主动向当地党委、政府汇报，引起重视，促使问题“一揽子”解决。如检例第63号案，检察机关向天门市委、市政府报送《关于建议进一步加强对全市乡镇垃圾填埋场进行整治的报告》，提出了将乡镇垃圾填埋场整治工作纳入天门市污染防治工作总体规划、进行清挖转运以及覆土绿植等建议。天门市委、政府高度重视，相关职能部门迅速组织力量。

检察机关就办案中发现的社会问题可以推动建立健全长效工作机制的情形。如检例第86号案，检察机关要求将氯离子浓度纳入江苏省《化学工业水污染物排放标准》予以监管。检例第88号案助力未成年人健康成长，检察机关结合办理案件，推动搭建多部门配合协作平台，实现“检察+行

政 + 学校 + 社会”的多维度联动协调，形成良性互动工作机制，推进社会治理的改善。检例第 166 号案以跨区划流域治理问题为导向，建立常态化公益保护机制，沿湖三市（州）检察院共同签署了《关于万峰湖流域生态环境和资源保护协作机制（试行）》，强化检察公益诉讼职能对万峰湖的生态保护作用。检察机关推动相关政府部门坚定绿色发展理念，消除分歧，统一执法监管、统一生态养殖，形成共管、共治、共建、共享的新发展格局。

（二）检察公益诉讼的目的与理念

第一，审前实现保护公益目的是最佳司法状态。检察机关通过检察建议实现了督促行政机关依法履职、维护国家利益和社会公共利益目的的，不需要向人民法院提起诉讼。如检例第 50 号案，检察机关建议行政机关采取尽量不减损非侵权主体的合法权益、实际效果最好的监管处罚措施。体现了审前程序的适用条件与价值，最大限度节约诉讼成本和司法资源。

第二，实现双赢多赢共赢。在办理生态环境领域案件时，应坚持以人为本的原则，正视人民群众追求美好生活的合理要求，平衡好传统文化保护和社会经济发展。如检例第 115 号案，传统村落人文遗迹应当保护，同时检察机关以人民为中心，协调相关部门、社会力量指引当地居民合理建房，开发旅游资源，为推动政策转化和地方立法完善贡献检察力量，使公共利益和私人利益实现双赢。

（三）公益诉讼检察建议与社会治理类检察建议的区分

社会治理类检察建议是人民检察院针对履职中发现有关机关和单位存在违法犯罪隐患、管理监督漏洞、风险预警和防控不到位等普遍性、倾向性问题，以及需要给予有关人员或组织行政处罚、政务处分、行业惩戒等情形，依法履行法律监督职责，提出建章立制、加强监管、改进工作等内容的检察建议。公益诉讼检察建议与社会治理类检察建议常常存在交叉情形，办案中需要区分运用好两种检察建议。检察公益诉讼指导性案例规则中也有所体现。一是需要对行政机关未依法履职的违法问题监督的，应当优先制发公益诉讼检察建议。在办理公益诉讼案件中还发现存在社会治理方面的问题，需要行政机关予以改进的，可以提出社会治理类检察建议。如检例第143号案，涉案事项相关的法定职责部门未依法完全履职导致公益损害的，通过公益诉讼检察建议督促履职。为提升监督效果，可以向能够发挥统筹作用的人民政府发出社会治理检察建议，推动人民政府对下级政府及相关职能部门进行协调调度，形成治理合力。如检例第185号案，针对在办案中发现的土地出让收入收支管理不规范、存在监管漏洞、部门协同配合不足等问题，向地方政府提出改进工作的社会治理检察建议，推动政府统筹协调，健全制度机制，加强行政监管，提升治理能力。二是在办理同一类公益诉讼中发现有关单位存在普遍性、倾向性问题，需要有关单位建章立制、加强监督、改进工作的，可以制发社会治理类检察建议。如检例第89号案，在办案中发现查明二次供水安全具有共性或者潜在普遍性的问题，由上级检察院向人民政府提出社会治理类检察建议，促使其统筹各部门协同整改。

第三节　检察公益诉讼指导性案例的发展完善

检察公益诉讼指导性案例面世后，在我国公益诉讼的司法实践中发挥了重要作用，尤其是在统一法律适用标准、弥补法律的不周延性、强化案件说理论证等方面取得了显著成效。但其在适用过程中也面临了不少问题，比如检察公益诉讼指导性案例数量规模不足、部分检察官不善于参照指导性案例办理类似案件、检察指导性案例缺少类案检索便利化的工具载体等。在未来的发展过程中，除了在具体操作上解决检察公益诉讼指导性案例的适用问题，还要注重规划检察公益诉讼指导性案例的宏观发展方向，发挥检察公益诉讼指导性案例规则阐发功能、加强检察公益诉讼指导性案例的援引运用、发挥检察公益诉讼指导性案例的法治引领作用。

一、发挥检察公益诉讼指导性案例规则阐发功能

我国不是判例法国家，案例不是正式法源。事实上，即使是司法解释也不能突破法律规定进行规则阐发。检察机关履职，要遵循罪刑法定原则、职权法定原则、程序法定原则。指导性案例提炼阐发的法律适用规则必须忠实于立法原意。对于法律作出概括性规定的，指导性案例在不违背法律意旨的前提下可以明确法律适用规则，如探索公益诉讼领域，又或者在个案中，明确一些法律规定模糊的具体问题，比如“许建惠、许玉仙民事公益诉讼案”（检例第 28 号）明确“环境污染导致生态环境损害无法通过恢复工程完全恢复的，恢复成本远远大于收益的或者缺乏生态环境损害恢复评价指标的，可以参考虚拟治理成本法计算修复费用”的方法。

随着经济社会高速发展，人民群众对于民主、法治、公平、正义、安全、环境更加关注，也给社会治理带来了更高要求。比如，进入大数据时代，公民个人信息安全日益受到挑战；在城市公共安全领域，存在高铁和轨道沿线隐患、危险品运输、玻璃幕墙老化等问题，严重影响公众安全；在消费者保护领域，共享单车退押金难、保健品欺诈、电信骚扰等问题层出不穷。不少人大代表和社会公众希望检察机关能够依法适当扩大公益诉讼的受案范围，以便更好发挥检察职能，对社会公众关心关注的损害公益问题进行及时有效的保护。在探索公益诉讼的过程中，更需要指导性案例的示范作用。

各地应根据本地区实际情况，积极探索实践，丰富检察公益诉讼指导性案例。该领域案件自身特点决定其创新性和前沿性，更能推动理论研究。

同时要更加注重凸显指导性案例的“指导性”，进一步突出“要旨”和“指导意义”。“要旨”是指导性案例的核心，是类似案件办理应当参照适用

的“司法规则”。“要旨”应当简洁明了、一目了然，能够简明扼要地说清楚类案办理应当遵循的规则，不能重复法律和司法解释已经明确、不言自明的道理。“指导意义”是“要旨”的支撑和展开，是整个案例的升华和深化。“指导意义”一般从程序、实体和工作方法等方面入手，立足案例回应类案中带有普遍性的问题。一般来说，指导意义不应当再“就案论案”，而应当立足案例，超脱案例，高于案例。

二、加强检察公益诉讼指导性案例的援引运用

指导性案例应当对检察机关司法办案活动具有实实在在的指导性和约束力，而案例的援引便是发挥其指导性、体现其约束力的重要保障。指导性案例只有在办案中被援引、参照适用，才能真正发挥对办案的指导、规范作用，这是案例应用的关键。总体上看，强化指导性案例在检察法律文书说理中的援引，有利于增强所作决定的说服力，增进相关机关和当事人对检察机关办案依据的理解，也有利于扩大检察工作的社会影响力，提升司法公信力。此外，通过在检察法律文书中明示援引指导性案例，还可以为最高人民检察院分析评估指导性案例应用情况提供参考依据。因此，在案件质量评查、优秀检察法律文书评选等工作中应当将援引指导性案例作为衡量办案质量和文书质量的重要考虑因素，鼓励、引导检察官在检察法律文书中援引指导性案例。

目前，检察指导性案例的援引工作是很大的短板。实践中，一部分检察官尚未树立“应当参照适用”检察指导性案例的理念，缺乏相应的法律思维和工作方法，存在“不知用、不愿用、不会用、不敢用”现象。在指导性案例援引工作中，还存在不少问题，包括该参照而未参照，或实际参照了但未加援引阐述，以及援引指导性案例不规范、说理不充分，等等。这些问题直接影响指导性案例的适用效果。

关于如何推进指导性案例的援引工作，应当明确的是，在司法实践中，

指导性案例的援引工作还需要进一步规范和改进。一些案件虽然参照了指导性案例，没有在检察法律文书中予以释明，隐性援引较多。针对办案中参照了指导性案例但未加援引或援引不规范、说理不充分的问题，需要更加重视将指导性案例的要旨所确立的规则在检察法律文书的论证和说理部分进行援引，在释法说理中运用指导性案例对处理结论加以论证说明，并详细表述参考的是检例第 × 号指导性案例。

同时，在案例编写过程中，要旨应当明确具有普遍指导意义的司法规则，以能为办理类似案件提供参照指引；应突出指导性，避免写成经验材料。如“黑龙江省检察机关督促治理二次供水安全公益诉讼案”（检例第 89 号）修改前的要旨概括为：“‘二次供水安全’是一项系统工程，事关人民群众切身利益。黑龙江省人民检察院践行以人民为中心的发展理念，针对二次供水安全公益保护专项监督中发现的‘九龙治水’疏漏问题，在监督办案和调查研究的基础上，向黑龙江省人民政府发出检察建议，得到高度重视，促成行政机关依法全面履职，推动二次供水领域的沉疴顽疾得到整改，有效助力省域社会治理现代化。主要介绍经验做法和取得的成效。”修改后的要旨表述为：“检察机关办理涉及重大民生的公益诉讼案件，如果其他地方存在类似问题时，应当在依法办理的同时，向上级人民检察院报告。对于较大区域内存在公共利益受损情形且涉及多个行政部门监管职责的问题，可以由上级人民检察院向人民政府提出检察建议，促使其统筹各部门协同整改。这样的写法对办案规则、方法进一步抽象概括，提升了对类案的指导性。”

三、发挥检察公益诉讼指导性案例的法治引领作用

个案是法治的风向标。不同于成文法的抽象表达，指导性案例以鲜活形象的个案，更接地气、更易理解、更易传播。《中共中央关于全面推进依法治国若干重大问题的决定》提出，要“加强和规范司法解释和案例指导，统一法律适用标准”“建立法官、检察官、行政执法人员、律师等以案

释法制度”。《中共中央关于加强新时代检察机关法律监督工作的意见》提出，落实“谁执法谁普法”普法责任制，及时发布指导性案例和典型案例，加强法律文书说理和以案释法，深化法治进校园、进社区等活动，促进全民法治观念养成。检察案例指导制度是中国特色社会主义司法制度的重要组成部分。检察指导性案例的发布与应用是检察案例指导制度的重要内容，具有示范引领检察办案工作，促进检察机关严格公正司法，保障法律统一正确实施的功能。

至于如何充分发挥指导性案例的法治引领作用，检察机关需要注重协调各方力量，形成引领合力。一线办案检察官作为“谁执法谁普法”的主体，不仅要注重培养司法办案的产品意识、质量意识、责任意识，更要结合案件办理特别是结合指导性案例发布，对案件的普法意义予以挖掘、宣传。检察机关宣传部门要进一步充分利用指导性案例的影响性，将指导性案例作为法治故事、普法教材，发挥以案释法的宣传教育作用。各检察业务部门还应当积极主动地运用指导性案例和其他典型案例，加强与相关单位、部门的工作沟通，使其从案例中受到启发和触动，在改进工作、加强管理、预防犯罪等方面吸取经验教训，实现法律监督的双赢多赢共赢。

“最高人民检察院督促整治万峰湖流域生态环境受损公益诉讼案”（检例第 166 号），彰显了检察公益诉讼在跨区划生态环境受损问题解决上的独特价值作用，代表了社会治理理念的更新、社会治理模式的转型，也对省级以上检察院直接办理生态环境和资源保护领域的公益诉讼案件、检察一体化办案模式的运用以及检察机关以办案为中心推进系统治理等起到示范引领作用。在万峰湖专案办理过程中，四级检察机关都优先适用与行政机关的行政公益诉讼磋商程序，能磋商解决的就不发书面检察建议，检察建议能解决的就不起诉，即使提起了诉讼，能在判决前解决的就不必等判决。如此，在监督中实现双赢多赢共赢，在督促履职中推进法治建设。

检察公益诉讼指导性案例在当前我国公益诉讼制度建设中，提供了宝贵的实践经验，在公益诉讼工作的价值取向和办案模式上，提供了思路和基本遵循。公益诉讼制度是一项年轻的制度，其立法仍具有一定的局限性，具体的办案模式也处于探索过程中。因此，对于优秀的检察公益诉讼案例，尤其是能够体现公益诉讼价值取向和提供有效办案经验的案例，应当及时筛选为公益诉讼指导性案例，缓解现行公益诉讼规范不足的压力，为检察公益诉讼案件办理提供宝贵的规范指引，充分发挥指导性案例的法治引领作用。

第八章　未成年人检察指导性案例

第一节　未成年人检察指导性案例概述

党的十八大以来，以习近平同志为核心的党中央高度重视未成年人保护工作，采取一系列措施保护未成年人合法权益，促进未成年人健康成长。修订《未成年人保护法》《预防未成年人犯罪法》，完善未成年人不良行为分级预防、干预和矫治的法律制度;《刑法》对法定最低刑事责任年龄作个别下调，加大对侵犯未成年人犯罪的惩治力度；制定《反家庭暴力法》《家庭教育促进法》，为未成年人健康成长营造良好家庭环境；制定《民法典》，强化未成年人民事权益的法治保障。通过完善法律体系，守护未成年人的法律之网越织越密。修订后的《未成年人保护法》《预防未成年人犯罪法》，赋予检察机关对涉及未成年人的诉讼活动、未成年人重新犯罪预防工作等开展法律监督的更重职责，为全面加强未成年人保护工作提供了重要的法律支撑。《中共中央关于加强新时代检察机关法律监督工作的意见》明确提出，强化未成年人司法保护，完善专业化与社会化相结合的保护体系。

最高人民检察院以推进未成年人检察专业化建设为契机，部署未成年人检察业务集中统一办理，把涉未成年人刑事、民事、行政、检察公益诉讼案件，归口未成年人检察部门统一办理。自 2018 年起，最高人民检察院发布多批未成年人检察指导性案例，一是为了指导各地检察机关依法严厉打击侵害未成年人犯罪。未成年人权利保护是当前社会各界关注的重要问题。近年来，性侵害、虐待等侵害未成年人犯罪案件屡屡发生，严重侵害未成年人权利，影响未成年人身心健康，危害社会和谐稳定，必须坚决予以严惩。发布指导性案例，展示了检察机关严厉打击侵害未成年人犯罪，保护未成年人权利的指导思想。二是加强对未成年人权利保护案件办理工作的指导，正确解决相关疑难问题，统一法律适用标准。侵害未成年人犯罪案件，在法律适用、证据把握上有其特殊性，而且随着经济社会的发展出现了一些新情况、新问题。当前，各地办理这类案件，在证据标准和法律适用上存在把握不一致、不准确的问题，影响了依法从严打击侵害未成年人犯罪的力度，也不利于对社会秩序和未成年人身心健康的有效维护。指导性案例的发布，有利于统一办案标准，指导依法准确办理此类案件，有力惩治侵害未成年人犯罪。三是指导检察机关进一步加强未成年被害人保护救助工作。未成年人被侵害后，身心会受到极大伤害，需要特殊保护和关爱帮助，因此检察机关在指控犯罪的同时，应当加强对被害人的保护和救助，帮助他们恢复身心健康。这就需要我们综合履行“四大检察”等职能，最大程度地保障未成年人合法权益，并有效预防侵害未成年人案件的发生。

一、未成年人检察指导性案例的特点

党的二十大报告站在培养担当民族复兴大任时代新人的高度，明确提出加强和改进未成年人思想道德建设、保障儿童合法权益等部署要求，为更好地从大局大势中把握未成年人司法保护工作提供了根本遵循。检察机关学习贯彻党的二十大精神，落实以人民为中心的发展思想，必须增强融合履职意识，实现未成年人“四大检察”相互支撑、一体协同和贯通融合。

未成年人检察指导性案例是从各地报送的典型案例中精选出来的，体现了检察机关全过程参与、全方位保护未成年人合法权益的特点。有的案例通过三级检察院联动，推动在国家层面建章立制；有的案例督促不同行政机关各司其职、协同保护；有的案例推动行政机关堵塞监管漏洞、完善相关机制；等等。这些指导性案例通过办案经验的总结与宣传，有助于形成未成年人保护的治理共识，以司法保护助推“六大保护”融通发力，共画未成年人保护“同心圆”。

首先，从宏观层面的指导性案例的效力来分析，从我国实际出发，未成年人检察指导性案例不具有正式法律地位，只是在司法实践中对办理未成年人案件具有一定约束力和指导力，但必须清楚这种约束力并非来源于法律上的法源地位。这也是学界目前的主流观点。学界较为普遍的看法是，即使认为其具有一定效力，也不是法律上的当然效力，而是依据某一规则所处理的指导性案例所呈现出来的对后案处理中事实上的影响力。

从地位上来比较，未成年人检察指导性案例也不同于普通案例，作为可以为处理类似未成年人案件提供指导的特殊案例，其具有典型意义。《最高人民检察院关于案例指导工作的规定》明确提出，各级人民检察院可以引述指导性案例作为说理的依据。但同时也应当明确，指导性案例的地位层级还不能与法律和司法解释相提并论，可以引述作为依据而并非可以替代法律，即其并不能成为决定案件结果的根本依据。所以，在适用中应当清楚指导性案例相较于普通的司法案例具有更高的地位和作用，同时也应当注意区分指导性案例与法律、司法解释的地位。

其次，从体例上来看，未成年人指导性案例结合了抽象规则与具体案情介绍，这也使其区别于法律体系中的法律法规与司法解释。法律法规和司法解释都是以一般性的规则来指导后案，提供具有普遍性、概括性的抽象规则。而指导性案例不仅在微观层面展示较为具体的未成年人案件事实，又在宏观层面抽象说明法律规则或说明法律适用方法，通过分析具体案件的形式来展示说明类似问题的法律适用。指导性案例所展示出的案件处理结果和法律规则提炼和指导，是在对该案例所涉及问题的分析研究基础上得出来的，所以，在内容上具有很强的现实性、规则上具有具体性；同时未成年人指导性案例也是一种经验总结，对于未成年人检察工作某一方面或某个具体的问题作出了指导，在适用未成年人检察工作上具有广泛性等特点。比如，“北京市海淀区人民检察院督促落实未成年人禁烟保护案”

（检例第 88 号）对检察机关运用公益诉讼的方式保护未成年人权益，健全未成年人检察公益诉讼工作具有重要参考价值。

最后，未成年人指导性案例是一种具有特殊法律指导意义的案例，不同于一般的检察机关典型案例、公报案例。[①] 指导性案例统一法律适用的作用基础，主要在于以下两个方面。一方面，最高人民检察院在检察系统中居于领导地位，而发布指导性案例又是其特有职权。所以，对于各级检察机关来说，指导性案例也就自然具有了一定的权威指导性。另一方面，指导性案例本身就是具有说服力的。指导性案例是经过严格的程序审查筛选出来的，其在遴选、审查、研究、编写、发布等环节都具有明确的职能分工和程序规范，凝结了一部分检察人员的集体智慧所产出的法律成果，是具有较强代表性的典型案例，提炼出了更为明确的未成年人检察司法规则来指导类似案件的法律适用和办案过程。所以，指导性案例的效力一部分来源于该案例处理过程与结果本身所具有的说服力，即在类似案件中选择保持与其规则的统一是因为指导性案例本身适用法律的正确性和正当性。[②] 综合以上两方面的原因，指导性案例集权威性和说服力为一体，在适用中才能对类似案件作出合理、有效的指导。指导性案例所体现出来的规则或说理可能会在司法实践中作为审理案件的依据，影响案件的最终结果。[③]

二、未成年人检察指导性案例的价值分析

我国未成年人检察指导性案例可以在以下方面发挥其价值。

---

① 参见万春：《最高检指导性案例的发展历程和创新完善》，载《国家检察官学院学报》2019 年第 5 期。

② 参见张骐：《中国司法先例与指导性案例制度研究》，北京大学出版社 2016 年版，第 146 页。

③ 参见舒国滢：《法理学导论》，北京大学出版社 2006 年版，第 78 页。

（一）提炼规则指导类案办理，促进解决实务难点和突出问题

未成年人检察指导性案例可以弥补立法和司法解释的滞后性，通过案例可以更快速地对新的法律问题作出回应，确定相关规则。成文法和判例法都能实现法律规则确定性和稳定性的目标。随着未成年人综合司法保护的深入推进，一些新情况、新问题不断涌现，亟须在总结实践经验的基础上指导类案办理。制发指导性案例有助于检察机关及时总结在新领域案件办理、新罪名司法适用中，发现线索、转化适用刑事证据、督促监护干预、支持起诉等方面的做法，推动形成综合司法保护融合履职的成熟办案规范和工作机制，解决实务难题。

（二）有利于约束司法擅断，实现类案同判

未成年人检察指导性案例的一项重要目标在于统一司法标准，规范司法办案。在案例指导制度下，诉讼各方提交、援引指导性案例后，双方或者裁决者必须作出回应和说明，这种回应和说明是从未成年人案件争点、具体案情的比对开始的，进而延伸到法律规则的解释、阐释、辨析，这与在引述抽象的成文法情况下的说理论证方式非常不同。指导性案例是对经验的固化，体现的是经验理性。通过应用指导性案例可以确保理性而非武断的意志成为司法的基础，从而约束司法人员擅权。总之，在案例指导制度下，司法人员偏离先例的论证成本很高，所以可以有效约束类案不同处理的倾向，更有利于保护未成年人这类特殊群体。

（三）有利于法律规则的演进发展

案例指导制度创造了一种法律规则开放发展的可能性。一方面，案例指导制度确定后，每个未成年人案件都可能成为指导性案例，这等于发动了所有检察官为发展、创造司法规则而努力，这与抽象的司法解释制定出台过程存在很大差别；另一方面，通过案例发展规则的过程具有灵活性，这种灵活性不是因为可以随便创设规则，而是因为由于具体案情的千差万别，在援引法律和先例的过程中，通过比对、分析和论证，遵循、规避和

排除，检察人员总会发现新的规则盲点或者新的案件类型、领域，并在这一领域创造出新规则或者将之前确定的规则延伸适用到新的领域。比如，针对近年猥亵儿童发生的未成年人案件引发的社会公众的质疑和批评，最高人民检察院通过发布“齐某强奸、猥亵儿童案”（检例第 42 号）、“骆某猥亵儿童案”（检例第 43 号）不仅明确、细化了规则，更回应了社会呼声，提振了社会风气，应该说是非常成功的。

（四）有助于提升未成年人检察业务集中统一办理工作规范化水平，为未成年人提供更多、更好、更全面的综合司法保护

针对当前一些地方对未成年人司法保护理念认识不到位、统筹融合能力不够，制发指导性案例有助于指导地方检察机关打破传统未成年人检察工作在职能、范围、运行上的思维定式和固有流程，更加规范统筹使用不同职能、多种手段，以综合司法保护的新思路新方法深化未成年人检察业务集中统一办理水平，实现有机“融合”。实践中，未成年人案件往往涉及多个法律关系，迫切需要加强综合性司法保护。同时，按照“最有利于未成年人”原则，也要求在未成年人检察业务的监督办案全过程运用整体观念、系统思维，综合采取多种司法保护方式，有效破解刑事、民事、行政、公益保护等相互交织的问题，真正实现未成年人合法权益的全方位、立体化保障。

未成年人指导性案例注重从源头上堵漏建制、加强保护，从根本上改善未成年人健康成长环境。指导性案例有助于指导地方检察机关始终坚持“从办案中发现”的问题导向和务实态度，紧紧围绕办案开展监督，发现未成年人保护社会治理方面的短板、漏洞，并综合运用检察建议、公益诉讼、专题报告等方式，助推相关职能部门认真落实未成年人权益保护的责任和义务，重点发挥好检察机关法律监督的兜底、补充、协同作用，参与和推进未成年人保护社会治理。在“王某等人故意伤害等犯罪二审抗诉案”（检例第 178 号）中，攀枝花市人民检察院针对本案暴露出的城市房屋租赁监管、重点人员管理、街面治安巡查等问题，向相关部门制发检察建议，推

进落实整改，加强社会治安防控。检察机关在办案中，一方面，对于侵害未成年人犯罪手段残忍、情节恶劣、后果严重的，依法从严惩处；另一方面，注重做好未成年人保护工作，通过开展司法救助、心理辅导、公益诉讼、提出社会治理类检察建议等方式，推进对涉案未成年人的综合帮扶，努力为未成年人健康成长营造良好环境。

第二节　未成年人检察指导性案例的阐发规则

截至 2023 年 12 月 31 日，最高人民检察院共发布了未成年人检察指导性案例 23 件。具体案件如表 7 所示。

表 7　2014—2023 年未成年人检察指导性案例发布情况

案件编号	案件名称	案件类型	案例发布时间
第 19 号	张某、沈某某等七人抢劫案	未成年人与成年人共同犯罪案件	2014 年 9 月 10 日
第 42 号	齐某强奸、猥亵儿童案	性侵未成年人案件	2018 年 11 月 9 日
第 43 号	骆某猥亵儿童案	猥亵未成年人案件	2018 年 11 月 9 日
第 44 号	于某虐待案	虐待未成年人案件	2018 年 11 月 9 日
第 45 号	陈某正当防卫案	未成年正当防卫案件	2018 年 12 月 18 日
第 71 号	罪犯康某假释监督案	未成年罪犯减刑、假释监督案件	2020 年 2 月 28 日
第 88 号	北京市海淀区人民检察院督促落实未成年人禁烟保护案	未成年人司法保护行政公益诉讼	2020 年 12 月 3 日
第 103 号	胡某某抢劫案	对涉罪未成年人附条件不起诉	2021 年 3 月 2 日
第 104 号	庄某等人敲诈勒索案	对涉罪未成年人附条件不起诉	2021 年 3 月 2 日
第 105 号	李某诈骗、传授犯罪方法，牛某等人诈骗案	对涉罪未成年人附条件不起诉	2021 年 3 月 2 日
第 106 号	牛某非法拘禁案	对涉罪未成年人附条件不起诉	2021 年 3 月 2 日

续表

案件编号	案件名称	案件类型	案例发布时间
第 107 号	唐某等人聚众斗殴案	对涉罪未成年人附条件不起诉	2021 年 3 月 2 日
第 141 号	浙江省杭州市余杭区人民检察院对北京某公司侵犯儿童个人信息权益提起民事公益诉讼 北京市人民检察院督促保护儿童个人信息权益行政公益诉讼案	未成年人保护检察公益诉讼	2022 年 3 月 2 日
第 142 号	江苏省宿迁市人民检察院对章某为未成年人文身提起民事公益诉讼案	未成年人保护检察公益诉讼	2022 年 3 月 2 日
第 143 号	福建省福清市人民检察院督促消除幼儿园安全隐患行政公益诉讼案	未成年人保护检察公益诉讼	2022 年 3 月 2 日
第 144 号	贵州省沿河土家族自治县人民检察院督促履行食品安全监管职责行政公益诉讼案	未成年人保护检察公益诉讼	2022 年 3 月 2 日
第 145 号	江苏省溧阳市人民检察院督促整治网吧违规接纳未成年人行政公益诉讼案	未成年人保护检察公益诉讼	2022 年 3 月 2 日
第 159 号	吴某某、杨某某刑事申诉公开听证案	未成年人刑事申诉附带民事诉讼执行监督	2022 年 7 月 21 日
第 171 号	防止未成年人滥用药物综合司法保护案	未成年人综合司法保护案件	2023 年 2 月 24 日
第 172 号	阻断性侵犯罪未成年被害人感染艾滋病风险综合司法保护案	未成年人综合司法保护案件	2023 年 2 月 24 日
第 173 号	惩治组织未成年人进行违反治安管理活动犯罪综合司法保护案	未成年人综合司法保护案件	2023 年 2 月 24 日
第 174 号	未成年人网络民事权益综合司法保护案	未成年人综合司法保护案件	2023 年 2 月 24 日
第 178 号	王某等人故意伤害等犯罪二审抗诉案	胁迫未成年人犯罪案件	2023 年 6 月 25 日

从涉及的案件领域看，性侵、猥亵、虐待儿童案 3 件、未成年人与成年人共同犯罪案件 1 件、未成年人正当防卫案件 1 件、未成年罪犯减刑假释监督案件 1 件、对涉罪未成年人附条件不起诉 5 件、未成年人保护检察公益

诉讼案件6件、未成年人刑事申诉附带民事诉讼执行监督案件1件、未成年人综合司法保护案件4件、胁迫未成年人犯罪案件1件。从办案类型来看，主要涉及实体案件有4件、涉及程序案件有9件、涉及公益诉讼案件的有6件、未成年人综合司法保护案件有4件。

指导性案例对未成年人检察案件的办理具有积极引导作用，其案例规则提供了多方面的司法经验，包括在办案中如何认定事实、解释和适用法律，以及如何遵循双赢多赢共赢司法理念，实现政治效果、法律效果、社会效果有机统一等价值权衡。

一、未成年人检察指导性案例蕴含的理念

（一）"最有利于未成年人"原则

检察机关办理未成年人案件，注重维护未成年人的长远利益和根本利益，综合考虑未成年人身心特点和健康发展需要，选择最有利于未成年人的方案和措施，给予未成年人特殊、优先保护。如"张某、沈某某等七人抢劫案"（检例第19号），一审判决对几名未成年被告人均按照同案成年被告人适用罚金刑的标准判处5000元以上罚金。法院没有充分考虑未成年人无个人财产、无收入来源的特点，对罚金刑的适用既没有体现依法从轻或减轻，也没有体现与成年被告人罚金刑适用的区别，明显属于量刑不当。检察机关抗诉后，二审法院将未成年人罪犯沈某某、胡某某、许某的罚金刑数额由5000元、7000元、5000元分别改为2000元、2000元、1500元，符合《刑法》关于对未成年人从轻或减轻处罚以及充分考虑有利于未成年人教育矫正的量刑原则。

未成年人遭受犯罪侵害后，身心会受到很大影响。检察机关在依法惩治和打击犯罪的同时，要重点关心关爱未成年被害人，做好救助和保护工作。如"于某虐待案"（检例第44号），被害人小田一直与继母于某共同生活。于某以小田学习及生活习惯有问题为由，长期、多次对其实施殴打。

2017 年 11 月 21 日，于某又因小田咬手指甲等问题，用衣服撑、挠痒工具等对其实施殴打，致小田离家出走。小田被爷爷找回后，经鉴定，其头部、四肢等多处软组织挫伤，身体损伤程度达到轻微伤等级。2018 年 1 月 15 日，小田生母武某向某市某区人民法院提出变更抚养权诉讼。法庭经过调解，裁定变更小田的抚养权，改由生母武某抚养，检察人员在办理该案的过程中发现，虽然被害人的抚养权已经变更至亲生母亲处，且已与其亲生母亲一起共同生活，但其亲生母亲家庭生活比较困难，一家五口只靠一人的收入养活，经济压力较大。鉴于被害人家庭这一特殊情况，办案人员与控申部门取得联系，积极帮助其争取司法救助，后检察机关根据《最高人民检察院关于全面加强未成年人国家司法救助工作意见》给予其家庭 5000 元的救助金，暂时缓解其家庭生活困难。

（二）隐私保护原则

司法机关在办理性侵案件时，应当尤为重视保护未成年被害人的隐私。如在调查取证时，办案人员应避免驾驶警车、穿着制服或采取其他可能暴露被害人身份、影响被害人名誉、隐私的方式进行；庭审时一般不安排未成年被害人出庭接受质证，确有必要出庭的，应采取不暴露外貌、真实声音等保护措施，有条件的，可采取视频等方式播放未成年被害人的陈述，视频应采取保护措施；对外公开的诉讼文书不得披露未成年被害人的身份信息及可能推断出其身份信息的其他资料。对参与诉讼、知晓案情的其他诉讼参与人，也应当告知有保密义务。对有一定社会影响的案件，严把审查关，避免泄露未成年当事人隐私。反复询问也会给未成年被害人带来精神上的进一步创伤，所以询问性侵害案的未成年被害人以一次性询问为原则。在审查逮捕、审查起诉期间，检察官主要通过审查询问笔录、同步录音录像资料等方式审查被害人陈述，一般不再询问未成年被害人。

（三）综合司法保护理念

未成年人保护案件中一个侵害行为往往涉及多个法律关系。强化综合司法保护，是未成年人保护检察公益诉讼的一大特色。综合司法保护不是把公益诉讼与刑事、民事、行政等案件办理简单“叠加”和“物理”组合，而是一体推动公益诉讼线索发现、调查取证、综合治理等工作，以各项职能的统筹运用、“化学”融合，全方位保护未成年人合法权益。第四十三批指导性案例（检例第 171—174 号）强调社会调查、附条件不起诉、督促监护令、支持起诉、司法救助等多位一体的未成年人检察司法保护制度集成适用，协调运用刑事、民事、行政、检察公益诉讼等不同职能和监督手段，达到综合保护未成年人合法权益的更好效果。如检例第 171 号，检察机关针对办理刑事案件过程中涉案未成年人滥用“右美沙芬”药物与未成年人实施犯罪或遭受侵害存在一定关联的情况，依法主动调查，发现本市区域内还有 46 名涉案未成年人有“右美沙芬”滥用史，进而发现行政监管部门未依法全面履行药品经营和流通监督管理职责，已经危害未成年人身体健康，损害社会公共利益的涉未成年人行政公益诉讼的案件线索。

二、未成年人检察指导性案例对程序规则与实体规则的解读

（一）程序规则

1. 准确理解适用未成年人刑事案件分案起诉制度。未成年人刑事案件分案起诉制度的目的，在于通过将未成年人与成年人分开审理，采取特殊办案方式和诉讼模式，更好地贯彻宽严相济的刑事政策，充分体现对未成年人的特殊保护要求。2013 年修订的《人民检察院办理未成年人刑事案件的规定》第 51 条规定：“人民检察院审查未成年人与成年人共同犯罪案件，一般应当将未成年人与成年人分案起诉。”但该条规定不是绝对的，在确定是否对未成年人分案起诉时，还应当结合具体案情及其他因素综合考量，既要充分保护未成年人诉讼权利，又要考虑保证案件诉讼的顺利进行。因此，该条具体规定了不宜分案起诉的几种情形：未成年人系犯罪集团的组织者或者其他共同犯罪中的主犯的；案件重大、疑难、复杂，分案起诉

可能妨碍案件审理的；涉及刑事附带民事诉讼，分案起诉妨碍附带民事诉讼部分审理的；具有其他不宜分案起诉情形的。“张某、沈某某等七人抢劫案”（检例第19号），虽系未成年人与成年人共同犯罪案件，但鉴于多名未成年人系共同犯罪中的主犯，因此检察机关未将未成年人与成年人分案起诉，而是一并向人民法院提起公诉。

2. 准确把握附条件不起诉与不起诉的界限。从《刑事诉讼法》第282条的规定看，附条件不起诉的适用条件包括：罪名条件，即涉嫌刑法分则第四章、第五章、第六章规定的犯罪；刑罚条件，即“可能判处一年有期徒刑以下刑罚”；可诉条件，即“符合起诉条件”；悔罪条件，即“有悔罪表现”。其中，第一、第三要件比较明确，第四要件在《未成年人刑事检察工作指引（试行）》中也有列举，主要包括犯罪嫌疑人认罪认罚，向被害人赔礼道歉、积极退赃、尽力减少或者赔偿损失，取得被害人谅解，具有自首或立功表现，犯罪中止等。在司法实践中，主要是对刑罚条件的理解有困惑，尤其是其与《刑事诉讼法》第177条第2款规定的不起诉法定条件“犯罪情节轻微，依照刑法规定不需要判处刑罚或者可以免除刑罚的”如何区别存在较大争议。对于犯罪情节轻微符合不起诉条件的未成年犯罪嫌疑人，应依法适用不起诉，不能以附条件不起诉代替不起诉。对于未成年犯罪嫌疑人涉嫌刑法分则第四章、第五章、第六章规定的犯罪，根据犯罪情节和悔罪表现，尚未达到不需要判处刑罚或者可以免除刑罚程度，综合考虑可能判处一年有期徒刑以下刑罚，适用附条件不起诉能更好地达到矫正效果，促使其再社会化的，应依法适用附条件不起诉。例如，“胡某某抢劫案”（检例第103号）在办案过程中亦存在分歧。有观点认为，胡某某罪行较轻，系未成年人，具有犯罪未遂、坦白等情节，认罪悔罪，取得被害人谅解，其犯罪原因主要是身心不成熟，学习压力大导致亲子矛盾处理不当，主观恶性较小，因此可以直接作出不起诉决定。但是，考虑到抢劫罪法定刑为三年有期徒刑以上刑罚，根据各种量刑情节，调节基准刑后测算可能判处有期徒刑十个月至一年，不符合直接作出不起诉决定的条件；同时，胡某某面临的学习压力短期内无法缓解，亲子关系调适需要一个过程，对其附条件不起诉更有利于保障学业、教育管束和预防再犯，能更好地达到矫正效果，因此作出附条件不起诉决定。

3. 对涉嫌数罪但认罪认罚，可能判处一年有期徒刑以下刑罚的，也可适用附条件不起诉。检察机关应当根据涉罪未成年人的犯罪行为性质、情节、后果，并结合犯罪原因、犯罪前后的表现等，综合评估可能判处的刑罚。"一年有期徒刑以下刑罚"是指将犯罪嫌疑人交付审判，法院对其可能判处的刑罚。目前《刑法》规定的量刑幅度均是以成年人犯罪为基准设计，检察机关对涉罪未成年人刑罚的预估要充分考虑"教育、感化、挽救"的需要及其量刑方面的特殊性。对于既可以附条件不起诉也可以起诉的，应当优先适用附条件不起诉。存在数罪情形时，要全面综合考量犯罪事实、性质和情节以及认罪认罚等情况，认为并罚后其刑期仍可能为一年有期徒刑以下刑罚的，可以依法适用附条件不起诉，以充分发挥附条件不起诉制度的特殊功能，促使涉罪未成年人及早摆脱致罪因素，顺利回归社会。对于"李某诈骗、传授犯罪方法，牛某等人诈骗案"（检例第 105 号），是否可以对李某附条件不起诉，在办案中存在争议。有观点认为，李某涉嫌数罪，主观恶性大，在法律没有明确规定可以适用附条件不起诉的情况下，为慎重起见，不宜适用。检察机关经过研判，认为李某涉嫌的两罪分别属于刑法分则第五章、第六章规定的犯罪，未超出附条件不起诉的法定范围，依据有关量刑指导意见，综合刑期应判处一年有期徒刑以下刑罚，其又认罪认罚，符合适用附条件不起诉的法定条件。检察机关经不公开听证后，依法对李某作出附条件不起诉决定。

4. 对外地户籍未成年人，可以开展异地协作考察帮教，确保帮教效果。2017 年印发的最高人民检察院《未成年人刑事检察工作指引（试行）》第 10 条规定，对于异地检察机关提出协助进行社会调查、附条件不起诉监督考察等请求的，协作地检察机关应当及时予以配合。被附条件不起诉人户籍地或经常居住地与办案检察机关属于不同地区，被附条件不起诉人希望返回户籍地或经常居住地生活工作的，办案检察机关可以委托其户籍地或经常居住地检察机关协助进行考察帮教，户籍地或经常居住地检察机关应当予以支持。以“牛某非法拘禁案”（检例第106号）为例，牛某及其家人请求回户籍地接受帮教，办案检察机关决定委托牛某户籍地检察机关开展异地考察帮教，并指派承办检察官专程前往牛某户籍地检察机关进行工作衔接。牛某户籍地检察机关牵头成立了由检察官、司法社工、法定代理人等组成的帮教小组，根据所附条件共同制定帮助牛某提升法律意识和辨别是非能力、树立正确消费观、提高就业技能等方面的个性化帮教方案，要求牛某按照方案内容接受当地检察机关的帮教，定期向帮教检察官汇报思想、生活状况，根据协议按时、足额将赔偿款汇到被害人账户。办案检察机关定期与当地检察机关帮教小组联系，及时掌握对牛某的考察帮教情况。牛某认真接受帮教，并提前还清赔偿款。考验期满，检察机关综合牛某表现，依法作出不起诉决定。经回访，目前牛某工作稳定，各方面表现良好，生活已经走上正轨。

5. 认定违反监督管理规定情节严重，依法撤销附条件不起诉决定。检察机关经调查核实、动态评估后发现被附条件不起诉人多次故意违反禁止性监督管理规定，或者进入特定场所后违反治安管理规定，或者违反指示性监督管理规定，经检察机关采取训诫提醒、心理疏导等多种措施后仍无悔改表现，脱离、拒绝帮教矫治，导致通过附条件不起诉促进涉罪未成年人悔过自新、回归社会的功能无法实现时，应当认定为《刑事诉讼法》第284条第1款第2项规定的“情节严重”，依法撤销附条件不起诉决定，提起公诉。以“唐某等人聚众斗殴案”（检例第107号）为例，唐某在考验期内，多次夜不归宿，经常在凌晨出入酒吧、夜店、KTV等娱乐场所；与他人结伴为涉嫌寻衅滋事犯罪的人员助威；多次醉酒，上班迟到、旷工；未向检察机关和酒店负责人报告，擅自离开帮教单位，经劝说仍拒绝上班。同时，唐某的法定代理人也未如实报告唐某日常表现，在检察机关调查核实时，帮助唐某欺瞒。因此，检察机关认定唐某违反考察机关附条件不起诉的监督管理规定，情节严重。2018 年 1 月 15 日，检察机关依法撤销唐某的附条件不起诉决定。2018 年 3 月 16 日，法院作出一审判决，以被告人唐某犯聚众斗殴罪判处有期徒刑八个月。一审宣判后，被告人唐某未上诉。

6. 抚养人对未成年人未尽抚养义务，实施虐待或者其他严重侵害未成年人合法权益的行为，不适宜继续担任抚养人的，检察机关可以支持未成年人或者其他监护人向人民法院提起变更抚养权诉讼。"于某虐待案"（检例第 44 号）中，11 岁的被害人小田因父母离婚，父亲丁某常年在外地工作，一直与继母于某共同生活。于某以小田学习及生活习惯有问题为由，长期、多次对其实施殴打，致小田离家出走。案发以后，经鉴定，小田头部、四肢等多处软组织挫伤，身体损伤程度达到轻微伤等级。根据案件情况，检察机关认为被害人的父亲已无法正常地履行抚养责任。从保护被害人的权利出发，有必要变更抚养权。在询问工作中，被害人提出希望能与其亲生母亲共同生活，鉴于上述情况，检察人员与其亲生母亲取得联系，将上述情况予以告知，被害人的亲生母亲表示愿意在案件结束后继续抚养被害人。一切工作准备就绪，2018 年 1 月 15 日，检察机关对被害人的亲生母亲变更抚养权一案提出支持起诉的意见，全程对原告提供法律帮助，法院于当天受理此案，经过法庭调解，确定变更被害人的抚养权至其亲生母亲。

7. 检察机关可以综合运用民事公益诉讼和行政公益诉讼职能，对网络侵犯未成年人个人信息权益的情形进行监督。不特定人群的个人信息权益具有公益属性。对未成年人个人信息权益应予以特殊、优先保护。针对网络侵犯未成年人个人信息权益的情形，检察机关可以综合开展民事公益诉讼和行政公益诉讼，并注重加强两种诉讼类型的衔接和协同。通过对网络运营者提起民事公益诉讼，使其承担违法行为的民事责任，实现对公共利益的有效救济。通过行政公益诉讼督促行政主管部门依法充分履行监管职责，实现最大限度保护未成年人合法权益的目的。在“浙江省杭州市余杭区人民检察院对北京某公司侵犯儿童个人信息权益提起民事公益诉讼　北京市人民检察院督促保护儿童个人信息权益行政公益诉讼案”（检例第141号）中，检察机关综合运用民事公益诉讼和行政公益诉讼职能进行监督，形成监管合力，促进行业源头性治理并形成长效机制。

8.对于跨行政区划的未成年人网络保护公益诉讼案件，应综合考虑案件性质、领域、诉讼便利、有利整改等因素，确定管辖机关。涉网络案件通常具有企业注册地、主要营业地、服务覆盖地、侵权行为地、侵害结果地分离的特点。检察机关办理未成年人网络保护公益诉讼案件，在涉及多个行政区划，多个检察院均具有管辖权的情形下，民事公益诉讼案件应当层报共同的上级检察院指定，一般应当由损害结果发生地检察机关管辖；行政公益诉讼案件一般应当由网络企业注册地检察机关管辖，以便利行政监管。以“浙江省杭州市余杭区人民检察院对北京某公司侵犯儿童个人信息权益提起民事公益诉讼　北京市人民检察院督促保护儿童个人信息权益行政公益诉讼案”（检例第141号）为例，该案为涉互联网案件，北京、浙江等地相关检察机关均具有管辖权。杭州市余杭区为徐某某猥亵儿童案发生地，杭州市为杭州互联网法院所在地，考虑到调查取证、诉讼便利等因素，经浙江省检察机关层报最高人民检察院指定管辖，2020年9月，余杭区人民检察院对该线索以民事公益诉讼案件立案。9月15日，余杭区人民检察院发布起诉前公告，公告期满，没有其他适格主体提起民事公益诉讼。12月2日，余杭区人民检察院向杭州互联网法院提起民事公益诉讼，请求判令：北京某公司立即停止实施利用App侵犯儿童个人信息权益的行为，赔礼道歉、消除影响、赔偿损失。

9.在法律规定不够明确具体、未成年人合法权益亟待保护的情况下，基于最有利于未成年人的原则，检察机关可以提起公益诉讼。检察机关在处理未成年人案件时，要全方位考虑未成年人的长远利益和根本利益，综合考虑未成年人身心特点和健康发展需要，选择最有利于未成年人的方案，采取最有利于未成年人的措施，给予未成年人特殊、优先保护。在涉及未成年人利益的案件中，当法律规定不够明确具体，各部门、各方责任难以界定，但未成年人的权益受到严重侵犯或面临侵犯危险、公益亟须保护时，检察机关可立足最有利于未成年人的原则，通过公益诉讼方式维护未成年人合法权益。在“江苏省宿迁市人民检察院对章某为未成年人文身提起民事公益诉讼案”（检例第142号）中，文身对未成年人的身心健康和发展均有不同程度的现实影响和潜在危害。未成年人身心尚未成熟，认知和辨别能力较弱，自护能力不足，对文身给自身成长和未来发展带来的影响缺乏预见和判断。为未成年人提供文身服务，侵犯未成年人合法权益，且侵犯行为具有持续性和反复性，侵犯结果和范围可能随时扩大，应当认定为侵犯社会公共利益，检察机关可以提起公益诉讼。以检例第143号为例，对未成年人负有教育、照顾、看护等职责的教育服务场所，明知不符合办学条件，存在安全隐患，仍向未成年人开放，使未成年人合法权益面临风险，行政主管部门未依法充分履职，致使公共利益受到侵犯的，检察机关可以依法开展行政公益诉讼。

（二）实体规则

1. 正确适用我国对未成年人适用刑罚的特殊规定。《刑法》第17条明确规定，已满十四周岁不满十八周岁的人犯罪，应当从轻或者减轻处罚。2006年《最高人民法院关于审理未成年人刑事案件具体应用法律若干问题的解释》第11条规定了对未成年罪犯适用刑罚应当考虑的各种情况。第15条专门针对未成年人罚金刑适用作出规定，对未成年罪犯判处罚金刑时，应当依法从轻或者减轻判处，并根据犯罪情节，综合考虑其缴纳罚金的能力，确定罚金数额。这就要求法院对未成年人适用罚金刑时，必须充分考虑未成年人无个人财产、无收入来源等特点，尽量予以从轻或者减轻处罚。在

"张某、沈某某等七人抢劫案"（检例第19号）中，一审判决对几名未成年被告人均按照同案成年被告人适用罚金刑的标准判处5000元以上罚金，对未成年人罚金刑的适用既没有体现依法从轻或减轻，也没有体现与成年被告人罚金刑适用的区别，明显属于量刑不当。检察机关抗诉后，二审法院将未成年人罪犯沈某某、胡某某、许某的罚金刑由5000元、7000元、5000元分别改为2000元、2000元、1500元，符合刑法关于对未成年人从轻或减轻处罚以及充分考虑有利于未成年人教育矫正的量刑原则。

2. 准确理解和适用刑法关于累犯的规定。《刑法》第65条规定，被判处有期徒刑以上刑罚的犯罪分子，刑罚执行完毕或者赦免以后，在五年以内再犯应当判处有期徒刑以上刑罚之罪的，是累犯，应当从重处罚。为了体现对未成年罪犯教育挽救为主的方针，使他们能够更好地接受教育改造，2011年5月1日施行的《刑法修正案（八）》第6条增加了不满十八周岁的人犯罪不构成累犯的规定。"张某、沈某某等七人抢劫案"（检例第19号）发生在该修正案颁布前，因而2010年12月21日一审判决认定未成年被告人许某系累犯是正确的，但二审时《刑法》已有所修改，明确规定未成年人犯罪不构成累犯。另外，根据2011年5月《最高人民法院关于〈中华人民共和国刑法修正案（八）〉时间效力问题的解释》第3条规定，被判处有期徒刑以上刑罚，刑罚执行完毕或者赦免以后，在2011年4月30日以前再犯应当判处有期徒刑以上刑罚之罪的，是否构成累犯，适用修正前《刑法》第65条的规定；但是，前罪实施时不满十八周岁的，是否构成累犯，适用修正后《刑法》第65条的规定。根据以上规定，鉴于本案中被告人许某实施犯罪时尚不满十八周岁，二审法院依法认定其不构成累犯。

3. 对犯罪时未满十八周岁的罪犯适用假释可以依法从宽掌握，对于既符合法定减刑条件又符合法定假释条件的罪犯，检察机关可以建议刑罚执行机关提请人民法院优先适用假释。人民检察院办理犯罪时未满十八周岁的罪犯假释案件，应当综合罪犯犯罪情节、原判刑罚、服刑表现、身心特点、监管帮教等因素依法从宽掌握。特别是对初犯、偶犯和在校学生等罪犯，假释后其家庭和社区具有帮教能力和条件的，可以建议刑罚执行机关和人民法院依法适用假释。罪犯既符合法定减刑条件又符合法定假释条件的，可以优先适用假释。减刑、假释都是刑罚变更执行的重要方式，与减刑相比，假释更有利于维护裁判的权威和促进罪犯融入社会、预防罪犯再犯罪。以“罪犯康某假释监督案”（检例第 71 号）为例，在该案中，康某某既符合减刑条件也符合假释条件，根据最高人民法院司法解释“罪犯既符合法定减刑条件，又符合法定假释条件的，可以优先适用假释”，未成年犯管教所拟对康某某提请减刑并征求检察机关意见，检察院建议改为提请假释。

4. 利用网络强迫儿童拍摄裸照并观看的行为属于《刑法》上的“猥亵”行为。在网络环境下，以满足性刺激为目的，虽未直接与被害儿童进行身体接触，但是通过 QQ、微信等网络软件，以诱骗、强迫或者其他方法要求儿童拍摄、传送暴露身体的不雅照片、视频，行为人通过画面看到被害儿童裸体、敏感部位的，是对儿童人格尊严和心理健康的严重侵害，与实际接触儿童身体的猥亵行为具有相同的社会危害性，应当认定构成猥亵儿童罪。以“骆某猥亵儿童案”（检例第 43 号）为例，骆某与受害儿童小羽没有身体接触，双方处于网络工具传输的两个端口，双方处于一个时间与空间相隔开的环境，不会产生实际的身体接触，生殖器肯定不能产生交合的结果，从客观上排除了性交的可能性，故客观上可以排除性交行为，亦即排除了强奸行为的判断。虽然骆某与小羽没有身体上的接触，但骆某利用网络强迫小羽拍摄裸照并观看的行为没有超出边缘性行为的理解范畴，因为骆某通过网络观看了小羽发送的身体裸照，可以看到小羽身体上的隐私部位，没有脱离淫秽下流的本质属性，与实际身体接触观看小羽的裸体隐私部位属于同一性质。此外，骆某利用网络观看儿童裸照所产生的效果与现实中强迫儿童脱掉衣服观看裸体所产生的效果是一样的，都可以让骆某获得性刺激或性欲的满足，并不会因为骆某与小羽处于网络两端非同一时空没有实际的身体接触，就会导致骆某获得性刺激或性欲满足效果的不一致性。猥亵儿童的行为不需要行为人使用强制手段，即使骆某没有使用强制手段，小羽自愿配合骆某完成猥亵行为，社会危害性也足以达到入罪标准，更何况骆某此种行为还具备强制情节，而非经小羽同意的，对小羽的身心健康造成的创伤远比采取和平手段大得多，应该评价为情节恶劣的猥亵儿童行为，严重侵犯了小羽的性权利和身心健康，明显脱离了行政处罚（治安处罚）范围的社会危害性不大的猥亵儿童行为，构成刑法意义上的猥亵儿童行为。

5. 被虐待的未成年人，因年幼无法行使告诉权利的，属于《刑法》第260条第3款规定的"被害人没有能力告诉"的情形，应当按照公诉案件处理，由检察机关提起公诉，并可以依法提出适用禁止令的建议。根据《刑法》规定，虐待犯罪一般情况下是告诉才处理的，但其同时也规定"被害人没有能力告诉，或者因受到强制、威吓无法告诉的除外"。"于某虐待案"（检例第44号）的指导意义在于，被虐待的未成年人，往往因年幼无法行使告诉权利，属于《刑法》第260条第3款规定的"被害人没有能力告诉"情形，应当按照公诉案件处理，以及时保护未成年被害人的权利。虐待行为通常发生在亲人、家庭共同生活成员之间，对未成年被害人身心造成伤害较大。亲人、家庭共同生活成员被刑事处罚，未成年被害人以后跟谁一起生活的现实问题更需要引起检察机关的关注。在办理该起未成年人被继母虐待案件过程中，检察机关充分运用提前介入、心理疏导、支持起诉、量刑建议、司法救助等工作职能和措施，在询问取证的同时不忘保护未成年人的心理，尊重未成年人的意愿和家庭的实际情况支持其亲生母亲变更抚养权，建议法庭在判决中禁止被告人再次实施家庭暴力，体现了未检工作职能多元化、措施多样性有利于对未成年人权益全方位的保障。

6. 明确性侵未成年人案件"情节恶劣"适用情形。最高人民检察院发布的第十一批指导性案例中的"齐某强奸、猥亵儿童案"（检例第42号）

明确实践中奸淫幼女的社会危害性与《刑法》第 236 条第 3 款规定的情形相当的，认定属于该款第 1 项规定的“情节恶劣”。最高人民检察院发布的第四十三批指导性案例中的“阻断性侵犯罪未成年被害人感染艾滋病风险综合司法保护案”（检例第 172 号），犯罪嫌疑人已经确诊为艾滋病病人，案发时处于发病期，其体内病毒载量高，传染性极强，给被害人带来了极大的感染风险。行为人明知自己患有艾滋病或者感染艾滋病病毒，仍对幼女实施奸淫，放任艾滋病传播风险的发生，客观上极易造成被害人感染艾滋病的严重后果，主观上体现出行为人对幼女健康权、生命权的极度漠视，其社会危害程度与《刑法》第 236 条第 3 款规定的情形具有相当性，应当适用《刑法》第 236 条第 3 款第 1 项情节加重，依法认定为奸淫幼女“情节恶劣”。

三、未成年人检察指导性案例的检察业务类型

未成年人检察指导性案例按案件涉及领域划分，分为刑事检察、民事行政检察、检察公益诉讼等。

（一）刑事检察

未成年人刑事指导性案例主要涉及从严惩处侵害未成年人犯罪、正当防卫认定向未成年人倾斜及附条件不起诉的精准适用。未成年人刑事领域指导案例规则具体如下：

1. 证据标准。办理性侵未成年人犯罪案件，应当坚持证据确实、充分，排除合理怀疑的证明标准，并充分考虑此类案件的特殊性，准确把握证明标准。性侵害犯罪较之其他犯罪，一般存在取证难、认定难的问题。性侵害未成年人犯罪更加存在客观证据、直接证据少，被告人一般不认罪的特点。“齐某强奸、猥亵儿童案”（检例第 42 号）就很有代表性。齐某一直不认罪，直接证据只有被害学生的陈述，此外还有被害人同学证言等一些间接证据、传来证据。在这样的情况下，最高人民检察院对本案的抗诉书和最高人民法

院的终审判决书都认定了齐某的犯罪事实。对性侵未成年人犯罪案件证据的审查，要根据未成年人的身心特点，按照有别于成年人的标准予以判断。审查言词证据，要结合全案情况予以分析。根据经验和常识，未成年人的陈述合乎情理、逻辑，对细节的描述符合其认知和表达能力，被告人的辩解没有证据支持，结合双方关系不存在诬告可能的，应当采纳未成年人的陈述。

2. 年龄证据审查。办理未成年人犯罪案件，应当将审查涉案未成年人年龄作为重点内容，可以从以下几个方面入手：（1）问明未成年人的出生日期、属相、生日系公历或农历、身份情况、成长经历、家庭成员情况等，对处于 12、14、18 周岁等临界年龄的，需要特别予以问明；（2）注意收集身份证明、户籍证明、出生证明、防疫记录、医院档案、学籍档案等书证材料；（3）询问未成年人的亲友、老师、同学、邻居等证人，重点了解未成年人是否年满 12、14、18 周岁；（4）讯问犯罪嫌疑人是否明知或推断出未成年人的年龄，如未成年人或其他人曾向其明确告知或以其他方式提及其年龄，特别是未成年人是否年满 12、14、18 周岁；（5）对于骨龄鉴定意见，能够作为判断未成年人年龄参考的，可作为认定年龄的证据使用。

以“吴某某、杨某某刑事申诉公开听证案”（检例第 159 号）为例，本案是否为未成年人作案，存在罪与非罪的重大争议。后办案组主办检察官主持听证会。听证会上，办案组检察官就吴某坚作案时是否年满 14 周岁，存在两组证据的情况向申诉人充分予以展示。一组认定吴某坚出生于 1993 年 6 月 24 日（农历端午节），作案时已年满 14 周岁的证据，有吴某坚的供述、嫌疑人信息登记表、在校学生名册、学籍卡、相关证人证言和公安部骨龄鉴定意见等。吴某坚供述系听其母亲讲出生于农历 1993 年五月五日，但该供述与其母亲的证言相矛盾；嫌疑人信息登记表所载吴某坚出生时间，为犯罪嫌疑人自述时间；在校学生名册、学籍卡所记载吴某坚的出生时间亦为其本人自行填报；一些证人证言表示，不知道吴某坚的具体出生日期；公安部骨龄鉴定意见证实吴某坚年龄为 17 ± 1 岁，即使采信该骨龄鉴定意见认定吴某坚作案时16周岁，也与其他证据证实吴某坚作案时不满15周岁有较大差距。另一组证实吴某坚出生于1994年6月13日（农历端午节），作案时未满14周岁的证据，有证人柯某某（接生吴某坚的人）、王某、吴某成等人证言以及《未落实常住人口登记表》、水文资料等。其中，柯某某证言证实吴某坚是其唯一接生的孩子，因此印象深刻。之所以记得吴某坚出生于1994年，是因为当年是其嫁到江口镇以来洪水最大的一年，家里的房子都被洪水冲塌了。贵港市防汛办《贵港市浔江、郁江历次洪水记录》证实，1994年7月该市贵港站经历中华人民共和国成立后第一大洪水，该书证与柯某某的证言能够相互印证；证人王某证言证实，其与吴某坚之母同年怀孕，且在吴某坚出生三四个月后其子于1994年10月出生；证人吴某成证言证实，之所以记得其子与吴某坚同岁（1994年出生）是因为"我们同祠堂，得男丁的要在清明节的时候抓阉鸡拜祖，所以记得很清楚"；《未落实常住人口登记表》证实，2007年12月人口普查时吴某坚登记出生日期为1994年。五名听证员在充分听取案件事实和证据的基础上，经认真评议，形成听证意见，一致认为本案现有证据不足以证实原审被告人吴某坚作案时已满14周岁，骨龄鉴定意见也未能准确确定案发时吴某坚的真实年龄，而吴某坚在作案时的真实年龄是其应否承担刑事责任的关键，因此不能简单依骨龄鉴定意见认定，而应结合全案证据综合认定。故认定原审被告人吴某坚作案时已满14周岁的证据不足，检察机关撤回起诉并退回公安机关补充侦查的处理决定并无不当。办案组在全面审查案件的基础上，参考听证意见，在听证会上向申诉人说明，由于原审被告人吴某坚未在医院出生，没有出生证明，出生时其父母未向户籍管理部门申报户口，吴某坚的出生年龄无法通过出生证明、户籍证明等材料证实，根据《最高人民法院关于审理未成年人刑事案件具体应用法律若干问题的解释》第4条第1款"对于没有充分证据证明被告人实施被指控的犯罪时已经达到法定刑事责任年龄且确实无法查明的，应当推定其没有达到相应法定刑事责任年龄"的规定，推定吴某坚犯罪时未达到法定刑事责任年龄，故原办案机关综合全案证据所做处理决定，于法有据，并无不当。

3. 关于“公共场所当众”情节的认定。“公共场所当众”实施强奸、猥亵犯罪，是强奸罪和猥亵儿童罪的法定加重处罚情节。“公共场所”是提供公众从事工作、学习、经济、文化、社交、娱乐、体育、参观、医疗、卫生、旅游和部分生活需求所使用的一切公用建筑物、场所及其设施的总称，具备有多数人进出、使用的功能特征，强调涉众性。对于发生在相对开放场所的案件，应当重点审查进入场所的人员是否特定、是否供多人使用等情况。“齐某强奸、猥亵儿童案”（检例第 42 号）中，齐某除强奸犯罪外，还在女生集体宿舍等地多次猥亵 7 名被害女学生，其中 5 人被多次猥亵。某省高级人民法院终审判决没有认定齐某在女生宿舍实施猥亵儿童的犯罪行为属于“公众场所当众”猥亵，对齐某的猥亵儿童犯罪也只判处有期徒刑四年六个月，最高人民检察院对此提出了抗诉，要求改判，最高人民法院判决采纳了抗诉意见。这项认定，对此后办理此类案件具有重要意义。在这起指导性案例中，对在规定列举之外的场所实施强奸、猥亵未成年人犯罪的，只要场所具有相对公开性，且有其他多人在场，有被他人感知可能的，就可以认定为在“公共场所当众”犯罪。最高人民法院对本案的判决表明：学校中的教室、集体宿舍、公共厕所、集体洗澡间等，是不特定未成年人活动的场所，在这些场所实施强奸、猥亵未成年人犯罪的，应当认定为在“公共场所当众”实施犯罪。

4. 关于奸淫幼女“情节恶劣”的认定。《刑法修正案（十一）》针对这一问题进行了较大的修改，对实践中的很多情形予以明确。对强奸罪的修改涉及以下几点：一是增加奸淫不满 10 周岁幼女或者造成幼女伤害的作为升档情节；二是增加第 236 条之一，即“对已满十四周岁不满十六周岁的未成年女性负有监护、收养、看护、教育、医疗等特殊职责的人员，与该未成年女性发生性关系的，处三年以下有期徒刑；情节恶劣的，处三年以上十年以下有期徒刑。有前款行为，同时又构成本法第二百三十六条规定之罪的，依照处罚较重的规定定罪处罚”。如“齐某强奸、猥亵儿童案”（检例第42号）中，被告人齐某利用教师身份，分别多次对两名幼女实施奸淫。终审判决中对此没有认定属于“情节恶劣”。最高人民检察院抗诉理由认为某省高级人民法院没有认定被告人齐某强奸犯罪“情节恶劣”，属于适用法律错误，量刑不当。该抗诉理由得到了最高人民法院判决的支持。

（二）民事、行政检察

1. 未成年人的特殊性决定了其与成年人区别对待。检察机关在办理未成年人民事行政检察监督案件过程中，应将《未成年人保护法》作为一般法律规范，将其他民事行政领域的部门法中有关未成年人的规定作为特殊法律规范，在特殊法优先于一般法的适用中兼顾《未成年人保护法》基本原则。否则，如果仅仅依据民事法律规范办理未成年人案件，则难免出现不顾甚至损害未成年人权益的结果。

2. 在审查方法上另辟蹊径。全面找出案件法律关系所涉及的未成年人所有权利，逐一分析这些权利是否都得到了主张和审理，判断这些权利受损后的最大化救济应达到的理想程度。如果发现裁判结果与法律规范正确完整实施的预期后果存在差距，则全面查找分析其原因。对符合抗诉条件的原因则予以抗诉，对不符合抗诉条件的则以检察建议予以监督。如果经分析发现差距出现的原因是因为监护人问题，或庭审中没有照顾到未成年人不成熟的特殊性而损害其权益的，应主动同法院协商。发现差距是因合理原因出现的或有其他补救措施的，则做好当事人的帮助救助和息诉服判工作。

3. 适当协调联动，完善社会治理。一方面，针对涉案未成年人的实际困难和需要，尽可能提供其所需的救助和帮助，协助涉案未成年人消除负面影响，走上健康成长的轨道。另一方面，针对办案中发现的不利于未成年人成长的社会问题，借助社会支持体系建立未成年人保护机制，通过长效机制建设营造有利于未成年人成长的社会环境，即“办理一案造福一片”。以“北京市海淀区人民检察院督促落实未成年人禁烟保护案”（检例第88号）为例，在办理个案的基础上，北京市海淀区人民检察院还与行政机关加大沟通协作力度，切实发挥“以点带面”的示范引领效应，着力构建解决和防范涉案问题的长效机制。一是开展全区类似问题排查。海淀区市场监督管理局对全区中小学校、少年宫等85家单位周边销售烟草制品商户进行全面摸排整治；海淀区烟草专卖局逐户排查是否设置控烟标识，加大对向未成年人出售烟草制品的查处力度。二是在全区范围内开展形式多样的控烟预防活动。开展宣传讲解，建立辖区街道互助小组，聘请第三方机构暗访检查，做到防控“零距离”；两机关还联合召开专项行动约谈会，加强对通过互联网推广和销售烟草制品行为的监测、劝阻和制止。三是海淀区人民检察院在办案的同时注重总结宣传，邀请新华社等主流媒体对案件进行广泛报道，引起较大反响。检察机关就办案中发现的社会问题，要推动建立健全长效工作机制。为切实净化未成年人成长环境，助力未成年人健康成长，检察机关可以结合办理的案件，推动搭建多部门配合协作的平台，实现“检察＋行政＋学校＋社会”的多维度联动协调，形成良性互动的工作机制，推进社会治理的完善。

（三）检察公益诉讼

1. 多渠道拓展案件线索来源。未成年人保护公益诉讼案件线索，既可以在办理其他涉未成年人案件中发现，也可以通过人大代表、政协委员转交，新闻媒体反映以及法治副校长送法进校园、开展未成年人保护主题检察开放日活动、参加未成年人保护联席会议等渠道发现。未成年人案件实行统一集中办理，并与相关业务部门保持联动，可以有效避免不同检察业务类别之间相互脱节问题，提升办案质效。如“贵州省沿河土家族自治县人民检察院督促履行食品安全监管职责行政公益诉讼案”（检例第144号），人大代表和家长师生向检察机关反映，沿河土家族自治县民族小学等学校周边存在流动食品经营者以车辆为餐饮作业工具、违法向未成年学生售卖食品的现象，影响未成年人食品安全、交通安全和校园周边秩序。获取该线索后，沿河县人民检察院决定作为行政公益诉讼案件予以立案。

2. 与未成年人日常生活学习密切相关的领域，是未成年人保护检察公益诉讼的工作重点。未成年人保护检察公益诉讼在某种程度上遵循一种“大处着眼，小处着手”的思路，案件往往来自与未成年人日常生活学习密切相关的领域，一般需要走进未成年人身边及其生活学习的具体场景中才能发现。检察机关要始终牢记，未成年人保护无小事，立足“家校圈”“社会面”“网络层”，关注与未成年人日常生活学习密切相关的重点领域，深入未成年人日常生活学习的具体场景，积极开展未成年人保护检察公益诉讼。以“贵州省沿河土家族自治县人民检察院督促履行食品安全监管职责行政公益诉讼案”（检例第 144 号）为例，食品安全事关未成年人身心健康。消除校园周边食品安全隐患，维护校园周边秩序和交通安全，是未成年人保护检察公益诉讼的工作重点。负有监管职责的行政机关不依法充分履职，致社会公共利益持续处于被侵犯状态的，检察机关应当认真分析研究行政机关监管职责，合理确定监督对象，以促使全面履职、有效整改。

3. 案件办理须坚持系统思维和综合治理，实现未成年人全面保护的长效化。未成年人检察公益诉讼往往暴露出社会治理体系上的缺失，有时是基于行政“不作为”或“乱作为”而显示出的监管缺失，有时是基于立法规范不健全而显示出的立法治理缺位。在第三十五批指导性案例所发布的 5 件指导性案例（检例第 141—145 号）中，4 个都与行政“不作为”或“乱作为”有关。在这些案件中，检察机关通过提起行政公益诉讼或发出公益诉讼检察建议，敦促行政机关积极履职，取得了双赢多赢共赢效果，不仅行政机关的履职行为更趋规范与合法，提升了行政机关的行政治理能力和水平，而且未成年人的各种权益，如其人身安全、食品安全、信息安全、教育安全等，都得到了切实有效保障。在案件办理中，检察机关与相关职能部门组织沟通、协作、配合，明细职责，制定规范，建立线索移送、联合调查、案件通报、联席会议、信息交流等信息共享和工作联系机制，规范了行业监管和治理。

4. 检察机关履行公益诉讼职责，应当持续跟进监督，推动问题整改落实到位。对于校园周边食品安全等易发、多发、易反弹的未成年人保护顽疾问题，检察机关发出公益诉讼检察建议后，要持续跟进落实。行政机关根据检察建议采取了监督管理措施，但未成年人合法权益受侵犯状态尚未得到有效遏制或隐患尚未消除的，要结合行政机关的职责范围、履职条件、履职方式、履职效果等进行综合分析，行政机关未依照法律规定全面、充分履职的，检察机关应当依法提起诉讼。在“贵州省沿河土家族自治县人民检察院督促履行食品安全监管职责行政公益诉讼案”（检例第 144 号）办理中，检察机关对检察建议落实情况进行跟踪监督，发现检察建议没能有效落实，就以提起诉讼方式接力推动问题解决。

第三节　未成年人检察指导性案例的发展完善

最高人民检察院在《“十三五”时期检察工作发展规划纲要》中明确，新时代未成年人检察工作要“准确把握未成年人司法规律和发展方向，以专业化建设为基础，以规范化建设为保障，以社会化配套体系建设为支撑，建立健全未成年人检察工作体系和业务类别，完善中国特色未成年人检察制度”，为我国未成年人检察工作指明了方向。

一、深化融合履职，进一步提升未成年人检察业务工作规范化水平

未成年人检察工作经历了“未成年人刑事检察”“未成年人刑事检察 + 民事行政检察”“未成年人四大检察业务统一集中办理”三个阶段。起初，

主要办理未成年人涉嫌犯罪案件，在传统批捕起诉工作中贯彻未成年人刑事政策，同时开展对未成年犯罪嫌疑人的教育挽救、特殊预防以及法治进校园等普法宣传工作。此外，通过完善相关办案机制、充分运用配套资源等，为未成年被害人提供相应保护。为加强未成年人民事行政权益保护，在开展未成年人刑事检察的同时，开始逐步探索未成年人民事行政检察工作。检察机关对于办理刑事案件中发现的未成年人遭受监护侵害、监护缺失的情形，主动开展督促起诉、支持起诉工作。督促、支持起诉充分体现了未成年人检察的履职特色。检察公益诉讼制度确立以后，未成年人检察公益诉讼最初在等外领域进行探索。2020 年修订的《未成年人保护法》明确规定，未成年人合法权益受到侵犯，涉及公共利益的，人民检察院有权提起公益诉讼。自此，未成年人公益诉讼成为检察机关的法定职责。2021 年未成年人检察业务统一集中办理工作在全国检察机关全面推开，涉及未成年人的刑事、民事、行政、检察公益诉讼职能由未成年人检察部门或未成年人检察办案组统一行使。

新形势下的未成年人检察工作，注重从国家保护、检察工作的整体性出发，推进未成年人检察履职方式调整，实现未成年人“四大检察”相互支撑、一体协同和贯通融合，全方位保护未成年人合法权益。制发指导性案例将有助于指导地方检察机关打破传统未检工作在职能、范围、运行上的思维定式和固有流程，更加规范统筹履行不同职能、采取多种手段，以综合司法保护的新思路新方法深化未检业务集中统一办理水平，实现刑事、民事、行政、检察公益诉讼职能的“化学融合”。

二、依法创新履职，以司法保护助推“六大保护”融通发力

未成年人检察工作并不是检察机关的“独角戏”，需要各方面力量共同参与。在综合司法保护模式下，检察机关并未“就案办案”，而是聚焦案

件背后的问题，努力以司法保护、依法履职助推家庭、学校、社会、网络、政府保护。“创新履职”主要表现在，善用“工具箱”里的各种“工具”，不仅以公益诉讼推动行政机关依法履职，还通过社会治理检察建议、致家长信函（督促监护令）、指导学校加强教育引导、建立联动机制等方式，坚持监督不替代、到位不越位，以司法保护激发“六大保护”协同发力形成共治格局。检察机关通过指导性案例不断织密未成年人权益保护之网。立法具有概括性、抽象性，需要在具体案件中根据情形加以细化，进而统一法律适用。推动指导性案例制度形成检察政策。2022 年 3 月 7 日首次发布以“未成年人保护检察公益诉讼”为主题的指导性案例，逐步推动此类案件办理常态化，标志着未成年人司法保护从刑事领域向公益诉讼领域深度拓展，形成“刑事打击 + 公益诉讼 + 社会治理”的立体保护模式。2018 年最高人民检察院向教育部发出的“一号检察建议”，则来源于最高人民检察院抗诉的一起学校老师强奸、猥亵多名女童案件，针对案件所暴露出的校园安全管理漏洞，检察机关发出检察建议并会同教育部、公安部建立起侵害未成年人强制报告、密切接触未成年人行业入职查询制度，举一反三，推动堵漏建制、源头保护，强化了综合治理效能。

新时代下，未成年人保护领域面临种种新问题，除政府保护和一般司法救济手段之外，也需要检察机关依法履职，将检察保护融入其他“五大保护”。负有未成年人保护法律监督责任的检察机关以公益诉讼的形式针对侵害未成年人权益的突出问题，为未成年人提供带有前置性、普遍性、有效性、综合性的司法保护，促进加强相关领域或环节的社会治理。司法实践中，应从总体上把握未成年人检察公益诉讼范围和类型，同时坚持积极、稳妥原则。在具体办案过程中，在法无明文规定——特别是立法不明确——的情况下，可以坚持以最有利于未成年人原则及特殊、优先保护原则，在特定未成年人保护领域范围开展检察公益诉讼。近年来，电竞酒店、剧本杀、点播影院等新兴业态受到了包括未成年人等在内的广大消费者的欢迎，但同时也存在着监管治理盲区和影响未成年人健康成长的风险隐患。检察机关发挥检察公益诉讼职能，以检察司法保护促进家庭、社会、政府等保护责任落实，促推各方充分履职。检察机关加大案例指导力度，持续深入总结各地的办案经验，提炼体现未成年人保护特点特色的办案规则和有益经验。收集、总结涉未成年人“四大检察”综合司法保护的案例，持续制发指导性案例，为办案提供更多的参照借鉴和示范引领。

三、积极综合履职，推进未成年人保护社会治理

涉未成年人犯罪不仅是重要的司法问题，也是突出的社会问题。有的案例是在刑事案件当中深挖细查公益诉讼线索，从地方层面到国家层面，推动监督管理，完善相关社会治理。有的案例是通过抗诉、检察建议等职能的综合行使促进完善司法政策、明确办案规则、统一法律适用，同时针对案件背后发现的一些家庭、社会、网络方面的突出问题，多管齐下，促进各项保护共同发力。还有的案例是在履行民事支持起诉职能过程中，通过办案发现涉案企业存在一些问题和不足，督促企业进行整改，同时会同有关部门推动网络领域的治理完善。这些案例都通过个案促进解决源头问题，体现了“抓前端、治未病”的理念、思路。制发指导性案例有助于指导地方检察机关始终坚持“从办案中发现”的问题导向和务实态度，紧紧围绕办案开展监督，发现未成年人保护社会治理方面的短板、漏洞，并综合运用检察建议、公益诉讼、专题报告等方式，助推相关职能部门认真落实未成年人权益保护的责任和义务，重点发挥好检察机关法律监督的兜底、补充、协同作用，参与和推进未成年人保护社会治理。

四、数字赋能履职，一体推进未成年人检察工作

发挥大数据在附条件不起诉考察帮教、社区矫正法律监督、未检公益诉讼监督线索发现、调查核实等具体业务职能中的作用。要以食品药品产

品安全、校园安全、信息网络安全、场所违规接纳未成年人等重点领域为抓手，不断拓展监督视野和触角，打通不同部门数据之间的壁垒，通过数据碰撞主动发现批量监督线索，更加精准地发现类案背后的社会治理漏洞，依法监督履职。依托数字化改革，积极协同相关部门加快未成年人综合保护平台建设，有效促进各部门之间的融通协作，以监督促治理，充分发挥检察机关深度参与社会治理的功能价值，一体推进未成年人权益综合保护，以深入推进数字化改革作为深化“六大保护”的强大助力，与相关职能部门形成未成年人保护的治理合力。

后记

最高人民检察院历来重视运用案例开展业务指导。2010年7月《最高人民检察院关于案例指导工作的规定》的颁布，标志着指导性案例制度正式建立。同年，最高人民检察院发布第一批3件指导性案例，检察案例指导制度启动运行。2018年10月，修订后的《人民检察院组织法》以立法的形式确立了检察案例指导制度，自此检察案例指导工作进入发展快车道。截至2025年5月，最高人民检察院已经发布58批237例指导性案例。近年来，检察指导性案例的选、编、用工作都取得了长足的进展。目前，指导性案例的宣传和培训工作亟须一部能涵盖检察案例指导制度各方面的教科书。

按照最高人民检察院党组“要加强案例宣传应用，深化案例研究和教学，推动指导性案例、典型案例进实务、进课堂、进教材”的指示要求，2021年6月，最高人民检察院司法案例研究院组织北京市、上海市、天津市、浙江省、黑龙江省、湖南省六省（市）检察机关和河南财经政法大学的专家学者开展《检察指导性案例教程》的编写工作，并特别设立了“检察案例指导制度研究”等七项最高人民检察院检察理论重点课题予以支持。

编写检察指导性案例教程，对于检察机关和高校来说，都是头一次，完全没有成熟的方案和经验可资借鉴。因此，在编写的过程中，遇到了诸多困难和问题。例如，案例教程的结构应当如何设计，案例教程的特色应当如何体现，其与一般教科书的区别是什么，案例教程应当重点论述哪些内容，如何协调指导性案例较分散的现状和教材的体系化要求之间的矛盾，对于内容分散的指导性案例怎样在教程中进行系统化、体系化的阐述，在教程编写过程中对于新发布的指导性案例应当如何处理，教程对检察案例指导工作和案例指导制度应当如何评价，等等。

为此，教程的编写者边研究边写作，于2023年初形成了40余万字的《检察指导性案例教程 · 总则》初稿。2023年4月，最高人民检察院司法案例研究院在哈尔滨市召开了教程初稿修改联席会议。在这次会议上，各章编写者共同讨论和研究了编写过程遇到的问题，统一了思想，形成了共识，在此基础上，开始了教程的修改工作。2024年初形成了30余万字的《检察指导性案例教程 · 总则》修订稿。司法案例研究院组织专家对修订稿进行了一次全面的审阅和修改，并提交中国检察出版社出版。

《检察指导性案例教程 · 总则》全书分为八章，内容涵盖检察案例指导制度概述，检察指导性案例的选编，检察指导性案例的适用，刑事检察指导性案例、民事检察指导性案例、行政检察指导性案例、检察公益诉讼指导性案例、未成年人检察指导性案例等检察案例指导制度的基本内容，是迄今为止唯一一部全面论述检察案例指导制度的教科书和基础性专业理论书籍。

本教程的编写者既有高等院校的教师，也有检察理论研究机构的研究人员，但更多的是各级检察机关的检察官。教程由最高人民检察院苗生明副检察长担任主编，最高人民检察院检察理论研究所（司法案例研究院）郭立新所长、石磊主任担任副主编。

本教程的编写分工如下：

绪言：石磊；

第一章：张军、赵朝琴、杨合理、侯东亮；

第二章：马伟、石磊；

第三章：沈立国、张金玲；

第四章：乐绍光、陈国根、潘志勇、吴强林、冯昌波；

第五章：黄祖帅、匡俊、王德良；

第六章：闫俊瑛、王志坤、霍丽娜、孙冬旭、张昊天、王卓、张久琳、叶春楼、李梦阳、王云超；

第七章：许祥云、胡婷婷、陈超然、郭大磊、郭戎、李晨鸣、郭桦森；

第八章：谭泽林。

本教程的主编、副主编负责对全书的统稿。

特别感谢中国检察出版社俞骊、傅哲明编辑对本教程的付出，她们专业、细致、认真的工作为本教程增色很多。

最高人民检察院司法案例研究院

2025 年 5 月